Das Gesetz zur Ordnung der nationalen Arbeit nebst Parallelvorschriften und das bisherige Recht

Systematische Darstellung

Zugleich ein Nachtrag zu den Lehrbüchern des Arbeitsrechts

Anhang: Texte und Durchführungsverordnungen

Von

Dr. jur. Hans Crone
Privatdozent an der Bergakademie Clausthal

1934
München, Berlin und Leipzig
J. Schweitzer Verlag (Arthur Sellier)

Der Gemeinschaft aller schaffenden Deutschen

Universitäts-Buchdruckerei von Junge & Sohn, Erlangen.

Vorwort.

Das vorliegende Buch enthält eine systematische Darstellung des Gesetzes zur Ordnung der nationalen Arbeit, des Gesetzes zur Ordnung der Arbeit in öffentlichen Verwaltungen und Betrieben, der Bestimmungen über Entgeltschutz aus dem Gesetz über die Heimarbeit sowie der Durchführungsvorschriften. Es soll dem Praktiker eine in sich geschlossene Darstellung des neuen Rechts bieten. Auch für den Studierenden soll es für sich allein lesbar sein, kann aber für ihn naturgemäß die Beschäftigung mit den systematischen Gesamtdarstellungen des Arbeitsrechts nicht entbehrlich machen. Infolgedessen wird z. B. auf die Unterscheidung von „Betrieb" und „Unternehmen", die in der neuen Ordnung mehrfach eine Rolle spielt und die auch dem Praktiker Schwierigkeiten macht, in knapper Formulierung eingegangen. Andere, wissenschaftlich nicht minder problematische Dinge, wie etwa der Unterschied zwischen „Angestellten" und „Arbeitern", werden dagegen bewußt nicht erörtert, weil sie praktisch kaum je ein Rätsel aufgeben, während der Studierende sich darüber Auskunft in den Lehrbüchern holen kann*).

Bei alledem schien es geboten, in der sozialen Ehrengerichtsbarkeit, wenn die Darstellung als eine systematische hier nicht nur skizzenhaft bleiben sollte, wenigstens auf die wichtigsten, analog anzuwendenden Vorschriften der Strafprozeßordnung — wenn auch zumeist nur im Kleindruck — hinzuweisen. Auch glaubten wir, bei einer Schöpfung des Gesetzgebers, die wie kaum eine andere zuvor einen Wendepunkt bedeutet, auf eine soziale und weltanschauliche Charakteristik nicht verzichten zu dürfen.

Das Manuskript lag bereits Ende April 1934, vor Inkrafttreten des AOG., abgeschlossen vor. Später konnten aus äußeren Gründen nur noch die nachkommenden Durchführungsverordnungen sowie — unmittelbar vor der Drucklegung — Verweisungen auf den Kommentar zum AOG. von Mansfeld-Pohl

---

*) Dem Studierenden ist zu empfehlen, zunächst die nachfolgende Darstellung zu lesen und dabei insbesondere die den Hauptüberschriften beigegebenen Anmerkungen zu beachten. Wenn er sich alsdann dem Studium eines älteren arbeitsrechtlichen Lehrbuches zuwendet und noch in anderen, als den in diesen Anmerkungen besonders hervorgehobenen Abschnitten des Buches die Bezugnahme auf außer Kraft getretenes Recht vorfindet, so wird er nicht im Zweifel darüber sein, was stattdessen zu gelten hat.

hineingearbeitet werden, welch letzterer ja im Hinblick auf die Stellung der Verfasser als Sachbearbeiter im Reichsarbeitsministerium einen Sondercharakter hat. Sollte dem Buch eine weitere Auflage beschieden sein, so wird diese Gelegenheit geben, noch andere von den inzwischen erschienenen verdienstlichen Arbeiten zum neuen Recht zu berücksichtigen.

Möge das kleine Werk dazu mithelfen, daß allenthalben die Einsicht reife, wie besonders unmittelbar gerade in dem neuen Gesetz das metaphysische Ziel aller wahren Rechtsgestaltung, die Gerechtigkeit, zum Ausdruck kommt. Sie ist es, die — nach einem Hegelwort — „das aus dem Gleichgewicht tretende Fürsichsein der Stände und Individuen in das Allgemeine zurückbringt".

Clausthal-Zellerfeld, im Oktober 1934.

Crone

Inhaltsverzeichnis.

Abkürzungen.

Andres	= Andres, Das Gesetz zur Ordnung der nationalen Arbeit vom 20. Januar 1934. Ein Ueberblick über die Grundgedanken. (Reichsarbeitsblatt 1934, S. II 37 ff.)
AOG.	= Gesetz zur Ordnung der nationalen Arbeit.
Hueck-Nipperdey	= Hueck-Nipperdey, Lehrbuch des Arbeitsrechts. Erster Band, 3/5. Aufl. 1931; zweiter Band, 1/2. Aufl. 1930; Mannheim, Berlin, Leipzig.
Jacobi	= Jacobi, Grundlehren des Arbeitsrechts, Leipzig 1927.
Kaskel (3. Aufl.)	= Kaskel, Arbeitsrecht, 3. Aufl., Berlin 1928.
Kaskel-Dersch	= Kaskel, Arbeitsrecht, neubearbeitet von Dersch, 4. Aufl., Berlin 1932.
Mansfeld	= Mansfeld, Betriebsrätegesetz, 2. Aufl., Mannheim, Berlin, Leipzig 1930.
Mansfeld-Pohl	= Die Ordnung der nationalen Arbeit, Kommentar zum AOG. und zu dem Gesetz zur Ordnung der Arbeit in öffentlichen Verwaltungen und Betrieben unter Berücksichtigung aller Durchführungsbestimmungen, von Mansfeld und Pohl unter Mitwirkung von Steinmann und Krause; Berlin, Leipzig, Mannheim, München 1934.
Münz	= Münz, Das Gesetz zur Ordnung der nationalen Arbeit, Textausgabe mit Einführung (und einigen Anmerkungen), Berlin 1934.

Einleitung.

Arbeiterfrage und Nationalsozialismus.

A. Die Entstehung der Arbeiterfrage im Zeitalter der Maschine.

Die soziale Frage, die Frage nach einer befriedigenden Ordnung des Zusammenlebens der verschiedenen Bevölkerungsschichten, wird zur Arbeiterfrage erst im 19. Jahrhundert. Schon zur Zeit der Zunftverfassung war es zwar des öfteren zu Arbeitskämpfen zwischen Meistern und Gesellen gekommen. Im ganzen überwog aber doch das Gefühl der Zusammengehörigkeit; denn die zünftlerischen Bestimmungen, die das übermäßige Anwachsen des einzelnen Handwerksbetriebes verhinderten und als Lohntaxen den Gesellen ein erträgliches Einkommen sicherten, ließen im Verein mit der Hoffnung, einmal Meister zu werden, die jeder Geselle damals noch hegen konnte, eine Kluft zwischen diesen und jenen nicht entstehen.

Erst die „Gewerbefreiheit", die sich nach der französischen Revolution von 1789 überall durchsetzte — in Preußen auf Grund des Gewerbesteueredikts von 1810 und eines Gewerbepolizeigesetzes von 1811 —, räumte mit einem Schlage alle Schranken der Zunftordnung und der (in gewissem Sinne eine Uebergangsform bildenden) merkantilistischen Gewerbeverfassung fort, und jetzt war der Weg zum modernen Großbetrieb frei. Zugleich kam mit ihr eine anfänglich unbegrenzte Freiheit des Arbeitsvertrages, die eine völlige Umgestaltung der sozialen und materiellen Lage des Arbeiters möglich machte. Dafür, daß es auch an den tatsächlichen Voraussetzungen nicht fehle, sorgte in schicksalhafter Verknüpfung der Siegeslauf der Maschine.

Für die Unternehmer, die ihre Betriebe mit Maschinen hatten ausrüsten können, wurde nämlich bald eine methodisch immer weiter getriebene Herabsetzung der Löhne (nebst einer durchgreifenden Verlängerung der Arbeitszeit) eines der wichtigsten Mittel zur Verbilligung ihrer Produkte im Konkurrenzkampf. Rechtliche Hindernisse standen nicht mehr im Wege, Lohntaxen gab es ja nicht mehr, und je mehr die Maschinisierung der Betriebe und mit ihr die Mechanisierung und Teilung der Arbeit fortschritt, desto mehr war es möglich, ungelernte Arbeitskräfte zu verwenden, so daß denn auch die wichtigste wirtschaftliche Voraussetzung niedriger Löhne, die beliebige Ersetzbarkeit des einzelnen Arbeiters, gegeben war. Jetzt entstand das Riesenheer der lebenslänglichen Lohnarbeiter auf der einen und der nahezu allmächtige Gebieter gewaltiger wirtschaftlicher Kräfte auf der anderen Seite.

Und mehr als das: Unter dem Druck der Konkurrenz ging man dazu über, in immer weiterem Umfange Frauen und Kinder in den Produktionsprozeß einzuspannen. Sie waren leicht zu bekommen, weil die unzureichenden Löhne der Männer zusätzliche Einnahmen der Familienangehörigen für die Lebenshaltung des Arbeiters immer wünschenswerter machten. Schließlich wurden auch sie nicht mit Arbeiten verschont, die die stärkste Anspannung aller physischen Kräfte verlangten. Vor allem der Umstand aber, daß auch bei Frauen und Kindern die Arbeitszeit mehr und mehr wuchs, daß auch bei ihnen die — bei Männern als selbstverständlich angesehene — Nachtarbeit ständig weiter überhandnahm, untergrub nicht nur die Familie, sondern übte zugleich auf die Entwicklung der Kinder wie auf die leibliche und seelische Gesundheit der Mädchen und Frauen die verhängnisvollsten Wirkungen aus, dadurch sogar die körperliche Widerstandkraft und den moralischen Halt der kommenden Geschlechter gefährdend. — Auch in den Gewerbezweigen, in denen Hausindustrie bestehen blieb, sowie im Bergbau, in dem die Maschine bei der eigentlichen Kohlen- und Mineraliengewinnung in früherer Zeit noch keine Verwendung fand, zeigten sich mit dem Anwachsen der einzelnen Unternehmungen die gleichen schlimmen Uebelstände.

Ueber das Ergebnis dieser Entwicklung in England existieren amtliche Dokumente in Gestalt der sog. Blaubücher aus den 1840er Jahren, die ein wahrhaft erschütterndes Bild von der damaligen Lage der lohnarbeitenden Bevölkerungsschichten zeichnen[1]). Wer aber glaubt, außerhalb Englands sei

---

1) Sombart hat ein eindrucksvolles Bruchstück dieser Dokumente in wortgetreuer Uebersetzung in seiner kleinen Schrift „Die gewerbliche Arbeiterfrage“ (Leipzig 1904), S. 5—12, veröffentlicht. Es mag genügen, daraus hier hervorzuheben, daß damals in England Kinder im Bergbau unter Tage bereits vom Beginn des 5. Lebensjahres an verwandt wurden. Die Kleinsten wurden mit Türhüten in den Strecken beschäftigt. Viele von ihnen sahen während des Winters das Tageslicht, außer an Sonn- und Feiertagen, überhaupt nicht. Auch in der Grube saßen sie gewöhnlich vollständig im Dunkeln. Sechsjährige Kinder ließ man bereits die schweren Kohlenwagen schieben und ziehen. Arbeitszeit für Kinder und junge Leute 11 bis 13, in einem Distrikt 14 Stunden und darüber. Keine Pausen. Mahlzeiten wurden während der Arbeit eingenommen. — Gesundheitliche Folgen der frühzeitigen und übermäßig langen Arbeit in teilweise engen und niedrigen Gängen: verkrüppelte Glieder, verwachsene Körper und todbringendes Siechtum, das schon „bis zum 30. und 40. Lebensjahre hin einen äußerst ernsten Charakter annahm, sodaß jede Generation aus dieser Volksklasse gewöhnlich nach dem 50. Lebensjahre ausgestorben war.“ Niemand wird dieses lakonische Fazit ohne tiefste Ergriffenheit lesen können.

das Bild gewiß viel weniger schlimm gewesen, der möge sich vergegenwärtigen, daß das preußische Regulativ vom Jahre 1839 über die Kinderarbeit in Fabriken, Bergwerken usw., welches für schulpflichtige Kinder über 9 Jahren eine zehnstündige Arbeitszeit neben fünfstündigem obligatorischem Schulbesuch (!) zuließ, von dem Philanthropen Daniel Le Grand als bahnbrechende Tat gefeiert und den übrigen deutschen Regierungen sowie den Regierungen Frankreichs und der Schweiz zur Nachahmung dringend empfohlen wurde[2]).

Und die gesellschaftlichen Auswirkungen dieser Verelendung der Arbeiter? Auf der einen Seite die Anhäufung unverhältnismäßiger Reichtümer in den Händen weniger, auf der anderen bei unzähligen Menschen — mit Hegel zu sprechen — „der Verlust des Gefühls des Rechts, der Rechtlichkeit und der Ehre, durch eigene Tätigkeit und Arbeit zu bestehen". — Die Gegenwirkung des Staates, die in der Folgezeit, wie in England, so auch in Deutschland in Gestalt einer immer umfangreicher werdenden Gesetzgebung zum Schutze der Arbeiter einsetzte, hat zwar deren materielle Lage gebessert, aber sie hat den Zerfall unseres Volkes in zwei einander feindliche Klassen nicht zu verhindern vermocht.

B. Der Empirismus und liberalistische Individualismus als psychologische Grundlagen der Entwicklung.

Die wichtigste äußere Ursache dieses Geschehens war, wie aus dem Gesagten hervorgeht, die Maschinisierung der Betriebe, letztere wurzelnd in der Entwicklung der modernen Naturwissenschaft und Technik. Sie allein hätte aber niemals ausgereicht, die Unternehmer zu einer solchen (wohl meist gedanken- aber jedenfalls bedenkenlosen) Ausnutzung ihrer Machtstellung zu veranlassen, wenn nicht zugleich eine Wandlung in der Einstellung des Menschen zu seinen Mitmenschen eingetreten wäre durch den Sieg des Individualismus, wie er in der sich bald durchsetzenden liberalistischen Forderung nach unbegrenzter Freiheit des Arbeitsvertrages zum Ausdruck kam[3]). Beide Erscheinungen,

---

2) Sombart a. a. O., S. 82.

3) Diese Forderung trat damals so sehr mit dem Anspruch bedingungsloser Geltung auf, daß englische Fabrikanten gegenüber einem Gesetzentwurf von 1815, der die Arbeit von Kindern unter 10 Jahren in Baumwoll-, Woll- und Flachsfabriken untersagen und diejenige von Kindern und Jugendlichen zwischen 10 und 18 Jahren unter Aufsicht stellen wollte, ohne zu erröten, damit argumentierten, daß auch den Kindern die freie Verfügung über ihre Arbeitskraft belassen werden müsse! Tönnies, Die Entwicklung der sozialen Frage bis zum Weltkriege, 4. Aufl., Berlin und Leipzig 1926, S. 55.

der Höhenflug der Naturwissenschaft wie der liberalistische Individualismus, haben zum Ausgangspunkt ein und dieselbe Neuorientierung des europäischen Denkens, die Hinwendung zum reinen *Empirismus*. So fruchtbar sich nämlich das Prinzip, jedes Urteil dürfe sich nur auf die aus *sinnlichen Wahrnehmungen* gewonnene Erfahrung stützen, für die *Naturforschung* erweist, so gefährlich wird es, wenn es zugleich als einzig zulässige und allein mögliche Grundlage einer *Weltanschauung* auftritt. Im gleichen Augenblick erscheinen nämlich dem Durchschnittsmenschen alle überindividuellen Bindungen, *die sich vorher* als Eingliederung in die Familie, das Volksganze und den Staat und als Anerkennung einer göttlichen Weltordnung *von selbst verstanden*, als fragwürdige Hirngespinste. Jetzt erst wird es unter anderem möglich, jeden gesetzgeberischen oder obrigkeitlichen Eingriff in die Freiheit des Arbeitsvertrages ernstlich für eine unerlaubte Verletzung der „Freiheit des Individuums" zu halten. Jetzt erst isoliert sich das Durchschnittsindividuum von seiner Umgebung. Das Ende aber ist ein Standpunkt, der *an die Stelle der Unterordnung unter die Gemeinschaft die rücksichtslose Durchsetzung des eigenen Ich gegenüber der Gemeinschaft und gegen sie setzt*, ein Standpunkt gleich dem *Max Stirners*, der mit dem Satz: „Mir geht nichts über Mich" den individualistischen Egoismus auf seine nackteste Formel bringt. Nur aus einem solchen Egoismus — mag er auch oft einigermaßen unbewußt gewesen sein — erklärt sich letzlich die grauenvolle Entwicklung, die dazu führte, daß man die menschliche Arbeitskraft schlechthin als Ware behandelte, welche möglichst billig zu „kaufen" nicht nur keine Schande, sondern ein lobenswerter Beweis kaufmännischer Tüchtigkeit war, diese Entwicklung, die den redlichen Arbeiter entwürdigte, die Volksgemeinschaft zerstörte und den Staat schier unaufhaltsam dem Untergange entgegentrieb [4]).

C. Der materialistische Kollektivismus der Marxisten als untauglicher Versuch einer Gegenwirkung.

So war der Boden bereitet, auf dem die Saat des *Marxismus* aufgehen konnte. Was hatte er der Verelendung der

---

4) Was bedeutet angesichts solcher Folgen die Begründung, die in England so oft für den liberalistischen Individualismus ins Feld geführt wurde (und die selbst einen wenig religiösen Menschen heute auf das Aeußerste empören muß), man müsse den Dingen ihren Lauf lassen und dürfe nur nicht durch obrigkeitliche Regelung dem lieben Gott ins Handwerk pfuschen, wenn man wolle, daß sich durch seine Güte alles für jeden zum Besten kehre! Zum mindesten bei den Praktikern der Wirtschaft war das nichts als echt englischer „cant".

Arbeiter zur Abwehr entgegenzusetzen? Den Kampfruf „Proletarier, vereinigt euch", also scheinbar eine Parole des Wiederzusammenschlusses. Aber er war völlig unfähig, die Wurzel des Uebels in der Leugnung aller überindividuellen, nicht verstandesmäßig beweisbaren Bindungen zu erkennen. Er war ja selbst Nur-Empirismus, und zwar ein Nur-Empirismus in der dürftigsten Form eines platten Materialismus; denn er lehrte, daß der Lauf der Welt in nichts anderem bestehe, als in der Fortentwicklung der wirtschaftlichen Verhältnisse. Alle Ideale, unter ihnen auch die Ideale Vaterland und Gemeinschaft, waren in seinen Augen nur Trugbilder, aus der Gier nach materiellen Gütern von den jeweiligen Nutznießern der wirtschaftlichen Zustände listig ersonnen, um die Darbenden sich dienstbar zu halten und über ihr Elend hinwegzutäuschen. Es ist klar, daß auf dem Boden einer solchen Denkungsart, welche konsequenterweise ja auch für den „Proletarier" kein anderes wirkliches Gut, als den materiellen Genuß, anerkennen durfte, nicht einmal innerhalb der zur Sammlung aufgerufenen „Proletarierklasse" eine lebendige Gemeinschaft entstehen konnte, zu deren Wohl seine Sonderinteressen zurückzustellen der einzelne sich hätte für verpflichtet halten können. Die vom Marxismus geforderte „Solidarität" quoll also nicht aus der Idee der Zugehörigkeit zu einem höheren Ganzen, sondern lediglich aus der Erkenntnis, daß eine Unzahl von individualistischen Einzelinteressen — in gewissem Sinne zufällig — die gleiche Richtung hatten; der sog. „Kollektivismus" jedoch, das Streben, allen Arbeitern die gleiche Verbesserung ihrer Lage zukommen zu lassen, war nichts anderes als eine Technik der gemeinsamen Durchsetzung der parallelen Sonderinteressen, von denen jedes einzelne einen genau so egoistischen und individualistischen Charakter hatte, wie das Interesse eines „liberal" gesinnten Unternehmers. Mit anderen Worten: Auch der Kollektivismus blieb Individualismus in Reinkultur.

Von nichts war man deshalb weiter entfernt, als von einer Ueberbrückung des Gegensatzes zur Unternehmerschaft. Nur im rücksichtslosen Kampf gegen diese glaubte man die Individualinteressen der Arbeiter durchsetzen zu können, und die Vernichtung jedes völkischen Zusammenhalts galt als eine der Voraussetzungen, unter denen allein sich dem Arbeiter eine „glücklichere" Zukunft eröffnen werde.

Diese Haltung aber löste auf seiten der Unternehmer selbstverständlich wieder das Bestreben aus, ihre Position kämpfend zu behaupten. So wurde denn unter anderem auch die Regelung der Arbeitsbedingungen in der Gegenwart ein Gegenstand des Kampfes zwischen beiden Lagern. Auf diesem speziellen Kampffeld gab es dann freilich zahlreiche, wenn auch gewöhnlich nur für kurze Dauer berechnete Friedensschlüsse in Gestalt der die Arbeitsverhältnisse kollektiv ordnenden Tarifverträge. Aber diese Friedensschlüsse waren nicht Akte solcher Gegner, die den ehrlichen Willen hatten, die Streitaxt für immer zu begraben, sondern der latent fortbestehende Kampfwille der einen Partei veranlaßte diese, jeden augenblicklichen Vorteil der Kriegslage zur rücksichtslosen Durchsetzung möglichst zahlreicher und hochgeschraubter Forderungen auszunutzen, was dann, wenn sich in einem späteren Kampfe das Kriegsglück gewandt hatte, die andere Partei ähnlich handeln ließ. Das Kernstück der marxistisch-revolutionären Gesetzgebung aber war die im voraus gegebene gesetzliche Sanktionierung dieser Friedensschlüsse, der Tarifverträge, und in ihr enthalten die Sanktionierung des einseitigen Interessenstandpunktes der einzelnen Tarifpartei.

Daß es bei alledem nicht gelang, dem Arbeiter das Bewußtsein der Würde und des sittlichen Wertes der Arbeit wiederzugeben, ja, daß der Marxismus nicht einmal ernstlich den Versuch dazu machte, kann nicht wundernehmen, denn solche unwägbaren Güter konnte es ja in seiner Begriffswelt gleichfalls nicht geben; er bewirkte im Gegenteil, daß jetzt auch der Arbeiter seine Arbeitskraft als Ware ansah, mit dem Unterschied lediglich, daß es galt, sie möglichst teuer zu „verkaufen". Das „Klassenbewußtsein", das der Marxismus dem Arbeiter einflößte, gründete sich vielmehr lediglich auf ein Negatives: auf den künstlich geschürten grenzenlosen Haß gegen den zugleich mit allen Mitteln tendenziöser Darstellungskunst verächtlich gemachten Gegner.

Nicht minder liegt auf der Hand, daß der Marxismus mit solchen Mitteln den zerrissenen Volkskörper nicht zu heilen vermochte. Wie nahe er ihn aber dem Tode brachte, hat die jüngste Vergangenheit greifbar deutlich gelehrt.

D. Das Ganzheitserlebnis [5]) des Nationalsozialismus als Lösung.

Es ist eine geschichtliche Tatsache, daß in Zeiten, in denen ein folgerichtiger Individualismus von der Mehrzahl der Menschen Besitz ergriff und in denen sich unter seinem Einfluß „alle Bande frommer Scheu lösten", oft eine große Persönlichkeit auf-

---

5) Wir vermeiden den in der Gesellschaftslehre üblichen Kunstausdruck „Universalismus", und zwar einmal, weil er für den Ungeschulten oft die — in Wirklichkeit nicht darin liegende — Nebenbedeutung eines das Nationale nicht achtenden oder es überspringenden „Weltbürgertums" hat, vor allem aber, weil das ganzheitliche Denken und Handeln des Nationalsozialismus in einer tieferen Schicht, als im theoretisierenden Verstande, wurzelt (die Volksgemeinschaft ist Leben und Leben ist unmittelbar nur dem „Er-leben" zugänglich).

erstand, der die dem spitzen Verstand nicht faßbare Einheit und Ganzheit des Volkes als untrügliches Erlebnis in der Seele brannte, eine Persönlichkeit, die mit dem heiligen Feuer zorniger Begeisterung die Menschen zur Wiedereinordnung, zur Unterordnung unter die Volksgemeinschaft aufrief.

Ein Plato setzt dem frivolen, gemeinschaftszerstörenden Denken seiner Zeitgenossen, wie es im „Staat" und im „Gorgias" durch die Thesen der Sophisten Thrasymachus und Kallikles charakterisiert wird, die Lehre vom Staat[6]) als einem Menschen im Großen (d. h. als einem Organismus) und von den differenzierten Aufgaben der Volksgenossen[6]) gewissermaßen als seiner verschiedenartigen, aber aufeinander angewiesenen Glieder[7]) entgegen. — Fichte entwickelt in einer schwächlichen und selbstsüchtigen Zeit in seinem „Geschlossenen Handelsstaat" ganzheitliche Gedanken, die unmittelbar an die modernen Probleme heranführen. Der einzelne hat nach ihm das Recht, von seiner Arbeit zu leben, aber nicht, um zu genießen, sondern um seine sittlichen Pflichten, die Pflichten gegenüber der Allgemeinheit, eben durch die Arbeit erfüllen zu können. Das Privateigentum an den Produktionsmitteln soll bestehen bleiben, aber nur, weil der Unternehmer die ausschließliche Verfügung über sie haben muß, wenn der volle Gebrauch seiner Kräfte im Dienst der Allgemeinheit gewährleistet sein soll. Hier wie anderorts ist Fichte ein eindringlicher Mahner zum Wirken für die Gesamtheit.

Niemals vielleicht ist aber einem verirrten Volke der rechte Weg von der Kraft einer gewaltigen Liebe mit so hinreißender Ueberzeugungsmacht gezeigt worden, als dem deutschen in der Stunde, als es durch liberalistische Gleichgültigkeit und pseudosozialistische Verführungskünste bereits endgültig der Zerstörung des Gemeinschaftslebens und damit dem Tod geweiht schien. Ein neuer, von jeder Selbstsucht freier deutscher Sozialismus wird ihm von Adolf Hitler gewiesen:

> „Jeder wahrhaft nationale Gedanke ist letzten Endes sozial, d. h. wer bereit ist, für sein Volk so vollständig einzutreten, daß er wirklich kein höheres Ziel kennt, als nur das Wohlergehen dieses seines Volkes, wer unser großes Lied „Deutschland, Deutschland über alles" so erfaßt hat,

---

6) Zwischen dem „Staat" und der „Volksgemeinschaft" besteht für Plato noch kein Unterschied.

7) Genau wiedergegeben: als der Verkörperungen verschiedener einander ergänzender Teile, die nach Plato die Seele bilden und auch am „Menschen im Großen" unterschieden werden müssen, nämlich der Vernunft, des Mutes und der sinnlichen Begierde.

daß nichts auf dieser Welt ihm höher steht, als dieses Deutschland, Volk und Land, Land und Volk, der ist ein Sozialist."

Das materialistische und individualistisch-egoistische Denken erfährt die schärfste Absage:

„Die Partei bekämpft den jüdisch-materialistischen Geist in und außer uns und ist überzeugt, daß eine dauernde Genesung unseres Volkes nur erfolgen kann von innen heraus auf der Grundlage: Gemeinnutz vor Eigennutz" (Punkt 24 des Programms der NSDAP., letzter Satz).

Die Wiedereingliederung des Arbeiters in die Volksgemeinschaft aber bezeichnet der Führer als sein vornehmstes Ziel:

„Ich werde keinen größeren Stolz in meinem Leben besitzen als den, am Ende meiner Tage sagen zu können: Ich habe dem Deutschen Reiche den deutschen Arbeiter erkämpft."

Nur solches ganzheitliches Denken und Handeln kann die Arbeiterfrage lösen und das deutsche Volk zu sich selbst zurückführen. Mehr noch: in ihm liegt die einzige, aber sichere Bürgschaft für unsere bisher so hart bedrohte nationale Existenz; denn:

„keine Macht kann sich gegen den Volksgeist oder in ihm zerstörend geltend machen, wenn er nicht in ihm selbst leblos, erstorben ist" (Hegel).

E. Nationalsozialistische Grundgedanken des AOG.

Erst von dieser Warte aus ist die ungeheure historische Bedeutung des neuen Gesetzes, in welchem zum erstenmal in der Geschichte des modernen Arbeitsrechts das Prinzip der Ganzheit verwirklicht wird, in vollem Umfange verständlich.

Unternehmer und Arbeiter[8]) müssen sich wieder als Glieder eines Volkes fühlen. Der Weg für den Dienst an der Gesamtheit, der ihnen vom Schicksal gewiesen ist, führt freilich über die Förderung des einzelnen Betriebes, in welchem sie tätig sind, aber der Vorrang der Volksgemeinschaft kommt darin zum Ausdruck, daß alles, was für den Betrieb geschieht, zugleich geeignet sein muß, dem Volk und dem Staate zu nützen.

Mit dem Geiste wahrer Volksgemeinschaft ist es nicht vereinbar, wenn die Arbeitsbedingungen durch temporäre

---

8) Das Wort „Arbeiter" hier wie auch sonst in diesen einleitenden Ausführungen in dem weiteren Sinne gebraucht, der auch den „Angestellten" mit umfaßt.

Friedensschlüsse zweier kämpfender Parteien, durch Tarifverträge, festgesetzt werden. Ihre Regelung wird deshalb wieder dem Unternehmer nahegelegt; doch ist sie nicht mehr, wie zu Beginn des liberalistischen Zeitalters, seiner Willkür überlassen, sondern er ist der Gesamtheit dafür verantwortlich, daß seine Festsetzung den Anforderungen sozialer Gerechtigkeit entspricht. Versagt der Unternehmer in dieser Hinsicht, so greift der Staat kraft seines Daseinszweckes, die Volksgemeinschaft zu schützen, mit behördlicher Regelung ein. Auch jetzt bleiben die Arbeitsbedingungen aber dem Interessenkampf entzogen.

In der Art, wie das Gesetz die Arbeitsbedingungen behandelt, tritt aber das Ganzheitsprinzip zugleich noch in einer zweiten Form in Erscheinung. Der Tarifvertrag setzte diese Bedingungen in der Regel für die Angehörigen eines bestimmten Berufes in einer Vielzahl von Betrieben schematisch und einheitlich fest. Nun ist aber **jeder einzelne Betrieb** selbst eine kleine, wirtschaftliche Ganzheit, das Wohlergehen der großen Ganzheit, der Volksgemeinschaft, aber hängt in hohem Grade von dem Gedeihen der kleinen Ganzheit ab (und zwar nicht nur in wirtschaftlicher, sondern auch in sittlicher Hinsicht, denn je kräftiger dieses Gedeihen ist, desto größer ist die Gewähr, daß möglichst viele Volksgenossen Gelegenheit erhalten, sich durch nützliche Arbeit sittlich zu betätigen, und desto geringer wird die Gefahr des auf die Dauer stets demoralisierenden Zustandes der Arbeitslosigkeit). Zum gesunden Eigenleben eines Betriebes gehört es aber, daß seine inneren Vorgänge so geregelt werden, wie es seinen besonderen Bedürfnissen entspricht. Deshalb ist es der einzelne Unternehmer, der nach dem Gesetz zunächst verantwortlich über die Regelung der Arbeitsbedingungen entscheiden darf.

Darin drückt sich bereits die Führerstellung aus, die das Gesetz dem Unternehmer im Betriebe einräumt. Sie gilt ebenso in jeder anderen Hinsicht. Denn wie in Staat und Volksgemeinschaft, so sind auch im ganzheitlichen Betriebe nach nationalsozialistischer Anschauung alle Angehörigen miteinander verbunden durch die Arbeit an einem gemeinsamen Ziel, aber ein Wille muß gelten. Damit wird auch der schöpferischen Persönlichkeit, die der Nationalsozialismus nicht ausschalten, sondern im Gegenteil der großen Sache in Wahrheit dienstbar machen will, ihr Recht. Das Interessengezänk aber, das der Marxismus mit der sog. Betriebsvertretung sogar in den einzelnen Betrieb getragen hatte, wird auch aus ihm verbannt und durch ein Vertrauensverhältnis ersetzt. So wird die Führung hier, was sie auch im Staate ist: autoritative Gewalt, gestützt auf Vertrauen.

Und — als Letztes aber nicht Geringstes — Ehre und Würde der Arbeit werden wiederhergestellt. Die Achtung vor ihr ist in der lebendigen Betriebsgemeinschaft eine Selbstverständlichkeit. Da aber diese Gemeinschaft vorderhand zwar ein Ziel, aber — wenigstens in vollendeter Gestalt — wohl kaum schon Wirklichkeit ist, so werden Arbeitsehre und Betriebsverbundenheit unter besonderen ehrengerichtlichen Schutz gestellt.

In alledem liegt die Wende der furchtbaren inneren Not eines Volkes, dem der Lebensquell des Gemeinschaftsgeistes verschüttet war, und wer dieser Not ins Antlitz gesehen hat, der hört in alledem die eherne Stimme der Notwendigkeit.

Allgemeine Vorbemerkungen.

I. Sachlicher Geltungsbereich des AOG.

(die Begriffe: „Betrieb", „Betriebsbestandteil", „Nebenbetriebe", „Unternehmen").

Das Gesetz zielt auf die Ordnung derjenigen Arbeit, welche in einem Betrieb geleistet wird. Betriebsbestandteile und Nebenbetriebe werden bald dem Hauptbetrieb zugerechnet und bald als selbständig behandelt. Da außerdem die Zugehörigkeit des Betriebes zu einem bestimmten Unternehmen im Gesetz mehrfach eine Rolle spielt, bedürfen alle diese Begriffe einer Klärung.

A. Der Betrieb.

a) im allgemeinen.

1. Der „Betrieb" ist im Sinne des AOG. eine aus verschiedenartigen Arbeitsmitteln (aus menschlicher Arbeitskraft und Sachgütern sowie unter Umständen Patenten oder Urheberrechten) gebildete, räumlich in einem gewissen Grade zusammengefaßte technische Einheit[9]), welche einem[10]) Unternehmer zur nicht nur

9) Dieser Ausdruck darf nicht mißverstanden werden. In einer Fabrik z. B. umfaßt er nicht bloß den Bereich des „technischen Leiters", sondern auch das kaufmännische Büro. Wie sich aus dem weiteren Inhalt unserer Begriffsbestimmung ergibt, wird auch keineswegs verkannt, daß der Betrieb zugleich eine Einheit dem Zwecke nach ist. Die Absicht ist lediglich, den Unterschied vom „Unternehmen", der einer ganz exakten Formulierung noch immer spottet, so gut als möglich zu verdeutlichen. Das „Unternehmen", stellt nämlich im Gegensatz zum Betrieb begrifflich eine bloße „Zweckeinheit" dar (wie klar wird, sobald es sich in der Wirklichkeit über mehrere „technische" Einheiten erstreckt); unten B.

10) Auch mehrere Rechtssubjekte bilden dann einen „Unternehmer", wenn sie mittels derselben technischen Einheit einen gemeinsam gesetzten Zweck (also nicht

ganz vorübergehenden Verfolgung eines bestimmten Zweckes dient[11]). Daß dieser Zweck nicht notwendig wirtschaftlich zu sein braucht, ergibt sich aus § 4 Abs. 1 AOG., welcher „Verwaltungen" ausdrücklich mit zu den Betrieben rechnet (ebenso früher § 9 Abs. 1 BRG.).

Kein Betrieb ist aber der Familienhaushalt; denn man muß vom Betrieb verlangen, daß er der Befriedigung irgendeines (z. B. auch eines geistigen) Bedürfnisses anderer dient, daß er in diesem Sinne Werte „erzeugt", der Haushalt steht aber entschieden auf seiten des „Verbrauches"[12]).

2. Obwohl eine technische Einheit, ist der Betrieb jedoch (wie früher, so heute) weder ein Rechtssubjekt, noch auch nur in seinen sächlichen Mitteln, hinsichtlich deren man sich das allenfalls vorstellen könnte, ein einheitliches Rechtsobjekt. Bei einem Betrieb z. B., der einer Einzelperson „gehört", ist vielmehr diese Eigentümerin der einzelnen sächlichen Mittel und Partei der verschiedenen Arbeitsverträge.

b) Betriebsbestandteil und Nebenbetrieb.

1. Ein Betriebsbestandteil ist ein unselbständiger Teil einer größeren Betriebseinheit, der für diese lebensnotwendig ist, andererseits aber für sich allein keine Lebensfähigkeit hat[13]), z. B. die Lackiererei einer Waggonfabrik.

2. Ein Nebenbetrieb ist dagegen eine besondere Einheit mit eigenem Zweck; es muß also denkbar sein, daß er oder auch der Hauptbetrieb für sich allein bestünde. Damit er aber wirklich nur „Neben"-Betrieb ist, darf die Trennung der Zwecke nicht so weit gehen, daß kein Zusammenhang mehr zwischen den beiden Betrieben bestünde, und muß er nach seiner sachlichen Wichtigkeit hinter dem Hauptbetrieb zurückstehen, er muß von dem Unternehmer „gewissermaßen nebenberuflich geleitet werden"[13]). Beispiel: Ein Zigarettenhersteller betreibt eine eigene Kartonagenfabrik. Haben dagegen die beiden zwar selbständigen, aber doch noch zweckverbundenen Betriebe für den Unternehmer gleichen Rang, so darf keiner von ihnen als Neben-

---

bloß mehrere gleichgerichtete Zwecke!) verfolgen; vgl. Hueck-(Nipperdey) I S. 78 und Mansfeld-Pohl Anm. 2 zu § 4 AOG. (S. 136). Sie sind alsdann eine „Personengesamtheit" im Sinne von § 3 Abs. 1 AOG.

11) Vgl. die mehr oder minder ähnlichen Definitionen bei Jacobi S. 286, Hueck-(Nipperdey) I S. 78, (Hueck)-Nipperdey II S. 494, Kaskel-Dersch S. 327, Mansfeld Anm. 2 zu § 9 BRG. und Mansfeld-Pohl Anm. 2 zu § 4 AOG. (S. 133).

12) Aehnlich Hueck-(Nipperdey) I S. 78 f., Mansfeld Anm. 2 zu § 9 BRG. und Mansfeld-Pohl Anm. 2 zu § 4 AOG. (S. 135).

13) Vgl. Mansfeld Anm. 3 zu § 9 BRG. und Mansfeld-Pohl Anm. 3a zu § 4 AOG. (bezw. bezüglich des „Nebenbetriebs" daselbst Anm. 3 b).

betrieb behandelt werden[14]). In diesen Fällen bilden sie lediglich ein einheitliches „Unternehmen" (unten B). Gutes Beispiel bei Mansfeld: Die Molkerei und die Käsefabrik einer Molkereigenossenschaft[15]).

3. Nebenbetriebe und Betriebsbestandteile, die mit dem Hauptbetrieb durch gemeinsame Leitung verbunden sind, werden vom Gesetz ausschließlich dann als selbständige Betriebe behandelt, wenn sie räumlich weit vom Hauptbetrieb getrennt sind, § 4 Abs. 2. In allen anderen Fällen, also nicht nur bei räumlichem Verwachsensein, sondern auch bei einer räumlichen Trennung, die nicht als „weit" anzusprechen ist, werden sie einfach dem Hauptbetrieb zugerechnet (enger früher § 9 Abs. 2 BRG.).

B. Das Unternehmen.

1. Ein einziges Unternehmen bildet nach der herkömmlichen Begriffsbestimmung alles das, was dem von einem Unternehmer verfolgten einheitlichen Ziele dient[16]). Demnach kann an sich auch ein einzelner „Betrieb" ein Unternehmen sein. Indem aber das AOG. den Begriff des Unternehmens demjenigen des Betriebes gegenüberstellt, hat es bei ersterem stets mindestens zwei technische Einheiten mit einem gemeinsamen Zweck im Auge. Auch der Zweck eines „Unternehmens" braucht nicht wirtschaftlich zu sein[17]).

2. Daß mehrere in der Hand eines Unternehmers liegende Betriebe einen einheitlichen Zweck verfolgen und damit ein einheitliches Unternehmen bilden, wird aber für das AOG. überhaupt nicht bloß dann angenommen werden müssen, wenn sie

aa) nach dem Betriebszwecke zusammengehören[18]), sondern auch, wenn sie

bb) wirtschaftlich oder technisch gleichartig sind; vgl. § 17.

Wirtschaftlich gleichartig sind beispielsweise ein Handarbeitsbetrieb und ein Maschinenbetrieb, welche gleichartige Waren herstellen.

---

14) An dieser Auffassung wird man aus inneren Gründen festhalten müssen, obwohl § 17 AOG., anders als früher § 50 BRG., nicht mehr unbedingt dazu nötigt.

15) Mansfeld Anm. 2d zu § 50 BRG.

16) Hueck-(Nipperdey) I S. 81, Jacobi S. 286; enger Mansfeld und Mansfeld-Pohl (siehe die nächste Anmerkung).

17) Ebenso Hueck-(Nipperdey) I S. 81, Anm. 20; a. M. Mansfeld Anm. 2 zu § 9 BRG. und Mansfeld-Pohl Anm. 2 zu § 4 AOG., S. 138 („Erwerbszweck").

18) Für diese Beschränkung (oder vielmehr noch etwas enger: „Irgendwie organisch miteinander verbunden") Hueck-(Nipperdey) I S. 81.

Soweit aber weder die Voraussetzung zu aa noch die Voraussetzung zu bb gegeben ist, bilden mehrere Betriebe auch dann kein einheitliches Unternehmen, wenn sie einem Unternehmer „gehören". (Beispiel: Schuhmacherei und Landwirtschaft.)

3. Die mehreren Betriebe, die ein „Unternehmen" bilden, können sein

aa) mehrere gleichrangige selbständige Betriebe ohne Rücksicht darauf, ob ihr räumlicher Abstand groß oder klein ist;

bb) ein oder mehrere Hauptbetriebe mit einem oder mehreren Nebenbetrieben oder (und) mit einem oder mehreren Betriebsbestandteilen, wenn diese oder jene räumlich weit von ihrem Hauptbetrieb getrennt sind, da bei weiter Entfernung sogar unselbständige Teile kraft positiver gesetzlicher Vorschrift als „Betriebe" behandelt werden (vgl. oben).

C. Einschränkungen und Erweiterungen des Geltungsbereichs. Die Parallelgesetze.

a) Ausschluß der öffentlichen Verwaltungen und Betriebe.

1. Auf Angestellte und Arbeiter in öffentlichen Verwaltungen und Betrieben erstreckt sich das AOG. nicht; § 63 Satz 1 (anders früher § 9 Abs. 1 BRG.). Insoweit behält es vielmehr die Regelung einem besonderen Gesetz vor; § 63 Satz 2.

2. Das dementsprechend ergangene „Gesetz zur Ordnung der Arbeit in öffentlichen Verwaltungen und Betrieben" vom 23. März 1934 erläutert in seinem § 1, was in diesem Zusammenhange unter „öffentlich" zu verstehen ist.

aa) Oeffentliche Verwaltungen sind danach die Verwaltungen des Reichs, der Länder, der Gemeinden (Gemeindeverbände), der sonstigen Körperschaften, Stiftungen und Anstalten des öffentlichen Rechts sowie der Deutschen Reichsbahn-Gesellschaft, des Unternehmens „Reichsautobahnen" und der Reichsbank.

bb) Oeffentliche Betriebe sind

α) Betriebe, die von einer dieser Verwaltungen geführt werden und der allgemeinen Dienstaufsicht einer öffentlichen Verwaltung unterliegen;

β) Betriebe mit eigener Rechtspersönlichkeit, wenn eine oder mehrere der unter aa genannten öffentlichen Verwaltungen am Kapital mit mehr als der Hälfte unmittelbar oder mittelbar beteiligt sind (gemein- oder gemischtwirtschaftliche Betriebe),

oder durch Stimmenmehrheit in Organen oder sonst entscheidenden Einfluß auf die Leitung der Betriebe ausüben.

Soweit die Betriebe zu α und β wirtschaftliche Zwecke verfolgen, gelten sie jedoch als öffentliche Betriebe nur dann, wenn die Befriedigung der wirtschaftlichen Bedürfnisse, der sie dienen, durch Gesetz oder tatsächliche Uebung der öffentlichen Hand ganz oder überwiegend vorbehalten ist. § 1 Abs. 1.

In Zweifelsfällen bestimmt der Reichsarbeitsminister im Einvernehmen mit dem Reichsminister der Finanzen, dem Reichsminister des Inneren und dem etwa sonst zuständigen Reichsminister (an dessen Stelle für die Reichsbank der Präsident des Reichsbank-Direktoriums tritt), welche Betriebe zu den öffentlichen Betrieben gehören; §§ 1 Abs. 2, 24.

cc) Dieselben Minister (bezw. bei der Reichsbank die Minister und der Präsident des Direktoriums) können im Einvernehmen miteinander andere Verwaltungen und Betriebe den zu aa bezw. bb bezeichneten öffentlichen Verwaltungen und Betrieben gleichstellen; §§ 1 Abs. 3, 24.

3. Nach den Eingangsworten in § 1 des zuletzt genannten Gesetzes ist seine Begriffsbestimmung zugleich als authentische Erläuterung des § 63 AOG. anzusehen. Verwaltungen und Betriebe, die danach öffentliche sind oder die von den zuständigen Ministern den öffentlichen gleichgestellt werden, unterstehen infolgedessen stets dem auf öffentliche Verwaltungen usw. bezüglichen Gesetz. Umgekehrt unterstehen alle übrigen Verwaltungen und Betriebe grundsätzlich dem AOG. Letzteres gilt auch für solche Betriebe mit wirtschaftlichen Zwecken, auf die zwar an sich eine der Begriffsbestimmungen für öffentliche Betriebe passen würde, die aber die zu bb bezeichnete besondere Voraussetzung für Betriebe mit derartigen Zwecken nicht erfüllen.

Ferner ist die von den zuständigen Ministern in Zweifelsfällen getroffene Bestimmung über Zugehörigkeit oder Nichtzugehörigkeit zu den öffentlichen Betrieben für die Anwendbarkeit beider Gesetze maßgebend.

4. Im übrigen lehnt sich aber das Gesetz für öffentliche Verwaltungen usw. überall, wo die Besonderheiten der öffentlichen Verwaltungen und Betriebe keine Abweichungen erfordern, an das AOG. an und konnte deshalb in der nachstehenden Darstellung mit berücksichtigt werden.

b) Ueberwiegender Ausschluß von Schiffen der See-, Binnen- und Luftschiffahrt.

Für Schiffe der See-, Binnen- und Luftschiffahrt und ihre Besatzung, mögen diese Schiffe nun private oder öffentliche Betriebe sein, gelten aber nur einige Bestimmungen aus dem AOG. bezw. dem „Gesetz zur Ordnung der Arbeit in öffentlichen Verwaltungen und Betrieben" (vgl. § 4 Abs. 3 bezw. § 23). In sonstiger Hinsicht — überall nämlich, wo sie nachstehend nicht besonders erwähnt werden — sind sie aus dem Anwendungsbereich beider Gesetze ausgeschlossen. Durch den Gebrauch des Wortes „Schiffe" in den Texten ist aber klargestellt, daß die landfesten Betriebe, welche mit der Schiffahrt im Zusammenhange stehen, z. B. Docks, Kaibetriebe, Lagerschuppen oder Luftschiffhallen, je nach dem privaten oder öffentlichen Charakter des Schiffahrtsunternehmens von dem einen oder anderen der beiden Gesetze in seiner Ganzheit erfaßt werden[19]).

c) Teilweiser Einschluß der Heimarbeit.

Für in Heimarbeit Beschäftigte gilt nach näherer Maßgabe des unten Gesagten ein Teil des AOG., obwohl sie nicht „im Betriebe" des Unternehmers tätig sind. Die anwendbaren Vorschriften des AOG. werden z. T. ergänzt durch — nachstehend gleichfalls mit behandelte — Bestimmungen über Entgeltschutz aus dem „Gesetz über die Heimarbeit", welches das gleiche Datum wie das Gesetz über die Arbeit in öffentlichen Verwaltungen usw. (23. März 1934) trägt.

II. Inkrafttreten des AOG. und der Parallelgesetze. Außer Kraft tretende Gesetze.

a) Das AOG. und die beiden zuletzt erwähnten anderen Gesetze sind am 1. Mai 1934 in Kraft getreten.

b) Zum gleichen Zeitpunkt traten alle grundlegenden arbeitsrechtlichen Gesetze aus der marxistisch orientierten Zeit nach dem Umsturz von 1918 außer Kraft, nämlich

1. das Betriebsrätegesetz mit seinen Nebengesetzen und allen auf seiner Grundlage erlassenen Verordnungen und Bestimmungen,
2. die Tarifvertragsverordnung nebst allen zusätzlichen Bestimmungen,

---

19) Ebenso Mansfeld-Pohl, Anm. 5 zu § 4 AOG. Für das BRG., welches übrigens nur die Schiffahrt zu Wasser, nicht aber auch die Luftschiffahrt aus seinem Geltungsbereich ausnahm (§ 5), war die Frage zweifelhaft, aber wohl in der gleichen Richtung zu entscheiden; vgl. Mansfeld Anm. 2 zu § 5 BRG. und etwa auch (Hueck)-Nipperdey Bd. II S. 495 Anm. 9.

3. die Schlichtungsverordnung nebst der bisher noch geltenden Ausführungsverordnung,
4. die Stillegungsverordnung samt allen zusätzlichen Bestimmungen,
5. die Verordnung vom 10. November 1920, betreffend die Stillegung der sog. „Versorgungsbetriebe"

(§ 65 Ziffern 1 bis 3, 6, 7, 10 und 11 in Verbindung mit § 64 Abs. 1 AOG.).

c) Ferner trat das Hausarbeitsgesetz außer Kraft, und zwar die dem Entgeltschutz dienenden §§ 18 bis 48 (mitsamt der Verordnung über Fachausschüsse für Hausarbeit vom 28. November 1924) auf Grund des AOG. (§§ 67 Abs. 1, 64 Abs. 1), die übrigen Vorschriften des Hausarbeitsgesetzes auf Grund des Gesetzes über die Heimarbeit (§ 41).

Dagegen bleiben die auf seiner Grundlage erlassenen Verordnungen und Verwaltungsvorschriften des Reichsarbeitsministers (mit Ausnahme der genannten Verordnung von 1924), der obersten Landesbehörden und der von ihnen beauftragten Behörden bestehen, soweit der Reichsarbeitsminister nichts anderes bestimmt; § 42 des Ges. über die Heimarbeit (siehe dazu §§ 4, 5 der DurchfVO. vom 23. März 1934).

d) Endlich wurden vom Inkrafttreten des AOG. an einige Gesetze der nationalsozialistischen Regierung außer Kraft gesetzt, die von vornherein nur als Uebergangsregelungen gedacht waren, und zwar

1. das Gesetz über Betriebsvertretungen und über wirtschaftliche Vereinigungen vom 4. April 1933 [20]) nebst den zusätzlichen Verordnungen [20]) und nebst dem Abänderungsgesetz vom 26. September 1933,
2. das Gesetz über Treuhänder der Arbeit nebst Durchführungsverordnung,
3. das Gesetz vom 20. Juli 1933, betreffend die Restaufgaben der Schlichter,
4. das Gesetz über die Beisitzer der Arbeitsgerichts- und Schlichtungsbehörden und der Fachausschüsse für Hausarbeit vom 18. Mai 1933 [21])

(§ 65 Ziffern 4, 5, 8 und 9 in Verbindung mit § 64 Abs. 1 AOG.).

---

20) In Kraft geblieben sind lediglich die Art. III und V. (Art. III betrifft die knappschaftliche Versicherung. Art. V ermächtigt den Reichsarbeitsminister zum Erlaß von Ausführungsbestimmungen. Die Ermächtigung macht in Zukunft nur noch den Erlaß solcher Ausführungsbestimmungen möglich, welche das Reichsknappschaftsgesetz zwecks Anpassung an Art. III ändern).

21) In Kraft geblieben ist Art. I § 4. Er enthält verschiedene Aenderungen des Arbeitsgerichtsgesetzes, welche unten im „Sechsten Teil" mit zu besprechen sind.

Erster Teil.

Betriebsverfassung[22].

III. Ueberblick über die Betriebsverfassung des AOG.

a) Die neue Betriebsverfassung ruft im Gegensatz zu der durch das BRG. geschaffenen, die eine demokratische war, im Betrieb eine Ordnung ins Leben, die der Verfassung eines Führerstaates im Staatsrecht entspricht. Führer des Betriebes ist der Unternehmer. Die Angestellten und Arbeiter heißen die „Gefolgschaft" (vgl. § 1).

b) Führer und Gefolgschaft arbeiten im Betrieb gemeinsam zur Förderung der Betriebszwecke und zum gemeinen Nutzen von Volk und Staat; § 1. Der Führer sowohl, wie jeder Angehörige der Gefolgschaft trägt die Verantwortung für die gewissenhafte Erfüllung der ihm nach seiner Stellung im Betriebe obliegenden Pflichten. Alle haben im steten Bewußtsein dieser Verantwortung ihre volle Kraft dem Dienst des Betriebes zu widmen und sich dem gemeinen Wohle unterzuordnen (§ 35 Satz 1 und 3). Darin tritt die Pflicht zur Eingliederung in das Ganze der Volksgemeinschaft und in die kleinere Ganzheit des Betriebes, welche einer der Grundgedanken des Gesetzes ist (vgl. Einleitung E), klar in Erscheinung.

c) Die Gemeinsamkeit der Aufgabe verschmilzt Führer und Gefolgschaft zur Betriebsgemeinschaft[23]), was sich unter

22) In den systematischen Darstellungen des gesamten Arbeitsrechts ist der auf dem BRG. beruhende Abschnitt über die Betriebsverfassung (die Betriebsorganisation oder das Betriebsverbandsrecht) durch Ausführungen entsprechend dem obigen I. Teil zu ersetzen.

Zugleich ist — nach Beseitigung der Gewerkschaften und Arbeitgeberverbände — der in den Lehrbüchern mit der Betriebsgestaltung des BRG. unter dem Oberbegriff des „Arbeitsverfassungsrechts" zusammengefaßte Abschnitt über Berufsverfassung (=Organisation, =Verbandsrecht) ganz hinfällig geworden und ebenso — nach Aufhebung der Arbeitskammern im Bergbau durch Gesetz vom 13. September 1933 und der Fachausschüsse für Hausarbeit durch § 67 Abs. 1 AOG. — der vielfach als drittes Glied hinzugefügte Abschnitt über die gemeinsame Verfassung (gemeinsame Organisation). Eine überbetriebliche gemeinsame (Unternehmer, Arbeiter und Angestellte umfassende) Organisation ist heute die Deutsche Arbeitsfront; doch ist auf sie nichts von den arbeitsrechtlichen Aufgaben der ehemaligen Berufsorganisationen oder der früheren gemeinsamen Gebilde übergegangen.

23) Das Wort „Betriebsgemeinschaft" ist im Gesetz nicht nur der Inbegriff aller miteinander verbundenen Personen (so z. B. in § 6 Abs. 1), sondern es bezeichnet auch den Zustand des Verbundenseins (so in § 2 Abs. 2).

anderem dahin auswirkt, daß der Führer für das Wohl der Gefolgschaft zu sorgen und daß diese ihm die in der Betriebsgemeinschaft begründete Treue zu halten hat (§ 2 Abs. 2). Die Betriebsgemeinschaft ist keine juristische Person[24]), aber sie ist eine schicksalsmäßige Verbundenheit, die im gewissen Sinne mit der Familie zu vergleichen ist. Sie gibt dem Arbeitsvertrage über das bisher schon anerkannte Maß hinaus eine starke personenrechtliche Note.

d) Gemeinsamkeit der Aufgabe und Schicksalsverbundenheit kommen bedeutsam auch darin zum Ausdruck, daß das Gesetz die Bezeichnungen „Arbeitgeber" und „Arbeitnehmer" ganz vermeidet. Der Unternehmer ist selbst „Arbeiter" in dem umfassenderen Sinne, den dieses Wort gelegentlich haben kann. Seine Tätigkeit ist nicht bloß die Ausübung eines Rechtes, sondern nach dem inhaltlich wiedergegebenen § 1 des Gesetzes in erster Linie die Erfüllung einer sozialen Pflicht, die ihn im Grundsatz mit den Angestellten und Arbeitern in eine einzige Linie einreiht. Auch ist es materialistisch gedacht und entspricht nicht dem personenrechtlichen Einschlag des Arbeitsvertrages, wenn man den grundlegenden Vorgang bei seinem Abschluß als ein „Geben" und „Nehmen" (Annehmen) auffaßt; denn niemand würde z. B. beim Abschluß einer Ehe an derartiges denken.

e) Der Unternehmer hat kraft seiner Führerstellung der Gefolgschaft gegenüber in allen betrieblichen Angelegenheiten[25]) das Recht der Entscheidung; § 2 Abs. 1. Eine Betriebsvertretung im Sinne des BRG., welche Mitbestimmungsrechte und formelle Kontrollrechte besaß, gibt es nicht mehr (und darf es nicht nur wegen ihres demokratischen, mit dem Führerprinzip unvereinbaren Charakters, sondern auch deshalb heute nicht mehr geben, weil sie nach § 1 BRG. — zum mindesten in erster Linie — einseitig die „Interessen" der „Arbeitnehmer" dem „Arbeitgeber" gegenüber vertrat, also auch insofern dem Ganzheitsprinzip und dem Führergedanken zuwiderlief).

---

24) Auch Mansfeld-Pohl neigen dazu, die „rechtliche Einheit" der Betriebsgemeinschaft (wenigstens nach der gegenwärtigen Rechtslage) abzulehnen; vgl. Anm. 4 zu § 1 AOG. (S. 98). — Ebensowenig besitzt die Gefolgschaft Rechtspersönlichkeit, wie übrigens nach u. E. zutreffender Ansicht auch die Belegschaft unter der Herrschaft des BRG. keine solche besessen hat; näheres bei (Hueck)-Nipperdey II S. 480 ff.

25) Das Gesetz sagt: „Der Führer des Betriebes entscheidet der Gefolgschaft gegenüber in allen betrieblichen Angelegenheiten, soweit sie durch dieses Gesetz geregelt werden." Die Umgrenzung der Entscheidungsbefugnis, die darin liegt, hat aber nur für den Fall Bedeutung, daß ein anderer, als der Unternehmer, die Führung ausübt oder Führer ist, unten IV (a 2 und b 3). Daß nämlich der Unternehmer in sonstigen betrieblichen Angelegenheiten allein entscheidet, daß er z. B. innerhalb der allgemeinen gesetzlichen Schranken sächliche Arbeitsmittel frei veräußern oder neu beschaffen kann, ist selbstverständlich.

Die Wiederherstellung der Entscheidungsmacht des Unternehmers hat eine wichtige Folge für das Recht der Einzelarbeitsverträge, die, obschon aus dem Rahmen fallend, an dieser Stelle miterörtert sei. Das Reichsarbeitsgericht hat bekanntlich im Anschluß an das Reichsgericht die Lehre ausgebildet, über die Pflicht des Unternehmers zur Weiterzahlung der Löhne bei Betriebsstockungen könne an Hand des geschriebenen Rechts keine Entscheidung getroffen werden. Man müsse vielmehr von der veränderten Stellung der Belegschaft in der Jetztzeit, unter anderem auch von dem Recht zur unterstützenden Mitwirkung bei der Leitung des Betriebes, welches ihr das BRG. verliehen habe, ausgehen. Dieses Recht lege auf der anderen Seite der Belegschaft eine Pflicht zur Mittragung des Betriebsrisikos auf, und danach müsse beurteilt werden, ob sie sich im einzelnen Falle mit dem Fortfall des Lohnes abzufinden hätte. Der Ausgangspunkt dieser Risikoverteilungslehre ist heute dahingefallen; denn, wieder souverän geworden, hat der Unternehmer nunmehr unzweifelhaft auch das Risiko wieder allein zu tragen [26]). Weiterlaufen oder Fortfall der Lohnzahlungspflicht richten sich also in Zukunft wieder nach den allgemeinen Vorschriften (in Betracht kommen je nach den Umständen die Bestimmungen über Unmöglichkeit oder Verzug).

f) Das Führertum bedeutet aber nicht Willkürherrschaft, sondern ist, wie schon früher gesagt wurde, im Betrieb genau so wie im Staate eine autoritative Gewalt, die sich auf Vertrauen stützt. Das Treueverhältnis zwischen Führer und Gefolgschaft macht eine ständige Fühlungnahme zwischen beiden zur unbedingten Notwendigkeit [27]). Das gegenseitige Infühlungbleiben ist in kleineren Betrieben ohne weiteres möglich. Um es aber auch in größeren Betrieben (mit zwanzig oder mehr Beschäftigten) sicherzustellen, schafft das Gesetz für diese in § 5 den sog. „Vertrauensrat". Dieser ist aber selbstverständlich nicht etwa eine einseitige Interessenvertretung für die Gefolgschaft, sondern er setzt sich für die gesamte Betriebsgemeinschaft [28]) und den Betrieb als Ganzes ein. Auch der Vertrauensrat als solcher ist keine juristische Person [28a]).

---

26) Ebenso Münz S. 13.

27) Andres S. 37; siehe auch Mansfeld-Pohl Anm. 1 zu § 5 AOG.

28) Das kommt bei Münz (S. 14 sowie Anm. 4 zu § 6), bei Andres (S. 37) und bei Mansfeld-Pohl (Anm. 2a zu § 6 AOG.) u. a. dadurch zum Ausdruck, daß sie den Vertrauensrat ein „Organ der Betriebsgemeinschaft" nennen. Von einer „Organschaft" im technischen Sinne kann dagegen nicht gesprochen werden, weil die Betriebsgemeinschaft keine juristische Person ist (vgl. oben). Die Andersartigkeit der Organschaft des Vertrauensrats wird von Mansfeld-Pohl (Anm. 4a zu § 5 AOG.) auch besonders betont.

28a) Ebenso Mansfeld-Pohl Anm. 4a zu § 5 AOG.

Seiner Aufgabe, der Betriebsgemeinschaft zu dienen, entspricht es, daß der Führer des Betriebes ihm selbst angehört und ihn leitet (§ 5 Abs. 1). Auch sog. „leitende Angestellte" können als Mitglieder in den Vertrauensrat berufen werden (anders das frühere Recht, welches in § 12 Abs. 2 BRG. unter anderem diese in vielen Fällen nicht zu den Angestellten rechnete und damit vom aktiven und passiven Wahlrecht zur Betriebsvertretung ausschloß). Wie das Gesetz im übrigen keine einseitige Interessenvertretung der Belegschaft ins Leben ruft, so läßt es natürlich auch nicht etwa gesonderte Vertretungen je nur für Arbeiter und nur für Angestellte, wie sie das BRG. neben dem Betriebsrat kannte, zu. Auch gibt es in kleineren Betrieben keine Einrichtung, die bei oberflächlicher Betrachtung dem Betriebsobmann gliche, weil das Gesetz hier, wie schon angedeutet wurde, die unmittelbare Fühlungnahme als möglich und selbstverständlich ansieht.

g) Bilden mehrere selbständige Betriebe eines Unternehmers ein einziges Unternehmen[29]), so muß der Unternehmer zu seiner Beratung in sozialen Angelegenheiten aus den Vertrauensräten der einzelnen Betriebe einen Beirat[30]) berufen. Leitet er das Unternehmen nicht selbst, so hat er (zum mindesten für die sozialen Angelegenheiten) einen Führer des Unternehmens zu bestellen, der alsdann den Beirat beruft und sich von ihm in sozialer Hinsicht beraten läßt; § 17. Die Berufung muß also erfolgen, während die Errichtung eines „Gesamtbetriebsrates", an den vergleichsweise zu denken wäre, nach § 50 BRG. lediglich eine Möglichkeit war. Ferner gilt die Vorschrift des AOG., anders als diejenige des BRG., auch für Betriebe, die weit voneinander entfernt liegen.

h) Dem Führerprinzip entspricht es schließlich, daß das parlamentarische Gehabe der sog. „Betriebsversammlung", welche

29) Darüber, wann das der Fall ist, siehe oben I B, insbesondere 2 und 3.

30) Aus dem Wortlaut des Gesetzes ergibt sich, daß der Beirat ausschließlich beratende Funktionen hat. Mit anderen Aufgaben, wie sie das Gesetz dem Vertrauensrat in §§ 6 Abs. 1, 16 (unten IV b 1 und V d 1) zuteilt, darf er sich nicht befassen. Diese Aufgaben bleiben also den Vertrauensräten der einzelnen Betriebe jedenfalls erhalten. Auch das Recht und die Pflicht zur Beratung sozialer Angelegenheiten bleibt aber trotz Bildung eines Beirates für jeden Vertrauensrat bestehen (anderer Ansicht anscheinend Münz, Anm. 9 zu § 17).

Auch der Beirat wird selbstverständlich vom Unternehmer bezw. von dem durch ihn bestellten Führer des Unternehmens geleitet. Jeder zum Unternehmen gehörige Betrieb, der einen Vertrauensrat hat, wird durch mindestens ein Vertrauensratsmitglied im Beirat vertreten sein müssen; im übrigen kann aber der Unternehmer bezw. der bestellte Führer dessen Mitgliederzahl, solange nicht eine besondere Vorschrift erlassen ist (wofür der Verordnungsweg offen steht, vgl. § 64 Abs. 2), frei bestimmen. Mit diesem Vorbehalt wird man auch sagen dürfen, daß die Vorschriften über die Einberufung und Geschäftsführung des Vertrauensrats sowie über den ehrenamtlichen Charakter der Mitgliedschaft und die Auskunftspflicht des Führers (§§ 12, 6, Abs. 3, 13) auf den Beirat analog anzuwenden sind.

das BRG. kannte, aufgehört hat. Betriebsversammlungen im Sinne des BRG. gibt es nicht mehr, und die Gefolgschaft als solche tritt handelnd nur bei einer einzigen Gelegenheit, nämlich bei der Berufung der Vertrauensmänner, in einer unter V näher zu besprechenden Weise in Erscheinung.

IV. Der Führer des Betriebes nach dem AOG. im besonderen.

a) Wer ist Führer oder übt das Führeramt aus?

1. Der Führer.

aa) Ist der Unternehmer eine natürliche Person, so ist er selbst der Führer. Daß er Arier ist, wird vom Gesetz, entsprechend dem wiederholt bekanntgegebenen Standpunkt der Reichsregierung, nach dem die Grundsätze für das Berufsbeamtentum auf die Wirtschaft keine Anwendung finden, nicht verlangt. Auch Reichsangehöriger braucht er nicht zu sein (vgl. die amtliche Verlautbarung zur „Zweiten Durchführungsverordnung").

bb) Bei Betrieben, welche juristischen Personen oder Personengesamtheiten[31]) „gehören", sind die gesetzlichen Vertreter Führer (§ 3 Abs. 1). Besteht rechtsgeschäftliche Kollektivvertretung, können z. B. mehrere Vorstandsmitglieder der Aktiengesellschaft oder mehrere „geschäftsführende" Gesellschafter der Offenen Handelsgesellschaft nur gemeinsam oder kann ein einzelner von ihnen nur zusammen mit einem Prokuristen nach außen für die Gesellschaft auftreten, so ist auch nur eine gemeinsame Wahrnehmung der Aufgaben als Führer des Betriebes möglich.

Bei einer Mehrheit von Vertretern und rechtsgeschäftlicher Einzelvertretung ist dagegen jeder einzelne Vertreter als Führer des Betriebes im Sinne des AOG. anzusehen. Auch unter dieser Voraussetzung haben aber die mehreren Personen bei Abstimmungen im Vertrauensrat (§ 16 AOG.) zusammen nur eine Stimme, müssen sich also über die Stimmabgabe einigen, wenn sie nicht etwa von der Möglichkeit der Einsetzung eines Stellvertreters für das Führeramt Gebrauch gemacht haben, was sich in beiden Fällen empfehlen dürfte (vgl. die Bekanntmachung des Reichsarbeitsministers vom 1. März 1934, RArbBl. S. I 62).

2. Der Stellvertreter.

Das Gesetz sieht in folgenden Vorschriften eine Stellvertretung in der Ausübung des Führeramtes vor:

aa) Die nach 1 Berufenen können eine an der Betriebsleitung verantwortlich beteiligte Person mit ihrer Stellvertretung betrauen.

31) Vgl. oben Anm. 10.

bb) Sie müssen dies sogar, wenn sie den Betrieb nicht selbst leiten.

cc) In Angelegenheiten von geringerer Bedeutung können sie auch eine andere Person beauftragen (§ 3 Abs. 2).

Der Stellvertreter kann im Falle aa mit der Wahrnehmung aller oder auch nur einzelner Aufgaben des Führers betraut werden. Im Falle bb muß er dagegen die gesamte Führung zum mindesten in den durch das Gesetz geregelten[32]) betrieblichen Angelegenheiten erhalten. Andererseits können die „Angelegenheiten von geringerer Bedeutung" (cc) immer nur ein Teilgebiet der Führung umfassen.

Soweit die Vertretungsmacht des Stellvertreters reicht, hat er der Gefolgschaft gegenüber alle Rechte und Pflichten des Führers, nur übt er sie im Namen des eigentlichen Führers aus.

b) Die Tätigkeit des Führers.

Der Führer entscheidet, wie schon gesagt wurde, der Gefolgschaft gegenüber in allen[33]) betrieblichen Angelegenheiten. Die Gefolgschaft hat zu gehorchen. Das Gesetz sorgt aber in der nachstehend geschilderten Weise dafür, daß die Herrschaft des Führers nicht in eine Willkürherrschaft ausartet, daß er sich der Verantwortung bewußt bleibt, die mit wahrer Führung genau so, wie mit jeder anderen pflichttreuen Tätigkeit, unlösbar verbunden und gerade beim Führeramt von besonderer Tragweite ist.

1. Anrufung des Treuhänders.

Gegen Entscheidungen, die der Führer des Betriebes über die Gestaltung der allgemeinen Arbeitsbedingungen, insbesondere der (im II. Teil, Kap. 1 des näheren zu erörternden) Betriebsordnung, trifft, kann die Mehrheit des Vertrauensrats[34]) den Treuhänder der Arbeit unverzüglich schriftlich anrufen, wenn die Entscheidungen mit den wirtschaftlichen oder sozialen Verhältnissen des Betriebes nicht vereinbar erscheinen (§ 16 Satz 1).

Das Verfahren ist in § 15 der „Zweiten Durchführungsverordnung", wie folgt, geregelt: Die Anrufung ist erst zulässig, nachdem die Beschwerdepunkte vorher im Vertrauensrat erörtert worden sind. In der Vertrauensratssitzung, die der Führer einberufen muß, wenn die Hälfte der Vertrauensmänner es beantragt, sind die Beschwerdepunkte im einzelnen von den Beschwerdeführern zu begründen. Will der Führer seine

32) Hier wirkt sich die Umgrenzung in § 2 Abs. 1 — oben Anm. 25 — als Mindestmaß aus.

33) Oben Anm. 25.

34) Nicht der einzelne Vertrauensmann!

Entscheidung aufrechterhalten, so hat auch er seine Gründe dem Vertrauensrat darzulegen. Sodann hat er festzustellen, ob die Mehrheit der anwesenden (!) Mitglieder des Vertrauensrats die Anrufung des Treuhänders der Arbeit wünscht. Trifft das zu, so können die Beschwerdeführer nunmehr ihre schriftlich zu begründende Beschwerde dem Führer des Betriebes einreichen, der sie binnen drei Tagen dem Treuhänder der Arbeit weiterzugeben hat. Er kann dabei zu den einzelnen Beschwerdepunkten Stellung nehmen.

Die Anrufung hat keine aufschiebende Wirkung — und kann sie auch aus inneren Gründen gar nicht haben[35] —, sondern die Entscheidung des Führers bleibt zum mindesten solange in Kraft, bis der Treuhänder der Arbeit gesprochen hat, § 16 Satz 2 AOG. Die Treuhänder der Arbeit, zunächst durch das Uebergangsrecht geschaffen, sind also durch das Gesetz zu einer endgültigen Einrichtung gemacht worden. Sie können unter Aufhebung der Entscheidung des Führers des Betriebes die erforderliche Regelung selbst treffen und dabei die zur Klärung der Sachlage erforderlichen Verhandlungen (aber nicht die Entscheidung!) einem Sachverständigenausschuß übertragen; § 19 Abs. 1 Ziff. 3 und Abs. 3. (Näheres über den Treuhänder und über Sachverständigenausschüsse unten V. Teil.)

2. Ehrengerichtliche Bestrafung.

Wenn Führer des Betriebes oder sonstige Aufsichtspersonen unter Mißbrauch ihrer Machtstellung im Betriebe böswillig die Arbeitskraft der Angehörigen der Gefolgschaft ausnutzen oder ihre Ehre kränken, können sie von den durch das Gesetz geschaffenen Ehrengerichten zur Verantwortung gezogen werden. Die Entscheidung des Ehrengerichts kann auf Warnung, Verweis, Ordnungsstrafe bis zu 10 000 RM. oder sogar auf Aberkennung der Befähigung, Führer des Betriebes zu sein, lauten; §§ 36 Abs. 1 Ziff. 1, 38 Ziff. 1 bis 4. Einzelheiten über die soziale Ehrengerichtsbarkeit im III. Teil.

3. Die Aberkennung der Führerqualität im besonderen.

Ist die Aberkennung der Führerqualität rechtskräftig erfolgt, so muß für den Betrieb ein anderer Führer bestellt werden (§ 3 Abs. 3), und zwar durch den Verurteilten[36]. Erfolgt die Bestellung nicht freiwillig, so wird sie vom Treuhänder kraft seiner Befugnis, die Durchführung des Urteils zu überwachen (§ 54), erzwungen.

---

35) Andernfalls wäre der Führer des Betriebes wenigstens insoweit doch wieder einer parlamentarischen Mehrheit unterstellt. Nur der Treuhänder der Arbeit als Vertreter der Staatsgewalt kann es sein, welcher eine unmittelbare Gegenwirkung auf die Entscheidung des Führers ausübt.

36) Münz, Anm. 2 zu § 3; Mansfeld-Pohl Anm. 4 b zu § 3 AOG.

Der Verurteilte ist damit „sozialpolitisch entthront" (Münz)[36]), und der neue Führer ist in den durch das Gesetz geregelten[37]) betrieblichen Angelegenheiten schlechthin Führer, nicht nur Stellvertreter. Wie aber das Eigentum eines Unternehmers an den Betriebsmitteln, wenn er der Entthronte ist, unberührt bleibt, so bleibt er auch Träger der wirtschaftlichen Verantwortung[38]), des Risikos, und so bleibt er der „Dienstberechtigte" (§§ 611 ff. BGB.) aus den Arbeitsverträgen. Ist also der neue Führer ein (verantwortlicher) „Angestellter" des Unternehmers, was praktisch immer wird der Fall sein müssen, so wird er u. E. auf den Willen des Unternehmers auch in der Ausübung seines Führeramtes Rücksicht zu nehmen haben. Weisungen freilich, die sein Gewissen als nicht mit den gesetzlichen Führerpflichten vereinbar ansieht, wird er weder befolgen müssen, noch auch nur dürfen. In derartigen Fällen hat nach § 54 der Treuhänder der Arbeit zu entscheiden, was aber bei Gefahr im Verzuge den bestellten Führer nicht hindern darf, inzwischen die nach seinem pflichtmäßigen Ermessen notwendigen Maßnahmen zu treffen. — Nach Ansicht von Mansfeld-Pohl[36]) ist der neue Führer „an keinerlei Weisungen des Unternehmers gebunden". Eine eigentliche Bindung besteht auch nach dem soeben von uns Gesagten nicht. Sofern aber die beiden genannten Autoren damit zum Ausdruck bringen wollen, daß der neue Führer ein für allemal nicht auf die Absichten des Unternehmers einzugehen brauche, so dürfte das aus ähnlichen Gründen, wie denjenigen, welche sie selbst mit Recht veranlassen, grundsätzlich nur den Unternehmer als zur Bestellung jenes berufen anzusehen[36]), nicht unbedenklich sein. Jedenfalls wird auch durch die hier vertretene Auffassung dem Erfordernis einer unbedingt sachgemäßen und nicht durch schädliche Verzögerungen beeinträchtigten Amtsführung Genüge getan.

V. Der Vertrauensrat nach dem AOG. im besonderen.

a) Voraussetzungen der Bildung; die Vertrauensmänner und ihre Anzahl; die Stellvertreter.

Voraussetzung für die Bildung eines Vertrauensrats ist, wie schon gesagt wurde, daß der Betrieb[39]) in der Regel[40])

37) Hier bedeutet diese Umgrenzung zugleich das Mindestmaß und das Höchstmaß. Sonstige Aufgaben könnten dem neuen Führer nur durch freiwilligen Entschluß des Unternehmers zufallen, und bei ihrer Ausübung bliebe er sein Stellvertreter.

38) Ebenso Münz a. a. O.

39) Ueber die hier für die Ermittlung der Beschäftigtenzahl wichtige Frage, was unter Nebenbetrieben und Betriebsbestandteilen zu verstehen ist und wann diese und jene dem Hauptbetrieb zugerechnet werden, s. oben I A b.

40) „In der Regel" ist nicht identisch mit „ständig". Entscheidend ist, wieviel Beschäftigte der Betrieb in seinem regelmäßigen

mindestens 20 Beschäftigte hat. Als „Beschäftigte" kommen zunächst Angestellte und Arbeiter[41]) in Betracht. Nicht erforderlich ist es, daß diese an der Betriebsstätte (in der Fabrik, im Kontor usw.) tätig sind. Es werden also z. B. auch Reisende — soweit sie nicht Handlungsagenten und damit selbständig sind —, Kraftwagenführer und andere im Außendienst beschäftigte Angestellte oder Arbeiter mitgezählt[42]). „Beschäftigte" sind aber endlich unter bestimmten Voraussetzungen, unter denen sie vom Gesetz (§ 5 Abs. 2) in die Gefolgschaft im Sinne der Bestimmungen über den Vertrauensrat eingereiht werden, auch Hausgewerbetreibende[43])

Zustande aufweist; Mansfeld Anm. 3a zu § 1 BRG., Mansfeld-Pohl Anm. 2b zu § 5 AOG. (S. 149). Die Zahl von Beschäftigten beispielsweise, die ein Saisonbetrieb, z. B. der Gasthof in einer Sommerfrische, während der Saison hat, ist „in der Regel" darin tätig; nicht aber sind es die Aushilfskräfte, die in Zeiten besonders verstärkten Verkehrs vorübergehend hereingenommen werden.

Soweit ein Saisonbetrieb danach überhaupt einen Vertrauensrat haben muß, ist die Zahl der Vertrauensmänner unter Berücksichtigung der Grundsätze des § 7 — siehe oben — aus den Bedürfnissen des Betriebes heraus nach vernünftigem Ermessen zu bestimmen. In Streitfällen entscheidet nach § 19 Abs. 1 Ziff. 1 der Treuhänder der Arbeit. Vgl. Bekanntmachung des Reichsarbeitsministers vom 3. März 1934, RArbBl. S. I 63.

41) Auch den mitarbeitenden Unternehmer zu den „Beschäftigten" zu rechnen, dürfte das Sprachgefühl nicht zulassen, welches beim substantivischen Gebrauch des Wortes „beschäftigt" wohl immer fordert, daß auch noch ein „Beschäftigender" vorhanden ist.

42) Vgl. für das Recht des BRG. Mansfeld Anm. 3a zu § 1. Das gleiche hat auch hier zu gelten, und zwar im Hinblick darauf, daß — wie früher nach § 11 Abs. 2 BRG. — sogar gewisse Hausgewerbetreibende mitgerechnet werden, obwohl diese in noch loserem Zusammenhange mit dem Betrieb des Unternehmers stehen. Siehe ferner Mansfeld-Pohl Anm. 2b zu § 5 (S. 148) in Verbindung mit Anm. 3a (2) zu § 1 AOG. (S. 88).

43) Hausgewerbetreibender ist nach § 3 Abs. 2 Satz 1 des Gesetzes über die Heimarbeit, wer als Gewerbetreibender in eigener Wohnung oder Betriebsstätte im Auftrag und für Rechnung von Gewerbetreibenden oder Zwischenmeistern — d. h. von Personen, welche die ihnen von Gewerbetreibenden übertragene Arbeit an ihn weitergeben, Abs. 3 eod. — unter eigener Handarbeit Waren herstellt oder bearbeitet, wobei er selbst wesentlich am Stück arbeitet. Er ist also selbst „Gewerbetreibender", d. h. er ist im Gegensatz zum Arbeiter oder Angestellten rechtlich nicht von einem Unternehmer abhängig, sondern selbständig. Die wirtschaftliche Abhängigkeit von seinem Auftraggeber, in die er dennoch dadurch gerät, daß er sich nicht selbst mit dem Vertrieb seiner Erzeugnisse befaßt, hat aber den Gesetzgeber veranlaßt, ihn teilweise den gleichen Vorschriften zu unterstellen, welche für jene gelten. — Seine wirtschaftliche Abhängigkeit hört noch nicht auf, wenn er selbst Roh- oder Hilfsstoffe beschafft oder vorübergehend unmittelbar für den Absatzmarkt arbeitet. § 3 Abs. 2 Satz 2 eod. betont deshalb, daß er auch in diesen Fällen Hausgewerbetreibender bleibt. Er bleibt es endlich auch dann, wenn die Auftraggeber Personen, Personenvereinigungen oder Körperschaften sind, welche die Warenherstellung oder Bearbeitung nicht zum Zwecke der Gewinnerzielung betreiben (§ 3 Abs. 4). — Vgl. betreffs des bisher von der

und Heimarbeiter[44]), nämlich dann, wenn sie in der Hauptsache für den gleichen Betrieb allein oder mit ihren Familienangehörigen[45]) arbeiten.

Der Vertrauensrat besteht aus dem Unternehmer und aus Angehörigen der Gefolgschaft, welche „Vertrauensmänner" heißen. Die Zahl der letzteren, die zu dem Unternehmer hinzutreten (sodaß also die Gesamtkopfzahl des Vertrauensrats stets um 1 größer ist), beträgt nach § 7 Abs. 1

in Betrieben	mit	20	bis	49	Beschäftigten	zwei,
„	„	„	50	„	99	„	drei,
„	„	„	100	„	199	„	vier,
„	„	„	200	„	399	„	fünf.

Für je 300 weitere Beschäftigte tritt ein weiterer Vertrauensmann hinzu. Die Höchstzahl der Vertrauensmänner beträgt zehn (§ 7 Abs. 2). Diese wird, da die Erhöhung nach Abs. 2 schon eintritt, wenn eine weitere zusätzliche Zahl von 300 Beschäftigten angefangen hat[46]), bei 399 plus 1201 gleich 1600 Beschäftigten erreicht. In größeren Betrieben findet kein Anwachsen der Zahl der Vertrauensmänner mehr statt.

Wissenschaft herausgebildeten Begriffs des Hausgewerbetreibenden Mansfeld Anm. 2 zu § 3 BRG.; Hueck-(Nipperdey) Bd. I S. 51 ff., Kaskel-Dersch S. 29 f.

44) Heimarbeiter ist nach § 3 Abs. 1 des Gesetzes über die Heimarbeit, wer, ohne Gewerbetreibender zu sein, in eigener Wohnung oder selbstgewählter Betriebsstätte allein oder unter Mithilfe von Familienangehörigen im Auftrag und für Rechnung von Gewerbetreibenden oder von Auftraggebern der in § 3 Abs. 4 (siehe Anm. 43) genannten Art oder von Zwischenmeistern gewerblich arbeitet. Der Heimarbeiter kann in einem Arbeitsvertragsverhältnis zu seinem Auftraggeber stehen, doch ist dies nicht begriffsnotwendig; jedenfalls ist aber seine wirtschaftliche Abhängigkeit noch größer, als die des Hausgewerbetreibenden im Sinne des genannten Gesetzes (vgl. die amtliche Begründung zum Gesetz über die Heimarbeit, Ziff. 3). Es kann nicht zweifelhaft sein, daß auch Heimarbeiter mit oder ohne Arbeitsvertrag, wenn sie in der Hauptsache für den gleichen Betrieb arbeiten, nach § 5 AOG. mit zur Gefolgschaft gehören, daß also der Begriff des Hausgewerbetreibenden hier weiter ist, als nach dem Gesetz über die Heimarbeit (siehe dazu auch § 20 Ziff. 2 des letzteren Gesetzes). — Ebenso Mansfeld-Pohl, wenn sie in Anm. 3 d zu § 1 AOG. sagen, daß auch der Begriff des § 3 Abs. 1 des Gesetzes über die Heimarbeit (also eben die Definition des „Heimarbeiters") für § 5 Abs. 2 AOG. gilt.

45) Der enge innere Zusammenhang zwischen dem AOG. und dem Gesetz über die Heimarbeit rechtfertigt es u. E., die in § 3 Abs. 5 des letzteren gegebene Begriffsbestimmung der Familienangehörigen auch hier anzuwenden. In Betracht kommen demnach (außer dem Ehegatten) Mitglieder des Familienhaushalts, die mit dem Hausgewerbetreibenden oder dessen Ehegatten bis zum dritten Grade verwandt oder von ihnen an Kindesstatt angenommen sind, ferner Mündel, Pflegekinder und Fürsorgezöglinge, die in häuslicher Gemeinschaft mit dem Hausgewerbetreibenden leben.

46) Ebenso Mansfeld Anm. 2 und (Hueck)-Nipperdey II S. 509 für den entsprechenden § 15 Abs. 3 BRG. und für das neue Recht Mansfeld-Pohl Anm. 2 a zu § 7 AOG. (S. 172).

Für jeden Betrieb sind außerdem neben den Vertrauensmännern Stellvertreter in gleicher Zahl vorzusehen, § 7 Abs. 3.

Bei der Auswahl der Vertrauensmänner sind Angestellte, Arbeiter sowie Hausgewerbetreibende und Heimarbeiter angemessen zu berücksichtigen (§ 7 Abs. 4). Das bedeutet, daß auf das zahlenmäßige Verhältnis zu achten, zugleich aber eine Zusammensetzung des Vertrauensrats anzustreben ist, welche eine tunlichst umfassende Beratung aller ihm zugewiesenen Aufgaben möglich macht (vgl. die amtliche Verlautbarung zur „Zweiten Durchführungsverordnung").

b) Bildung des Vertrauensrats.

1. Berufung der Vertrauensmänner.

aa) Voraussetzungen.

Die Berufung zum Vertrauensmann ist an einige zwingende und einige durch eine Sollvorschrift gekennzeichnete Voraussetzungen geknüpft:

α) Der Vertrauensmann muß
zur Gefolgschaft gehören,
die bürgerlichen Ehrenrechte besitzen,
der Deutschen Arbeitsfront angehören,
durch vorbildliche menschliche Eigenschaften ausgezeichnet sein und
die Gewähr bieten, daß er jederzeit rückhaltlos für den nationalen Staat eintritt.

β) Ferner soll er
das 25. Lebensjahr vollendet haben,
mindestens 2 Jahre im gleichen oder verwandten Berufs- oder Gewerbezweige tätig gewesen sein und
mindestens 1 Jahr dem Betriebe oder dem Unternehmen angehören.

Von der Voraussetzung der einjährigen Betriebsangehörigkeit kann jedoch bei der ersten Ernennung von Vertrauensmännern, die nach dem Inkrafttreten des AOG. erfolgt, abgesehen werden (§ 5 Abs. 1 und § 8). Auch auf die beiden andern Sollerfordernisse wird gegenwärtig und in Zukunft verzichtet werden dürfen, wenn es sonst an geeigneten Anwärtern fehlt.

γ) Der Vertrauensmann braucht nicht männlichen Geschlechts zu sein. Frauen sind vielmehr unter den gleichen Voraussetzungen zugelassen, wie Männer[47]).

bb) Der Vollzug der Berufung.

Die Berufung der Vertrauensmänner vollzieht sich nicht mehr, wie diejenige der Betriebsvertretungsmitglieder nach dem BRG., durch Wahl, sondern in folgender Weise:

---

47) Ausdrücklich hervorgehoben in der durch die Tageszeitungen veröffentlichten amtlichen Verlautbarung zur „Zweiten Durchführungsverordnung".

α) Der Führer des Betriebes stellt im Einvernehmen mit dem Obmann der NSBO. im März jeden Jahres eine Liste der Vertrauensmänner und ihrer Stellvertreter auf; § 9 Abs. 1 Satz 1. Kann sich der Führer nicht mit dem Obmann der NSBO. über die Liste einigen oder ist ein solcher Obmann im Betriebe überhaupt nicht vorhanden[48]), so kann[49]) der Treuhänder der Arbeit Vertrauensmänner und Stellvertreter in der erforderlichen Anzahl berufen (§ 9 Abs. 2).

β) Zu der Liste hat die Gefolgschaft alsbald nach ihrer Aufstellung durch geheime Abstimmung Stellung zu nehmen (§ 9 Abs. 1 Satz 2). Das dabei zu beobachtende Verfahren ist im einzelnen durch §§ 2 bis 14 der „Zweiten Durchführungsverordnung" geregelt.

Abstimmungsleiter ist der Führer des Betriebes (oder, falls von ihm dazu beauftragt, sein Stellvertreter). Er muß zu seiner Unterstützung die beiden am längsten im Betriebe tätigen Mitglieder der Gefolgschaft berufen (§ 3).

Abstimmungsberechtigt sind alle Mitglieder der Gefolgschaft, welche mindestens 21 Jahre alt und im Besitz der bürgerlichen Ehrenrechte sind, mit Einschluß der Lehrlinge (§ 2). Die Abstimmungsberechtigten werden vom Abstimmungsleiter in eine besondere „Abstimmungsliste" aufgenommen (§ 4).

Die Liste der Vertrauensmänner und der Stellvertreter wird spätestens zwei Wochen vor dem ersten Abstimmungstage durch Aushang bekanntgemacht. Der Aushang muß außer sonstigen Einzelheiten eine Angabe darüber enthalten, wo die Abstimmungsliste zur Einsicht ausliegt (§ 5 Abs. 1, siehe auch Abs. 2 Satz 2).

Anträge auf Berichtigung der Abstimmungsliste können nur innerhalb einer Woche seit dem ersten Tage des Aushangs „bei der Abstimmungsleitung" (also wohl auch bei einem der beiden Gehilfen des „Abstimmungsleiters") gestellt werden (§ 5 Abs. 2 Satz 1). Der Abstimmungsleiter hat unverzüglich darüber zu entscheiden (§ 6).

Die Abstimmung ist geheim. Sie erfolgt mit Hilfe von Stimmzetteln, welche unter fortlaufender Nummer die Namen der als Vertrauensmänner und als Stellvertreter vorgeschlagenen Personen zu enthalten haben. Die Abgabe des unveränderten Stimmzettels gilt als Zustimmung, Durchstreichung als Ablehnung. Auch einzelne von den vorgeschlagenen Personen können durch Streichung ihrer Namen abgelehnt werden (§§ 7, 8). Abgabe des Stimmzettels in einem Abstimmungsumschlag entsprechend, wie bei Volksabstimmungen (siehe § 9).

---

48) Die amtliche Verlautbarung (vgl. Anm. 47) betont besonders, daß alsdann nicht etwa an seiner Statt eine außerbetriebliche Stelle der Betriebszellenorganisation eingreifen dürfe, da eine Einschaltung betriebsfremder, nichtbehördlicher Stellen mit dem Zweck des Gesetzes, im Vertrauensrat ein Organ der Betriebsgemeinschaft zu schaffen, unvereinbar wäre. Auch dies ist also ein Fall, in dem, wie § 9 Abs. 2 sich ausdrückt, ein Vertrauensrat „aus einem anderen Grunde nicht zustande kommt".

49) „kann" nicht: „muß". Darin in Verbindung mit der Ueberwachungsbefugnis des Treuhänders (§ 19 Abs. 1 Ziff. 1) liegt ein — unter Umständen sehr heilsamer — Druck auf den Führer des Betriebes und den Obmann der NSBO., die Verantwortung nicht von vornherein dem Treuhänder zuzuschieben.

Die Feststellung des Abstimmungsergebnisses erfolgt innerhalb von drei Tagen nach Abschluß der Stimmabgabe durch den Abstimmungsleiter in Gegenwart seiner beiden Gehilfen. Als berufen kommen nur solche Vorgeschlagene in Frage, welche eine Mehrheit der abgegebenen (!) Stimmen erhalten haben. Aus diesen Personen werden in der Reihenfolge der Liste, ohne Rücksicht auf die Größe der auf den einzelnen entfallenden Mehrheit, zuerst Vertrauensmänner in der gesetzlichen Zahl, sodann die Stellvertreter entnommen. Haben von den als Vertrauensmänner aufgestellten Personen bei der Abstimmung nicht so viel Personen eine Mehrheit erhalten, daß aus ihnen die erforderliche Zahl von Vertrauensmännern entnommen werden kann, so sind die übrigen Vertrauensmänner aus den als Stellvertreter aufgestellten Personen, die eine Mehrheit erhalten haben, zu entnehmen (§ 10 Abs. 1; aus der Fassung des hier wörtlich wiedergegebenen letzten Satzes folgt, daß in der Liste mehr Personen als Vertrauensmänner — und als Stellvertreter — aufgestellt werden dürfen, als endgültig zu berufen sind!). — Das Abstimmungsergebnis ist den aufgestellten Personen schriftlich mitzuteilen und durch Aushang bekanntzumachen (§ 10 Abs. 2).

Haben auf die geschilderte Weise wenigstens soviel Personen eine Mehrheit erhalten, daß aus ihnen die erforderliche Zahl von Vertrauensmännern entnommen werden kann (mochten sie nun als solche oder als Stellvertreter aufgestellt sein), so greift der Treuhänder, wie amtlich bekanntgegeben worden ist, nicht schon zu dem Zweck ein, um von vornherein für das Vorhandensein von Stellvertretern zu sorgen. Ein Eingreifen des Treuhänders kann (nicht: muß!) aber stattfinden, wenn sich insgesamt auch nicht für soviel Personen eine Mehrheit ergeben hat, als allein an eigentlichen Vertrauensmännern benötigt werden, oder wenn gar auf niemand eine Mehrheit von Stimmen entfallen ist. In diesen Fällen kann der Treuhänder sowohl die noch fehlenden bezw. alle Vertrauensmänner, als auch die Stellvertreter berufen (§ 11). Ferner kann der Treuhänder, wenn im Vertrauensrat die Zahl der Angestellten einerseits und der Arbeiter andrerseits in einem offenbaren Mißverhältnis zur Zusammensetzung der Gefolgschaft steht, auf Antrag des Führers des Betriebes einzelne Vertrauensmänner abberufen und durch andere ersetzen; § 14. (Obwohl selbstverständlich schon bei der Aufstellung der Liste Angestellte und Arbeiter angemessen berücksichtigt werden müssen, kann nämlich ein solches Mißverhältnis durch die Streichung einzelner Namen und durch das Einrücken als Stellvertreter Vorgesehener in die Reihe der Vertrauensmänner entstehen.)

Bei Fehlern des Abstimmungsverfahrens, die so wesentlich sind, daß das Abstimmungsergebnis dadurch beeinträchtigt werden konnte, kann jeder Angehörige des Betriebes spätestens zwei Wochen nach Bekanntgabe des Ergebnisses die Entscheidung des Treuhänders der Arbeit anrufen. Dieser kann die Wiederholung der Abstimmung anordnen, die aufgestellten Vertrauensmänner bestätigen oder andere Vertrauensmänner berufen (§§ 9 Abs. 2 AOG., 13 der II. DurchfVO.).

Die Abstimmung soll, wenn nicht zwingende Gründe entgegenstehen, außerhalb der regelmäßigen Arbeitszeit stattfinden. Soweit sie aber eine Versäumnis von Arbeitszeit notwendig macht, darf sie keine Minderung des Arbeitsentgeltes der Gefolgschaft zur Folge haben (§§ 5 Abs. 1 letzter Satz, 12 Abs. 2 der II. DurchfVO.). — Die zu ihrer Durchführung nötigen Einrichtungen, insbesondere auch die Stimmzettel und Abstimmungsumschläge, hat der Führer des Betriebes zur Verfügung zu stellen; § 12 Abs. 1.

2. Feierliche Verpflichtung der Mitglieder.

Alle Mitglieder des Vertrauensrats, also auch der Führer des Betriebes, legen vor der Gefolgschaft das feierliche Gelöbnis ab, in ihrer Amtsführung nur dem Wohle des Betriebes und der Gemeinschaft aller Volksgenossen unter Zurückstellung eigennütziger Interessen zu dienen und in ihrer Lebensführung und Diensterfüllung den Betriebsangehörigen Vorbild zu sein (§ 10 Abs. 1 AOG.).

Die Gefolgschaft ist zu diesem Zwecke an der Betriebsstätte zu versammeln. Die Ablegung des Gelöbnisses vor ihr hat grundsätzlich am Tage der nationalen Arbeit (1. Mai) zu erfolgen. Sie kann aber mit Zustimmung des Treuhänders der Arbeit am darauf folgenden Werktage stattfinden, wenn infolge der räumlichen Entfernung des Betriebes von dem Orte der allgemeinen Feier des 1. Mai durch eine vorhergehende Betriebsversammlung die Teilnahme der Betriebsangehörigen an der gemeinsamen Feier der Bevölkerung wesentlich erschwert werden würde (V. Durchf.-VO. vom 13. April 1934).

3. Verfahren in Betrieben, die erst in einem späteren Monat, als dem März, gegründet werden oder erst dann zu einer regelmäßigen Zahl von 20 Beschäftigten gelangen.

In derartigen Betrieben ist die Berufung der Vertrauensmänner und die feierliche Verpflichtung des Vertrauensrats alsbald, nachdem die Voraussetzungen für die Bildung des Vertrauensrats eingetreten sind, durchzuführen (§ 10 Abs. 2).

4. Kontrolle durch den Treuhänder der Arbeit.

Der Treuhänder der Arbeit überwacht die Bildung der Vertrauensräte und entscheidet in Streitfällen; § 19 Abs. 1 Ziff. 1.

c) Das Amt des Vertrauensrats und der Vertrauensmänner.

1. Beginn und Ende.

aa) Das Amt des Vertrauensrats beginnt nach der Verpflichtung, also, abgesehen vom Falle b 3, am 1. Mai (§ 11).

bb) Das Amt des gesamten Vertrauensrats endet in jedem Falle am 30. April, § 11. Außerdem gibt es eine Reihe von Endigungsgründen für das Amt des einzelnen Vertrauensmanns, nämlich

α) freiwillige Amtsniederlegung,

β) Ausscheiden aus dem Betriebe (beachte aber unten 2 bb β), γ) Abberufung durch den Treuhänder der Arbeit wegen sachlicher oder persönlicher Ungeeignetheit (in diesem Falle erlischt das Amt mit der schriftlichen Mitteilung der Entscheidung des Treuhänders an den Vertrauensrat);

δ) rechtskräftige Entscheidung des Ehrengerichts, durch welche ein Verweis, eine Ordnungsstrafe in Geld oder die Aberkennung der Befähigung zum Vertrauensmann[50]) oder endlich eine Entfernung vom bisherigen Arbeitsplatz ausgesprochen wird (§§ 14, 38 Nr. 2 bis 5).

An die Stelle ausscheidender oder zeitweilig verhinderter Vertrauensmänner treten die Stellvertreter in der Reihenfolge der Vorschlagsliste als Ersatzmänner. Sind Ersatzmänner nicht mehr vorhanden, so beruft der Treuhänder der Arbeit für den Rest der Amtszeit des Vertrauensrats neue Vertrauensmänner (§ 15).

2. Ehrenamtlicher Charakter des Amtes, Schutz seiner Ausübung, Sicherung gegen Amtsmißbrauch.

aa) Das Amt der Vertrauensmänner ist ein Ehrenamt, für dessen Wahrnehmung ein Entgelt nicht gewährt werden darf; § 13 Abs. 1 Satz 1.

bb) Auf der anderen Seite darf aber der Vertrauensmann durch die Ausübung des Amtes weder materielle, noch sonstige Nachteile erleiden. Deshalb ist vorgeschrieben, daß

α) ihm für den durch die Erfüllung seiner Aufgaben notwendigen Ausfall von Arbeitszeit der übliche Lohn zu zahlen ist und daß ihm notwendige Aufwendungen von der Betriebsleitung erstattet werden müssen (§ 13 Abs. 1 Satz 2 und 3), vor allem aber, daß

β) die Kündigung seines Dienstverhältnisses, solange sein Amt währt, schlechthin unzulässig ist, es sei denn, daß sie infolge Stillegung des Betriebes oder einer Betriebsabteilung[51])

50) Diese Strafe schließt im Gegensatz zu den übrigen genannten auch eine spätere Wiederberufung aus.

51) Zur Klärung der Frage, was unter „Stillegung" des Betriebes oder einer Betriebsabteilung" zu verstehen ist, darf auf die Literatur und Rechtsprechung zum BRG. zurückgegriffen werden. Eine Stillegung des ganzen Betriebes ist danach eine Einstellung der Erzeugung, welche in der ernstlichen Absicht vorgenommen wird, die Weiterverfolgung des Betriebszweckes dauernd oder für eine ihrer Dauer nach unbestimmte, wirtschaftlich nicht unerhebliche Zeitspanne aufzugeben. Wenn das Gesetz die Stillegung einer Betriebsabteilung der Einstellung des ganzen Betriebes entsprechend behandelt, so kann es dabei nur an eine organisatorisch von dem sonstigen Betriebe abgegrenzte Betriebsabteilung denken, deren Stillegung dann also in der ernstlichen Aufgabe ihres besonderen Zweckes bestehen muß; denn die von einer Teilstillegung streng zu scheidende bloße „Betriebseinschränkung", die sich ohne Auflösung einer Betriebsabteilung lediglich aus einer Verkleinerung der Pro-

erforderlich[52]) wird oder aus einem Grunde erfolgt, der

duktion oder aus ihrer rationelleren Gestaltung ergibt, ändert nichts an dem Kündigungsverbot für Vertrauensmänner. — Siehe zum vorigen die Urteile des RAG. vom 25. September 1929 sowie vom 26. März und 3. Mai 1930 (RArbBl. 1930 S. I 4, I 104 f. und I 128), ferner Mansfeld Anm. 4 b zu § 96 BRG., Hueck-(Nipperdey) I S. 371 f. mit Anm. 28 und Anm. 30 sowie Kaskel-Dersch S. 229 Anm. 7, endlich zum neuen Recht Mansfeld-Pohl Anm. 3 c (aa) zu § 14 AOG. (S. 234 f.). — Siehe ferner zur Frage der ernstlichen Stillegungsabsicht im besonderen das Urteil des RAG. vom 25. November 1931 (RArbBl. 1932 S. I 32 f.) und zur Abgrenzung zwischen Teilstillegung und Betriebseinschränkung die Urteile des RAG. vom 16. April 1930 (RArbBl. 1930 S. I 127) und vom 18. Januar 1933 (RArbBl. 1933 S. I 100) sowie endlich zu der oft nicht leicht zu entscheidenden Frage, wohin die Ausschaltung einzelner Arbeitsvorgänge gehört, Hueck-(Nipperdey) I S. 372 Anm. 30 und das schon zitierte Urteil des RAG. vom 26. März 1930.

Es ist freilich nicht zu verkennen, daß das Bestehenbleiben des Kündigungsverbots bei bloßen Betriebseinschränkungen unter Umständen für den Unternehmer eine Härte sein kann, zumal im Gegensatz zu früher auch nicht mehr die Möglichkeit besteht, das Verbot im einzelnen Fall durch Erwirkung einer Zustimmung zur Kündigung auszuschalten (s. o.). Wollte man aber die — auch sprachlich gerechtfertigte — Unterscheidung zwischen Stillegung und Einschränkung fallen lassen, so wäre eine Grenze nach unten nicht abzusehen, also der Schutz des § 14 Abs. 1 Satz 2 stark entwertet. Für ganz besonders schwerwiegende Fälle ergibt sich immerhin eine Abhilfe daraus, daß man einen zur fristlosen Kündigung berechtigenden „wichtigen Grund" (siehe dazu auch Anm. 53) als gegeben wird ansehen müssen, dann nämlich, wenn die Möglichkeit zur Inganghaltung des eingeschränkten Betriebes ganz und gar davon abhängt, daß der Unternehmer schnellstens von unproduktiv gewordenen Lohn- und Gehaltszahlungen befreit wird und wenn infolgedessen bei objektiver Würdigung dem Unternehmer die Fortsetzung des Arbeitsvertrages nach Treu und Glauben nicht mehr zugemutet werden kann (größte Vorsicht ist dabei allerdings am Platze, da dem Unternehmer nicht gestattet werden darf, das regelmäßige, schon an sich beträchtliche Risiko, welches immer mit einem „Unternehmen" verbunden ist, auf die Beschäftigten abzuwälzen). Siehe dazu Kaskel-Dersch S. 239 Anm. 3 und Urteil des RAG. vom 23. April 1932, RArbBl. 1932 S. I 146. A. M. Hueck-(Nipperdey) I S. 332 f., der selbst in den schwersten Fällen eine fristlose Kündigung nicht zulassen will.

52) Die Kündigung des Dienstverhältnisses eines Vertrauensmanns wird durch eine Teilstillegung (Anm. 51) lediglich dann „erforderlich", wenn der Betreffende seinen Arbeitsplatz in der aufzulösenden Betriebsabteilung hat. Die Rückwirkung, die die Teilstillegung häufig auf den Beschäftigungsgrad in den als solche in Gang bleibenden sonstigen Betriebsabteilungen hat, kann höchstens als ein Moment betrachtet werden, das in den letzteren zu einer „Betriebseinschränkung" führt. Diese genügt nicht als Grundlage für eine Stillegungskündigung gegen die in den als solche fortlaufenden Abteilungen beschäftigten Vertrauensmänner, sondern kann nur unter besonders schwerwiegenden Umständen (Anm. 51) eine fristlose Kündigung rechtfertigen (auch für das frühere Recht ließ das Urteil des RAG. vom 14. März 1931, RArbBl. 1931 S. I 138, eine Berufung auf die Stillegung bei Entlassungen im Restbetriebe nicht zu).

Der Vertrauensmann aus der stillzulegenden Abteilung kann aber nicht beanspruchen, daß ihm durch Kündigung eines in einer anderen Abteilung tätigen Beschäftigten ein neuer Arbeitsplatz frei gemacht wird (siehe zum Recht des BRG. Urteil des RAG. vom 2. Mai 1931, RArbBl. 1931 S. I zur fristlosen Kündigung berechtigt[53]); § 14 Abs. 1 Satz 2. Der Kündigungsschutz für Vertrauensmänner besteht also grundsätzlich in einem vollen Kündigungsverbot und geht damit nicht nur ganz erheblich weiter, als der im IV. Teil des Näheren darzulegende Kündigungsschutz zugunsten anderer Mitglieder der Gefolgschaft, sondern auch weiter, als der frühere Kündigungsschutz zugunsten von Betriebsvertretungsmitgliedern, gegen die eine Kündigung immerhin dann zulässig war, wenn die Betriebsvertretung ihre Zustimmung erteilte.

cc) Die Sicherung gegen Amtsmißbrauch besteht darin, daß bei bestimmten Pflichtverletzungen, die sich der Vertrauensmann zuschulden kommen läßt, ein ehrengerichtliches Verfahren gegen ihn eingeleitet werden kann, nämlich, wenn er sich bewußt unzulässige Eingriffe in die Betriebsführung anmaßt

---

194). „Jedoch erfordern die durch § 14 geschützten Interessen an einer stetigen Arbeit des Vertrauensrats zum Besten der Betriebsgemeinschaft, daß der Vertrauensmann, soweit er sachlich geeignet und dem Unternehmer nach Treu und Glauben die Weiterbeschäftigung zuzumuten ist, in den Restbetrieb übernommen wird. Jede Ueberspannung muß dabei allerdings vermieden werden"; Mansfeld-Pohl Anm. 3 c (aa) zu § 14 AOG. (S. 236).

Die wegen Voll- oder Teilstillegung nötige Kündigung wird zwar erst wirksam, wenn nicht nur die Kündigungsfrist abgelaufen, sondern auch die Stillegung Tatsache ist, aber die Kündigungsfrist braucht nicht erst vom Augenblick der tatsächlichen Stillegung an gerechnet zu werden, sondern beginnt schon mit einem früher erfolgenden Kündigungsausspruch zu laufen. Das Gegenteil anzunehmen, würde offensichtlich weit über den Zweck der gesetzlichen Vorschrift hinausgehen (siehe zum früheren Recht das Urteil des RAG. vom 28. Mai 1932, RArbBl. 1932 S. I 147, welches freilich auch damit argumentieren konnte, daß § 96 BRG. zwischen der „Kündigung" und „Entlassung" des Betriebsvertretungsmitgliedes durch seinen Wortlaut unterscheidet, während das AOG. lediglich von der Kündigung spricht; zum neuen Recht Mansfeld-Pohl a. a. O.).

53) Es muß nicht notwendig ein im Gesetz genannter Grund zur fristlosen Kündigung sein, sondern es genügt, wenn der Grund in einem betriebsordnungspflichtigen Betriebe durch die Betriebsordnung (§ 28 Abs. 4) oder in einem anderen Betriebe durch den Arbeitsvertrag als ausreichend anerkannt ist (und anerkannt werden durfte, siehe dazu Hueck-(Nipperdey) I S. 331, b). Kraft Gesetzes ausreichend ist übrigens auch gegenüber Vertrauensmännern, welche gewerbliche Arbeiter oder (in Preußen) Bergarbeiter sind, nach (Analogie der) §§ 124 a GO., 83 a ABG. jeder wichtige Grund. Die Anwendung dieser Vorschriften auf Betriebsvertretungsmitglieder lediglich wegen ihrer Zugehörigkeit zur Betriebsvertretung wurde zwar früher abgelehnt (Mansfeld Anmerk. 4 c zu § 96 BRG., Hueck-(Nipperdey) I S. 386 Anm. 4), und mit Recht, da die (ordentliche) Kündigung durch das BRG. zwar erschwert, aber — wegen der Möglichkeit einer wirksamen Zustimmung — nicht ausgeschlossen war; die Arbeitsverträge der Vertrauensmänner sind aber durch § 14 Abs. 1 Satz 2 für die ganze Dauer ihrer Amtszeit unkündbar geworden, so daß nunmehr analoge Geltung der vorerwähnten Bestimmungen angenommen werden muß. A. M. Mansfeld-Pohl, welche nicht zulassen wollen, daß § 124 a GO. (und § 83 a ABG.) allein um des Kündigungsausschlusses willen auf Vertrauensmänner angewandt wird; vgl. Anm. 3 c (bb) zu § 14 AOG. (S. 238).

oder den Gemeinschaftsgeist innerhalb der Betriebsgemeinschaft fortgesetzt böswillig stört, oder wenn er vertrauliche Angaben, Betriebs- oder Geschäftsgeheimnisse, die ihm bei Erfüllung seiner Aufgaben bekannt geworden und als solche bezeichnet worden sind, unbefugt offenbart (§ 36 Abs. 1 Ziff. 2 und 4). Die Verurteilung durch das Ehrengericht bringt alsdann, soweit sie nicht bloß auf Verwarnung lautet, nach 1 bb δ sein Amt zum Erlöschen. Dagegen kennt das AOG. im Gegensatz zum BRG. keine kriminelle Strafe bei einer Verletzung der Schweigepflicht.

d) Rechte und Pflichten des Vertrauensrats.

1. An die Spitze der Aufgaben stellt das Gesetz die Pflicht, das gegenseitige Vertrauen innerhalb der Betriebsgemeinschaft zu vertiefen (§ 6 Abs. 1). Ihr tritt die Bestimmung in § 6 Abs. 2 Satz 2 ergänzend zur Seite, wonach der Vertrauensrat auf eine Beilegung aller Streitigkeiten innerhalb der Betriebsgemeinschaft hinzuwirken hat. Vertiefung des Gemeinschaftsgeistes ist ungleich mehr, als bloß „Erhaltung des Arbeitsfriedens", wie man gewisse, äußerlich ähnliche Aufgaben der Betriebsvertretung nach dem BRG. gewöhnlich bezeichnete.

2. Dazu tritt eine beratende Tätigkeit, die platzgreift, wenn es sich handelt um Maßnahmen

aa) zur Verbesserung der Arbeitsleistung,

bb) zur Gestaltung und Durchführung der allgemeinen Arbeitsbedingungen, insbesondere der Betriebsordnung (unten II. Teil, Kap. 1),

cc) zur Durchführung und Verbesserung des Betriebsschutzes,

dd) zur Stärkung der Verbundenheit aller Betriebsangehörigen untereinander und mit dem Betriebe,

ee) um Maßnahmen, die dem Wohle aller Glieder der Gemeinschaft dienen (§ 6 Abs. 2 Satz 1), oder

ff) um die Festsetzung von Bußen[54]) auf Grund der Betriebsordnung (§ 6 Abs. 2 Satz 3) oder

gg) um den Kündigungsschutz zugunsten von Arbeitnehmern, die nicht dem Vertrauensrat angehören (unten IV. Teil).

3. Endlich hat, wie oben IV b 1 schon ausgeführt wurde, eine Mehrheit des Vertrauensrats, welche eine vom Führer hinsichtlich der allgemeinen Arbeitsbedingungen getroffene Entscheidung als nicht mit den wirtschaftlichen oder sozialen Verhältnissen des Betriebes vereinbar ansieht, das Recht, den Treuhänder der Arbeit unverzüglich schriftlich anzu-

54) Näheres über Bußen — auch in Betrieben, die keine Betriebsordnung zu haben brauchen — siehe unten IX A b 2 (bb) nebst zugehörigen Anmerkungen.

rufen. Auch dieses Recht ist zweifellos zugleich eine Aufgabe, eine Pflicht.

Auf diese Weise kann jene Mehrheit die Maßnahme des Führers unter Umständen im praktischen Ergebnis durchkreuzen, ein Mitbestimmungsrecht, wie es die Betriebsvertretung nach dem BRG. besaß, liegt aber darin nicht; denn wenn auch der Treuhänder nicht gehindert ist, zunächst auf eine objektiv billige und gerechte Verständigung der Mehrheit mit dem Führer des Betriebes hinzuwirken, so ist doch die letzte Entscheidung nunmehr, wie geschildert, seinem pflichtmäßigen Ermessen anheimgegeben.

Ebensowenig existieren heute noch die formellen Kontrollrechte, welche dem Betriebsrat in Gestalt z. B. des Anspruchs auf Erstattung eines Vierteljahresberichtes, auf Vorlegung und Erläuterung einer Betriebsbilanz und in Gestalt des Rechtes auf Entsendung von Betriebsratsmitgliedern in den Aufsichtsrat verliehen waren. Allerdings legt das AOG. dem Führer des Betriebes in § 13 Abs. 2 Satz 2 die Pflicht auf, den Vertrauensmännern die zur Erfüllung ihrer Aufgaben notwendigen Auskünfte zu erteilen; doch ist dies mehr eine zwar sehr wichtige, aber auch selbstverständliche Konsequenz der Zugehörigkeit des Führers zum Vertrauensrat und seiner leitenden Stellung in ihm, als das Korrelat eines formellen Kontrollrechts, das den übrigen Vertrauensmännern zustände.

e) Einberufung, Geschäftsführung.

1. Der Vertrauensrat ist einzuberufen, wenn der Führer des Betriebes dies für notwendig hält oder wenn die Hälfte der Vertrauensmänner es beantragt (§ 12).

2. Eine Ordnung der Geschäftsführung enthält das Gesetz nicht. Sie bleibt im allgemeinen dem Führer des Betriebes kraft seiner leitenden Stellung im Vertrauensrat überlassen. Nur das ist besonders gesagt, daß der Vertrauensrat einzelne seiner Aufgaben bestimmten Vertrauensmännern zur Wahrnehmung übertragen kann (§ 6 Abs. 3). — Ferner ist hinsichtlich der Kosten der Geschäftsführung bestimmt, daß die notwendigen Einrichtungen und Geschäftsbedürfnisse für eine ordnungsmäßige Erfüllung der Aufgaben des Vertrauensrats von der Betriebsleitung zur Verfügung zu stellen sind (§ 13 Abs. 2 Satz 1).

3. Auch die Geschäftsführung des Vertrauensrats untersteht, ebenso wie die Bildung, der Ueberwachung durch den Treuhänder der Arbeit und seiner Entscheidung in Streitfällen; § 19 Abs. 1 Ziffer 1.

VI. Die Regelung in öffentlichen Verwaltungen und Betrieben.

Für öffentliche Verwaltungen und Betriebe (oben I C a) hat das die Ordnung der Arbeit in diesen betreffende Gesetz vom 23. März 1934 in seinen §§ 2 bis 15 eine sehr ähnliche Regelung getroffen. Vorab ist jedoch zu bemerken, daß es sich auf die Tätigkeit, welche von Beamten in ihrem amtlichen Berufe geleistet wird, nicht erstreckt. — Im übrigen ist auf folgendes aufmerksam zu machen:

a) Führer und Gefolgschaft; Dienstgemeinschaft.

Führer im Sinne dieses Gesetzes ist der Führer der öffentlichen Verwaltung oder des öffentlichen Betriebes (§ 2 Abs. 1 Satz 1). Das schicksalsmäßige Band, welches ihn sowie die Angestellten und Arbeiter, die auch hier die Gefolgschaft heißen, miteinander verknüpft und zur Fürsorge und Treue verpflichtet, ist die Dienstgemeinschaft (Abs. 2). Auch hier kann der Führer einen Stellvertreter einsetzen (Abs. 1 Satz 2).

Eine Anrufung des Treuhänders der Arbeit durch eine Mehrheit des Vertrauensrats gegenüber einer vom Führer getroffenen Entscheidung gibt es dagegen in öffentlichen Verwaltungen usw. nicht, und eine Aberkennung der Führerqualität — wie überhaupt eine Bestrafung des Führers durch ein Gericht der sozialen Ehrengerichtsbarkeit — ist nur möglich, soweit er nicht als Beamter oder Soldat einer Disziplinargerichtsbarkeit untersteht, und auch wenn insoweit kein Hindernis vorliegt, gegen den Führer der öffentlichen Verwaltung oder des öffentlichen Betriebes selber nur, soweit die Aufsichtsbehörde der Einleitung des ehrengerichtlichen Verfahrens zustimmt (§ 20 Abs. 2).

b) Der Vertrauensrat.

1. Der regelmäßige Fall.

Voraussetzung für die Bildung eines Vertrauensrats in einem öffentlichen „Betriebe" ist, daß dieser in der Regel mindestens 20 Beschäftigte hat, ferner in einer öffentlichen „Verwaltung", daß sie nicht Hoheitsbefugnisse ausübt und daß auch sie in der Regel mindestens 20 Beschäftigte hat (§ 3 Abs. 1; nach der Fassung der Vorschrift könnte es zweifelhaft sein, ob die Beschäftigtenzahl auch für öffentliche „Verwaltungen" verlangt wird, aus § 5, der die Zahl der Vertrauensmänner für weniger als 20 Beschäftigte nicht regelt, ergibt sich aber, daß die Frage zu bejahen ist). — In Zweifelsfällen entscheidet der zuständige Reichs- oder Landesminister (bezw. bei der Reichsbank der Präsident des Reichsbankdirektoriums), welche Verwaltungen seines Dienstbereichs Hoheitsbefugnisse ausüben, sowie in welchen Verwaltungen und Betrieben seines Bereichs ein Vertrauensrat nicht gebildet wird. Er bestimmt auch, welche Teile seines Dienstbereichs als selbständige Verwaltungen und selbständige Betriebe anzusehen sind; §§ 3 Abs. 2, 24.

Die Zahl der Vertrauensmänner und ihrer Stellvertreter ist die gleiche, wie nach dem AOG., und der Führer gehört hier ebenfalls dem Vertrauensrat neben den Vertrauensmännern als dessen Leiter an (§§ 5, 3 Abs. 1 des Gesetzes vom 23. März 1934).

Abgesehen davon, daß eine zweijährige Berufszugehörigkeit nicht gefordert wird, decken sich auch die in § 6 aufgestellten persönlichen Erfordernisse für den Vertrauensmann mit denjenigen des AOG. Auch das Verfahren bei der Berufung ist nach beiden Gesetzen im ganzen das gleiche, zumal nach § 15 des Gesetzes vom 23. März 1934 auch die Ausführungsbestimmungen zu den den Vertrauensrat betreffenden Vorschriften des AOG. auf den Vertrauensrat in öffentlichen Verwaltungen usw. entsprechende Anwendung finden. Eine Abweichung kann sich aber daraus ergeben, daß (wie bei sonstigen auf den Vertrauensrat bezüglichen Angelegenheiten, so auch) bei der Bildung des Vertrauensrats, soweit erforderlich, der zuständige Sondertreuhänder eingreift; indessen werden seine Aufgaben, soweit im Einzelfalle kein Sondertreuhänder bestellt ist, hier doch wieder durch den zuständigen Treuhänder der Arbeit wahrgenommen (§§ 7 Abs. 2, 21). Eine weitere Abweichung besteht insofern, als nicht der gesamte Vertrauensrat am 1. Mai vor der Gefolgschaft sein Gelöbnis ablegt, sondern die Vertrauensmänner durch den Führer vor der Gefolgschaft verpflichtet werden (§ 8 des Ges.).

Beginn und Dauer der Amtsperiode des Vertrauensrats, wie nach dem AOG. (§ 9 des Gesetzes vom 23. März 1934). Endigungsgründe für das Amt des einzelnen Vertrauensmannes ebenfalls im allgemeinen, wie nach dem AOG.; doch ist hier Stillegung des Betriebes oder einer Betriebsabteilung nicht als Grund zur Kündigung des Dienstverhältnisses eines Vertrauensmanns vorgesehen, und auf der anderen Seite kann das Dienstverhältnis außer in dem Falle, daß ein Grund zur fristlosen Kündigung vorliegt, auch dann gekündigt werden, wenn der Sondertreuhänder (oder ev. der zuständige Treuhänder, vgl. oben) zustimmt (§ 12 Abs. 1). — Ehrenamtlicher Charakter des Amtes, Ausschluß von Verdienstminderung und Ersatz von Aufwendungen sowie Sicherung gegen Amtsmißbrauch, wie nach dem AOG. (§§ 11 Abs. 1, 20 des Gesetzes vom 23. März 1934).

Innerhalb des im übrigen mit dem des AOG. identischen Aufgabenkreises ist eine Anhörung des Vertrauensrats in öffentlichen Verwaltungen und Betrieben bei der Festsetzung von Bußen nicht vorgeschrieben (vgl. § 4). Daß es außerdem keine Anrufung des Treuhänders gegen Maßnahmen des Führers gibt, wurde schon erwähnt. — Die Verpflichtung des Führers, den Vertrauensmännern die zur Erfüllung ihrer Aufgaben notwendigen Auskünfte zu erteilen, entfällt hier insoweit, als die Auskunftserteilung die Interessen von Volk und Staat schädigen würde (§ 11 Abs. 2 Satz 2).

Einberufung und Geschäftsführung wiederum ganz, wie in privaten Betrieben (§§ 10, 4 Abs. 3, 11 Abs. 2 Satz 1 des Gesetzes vom 23. März 1934). — In Streitfällen über die Geschäftsführung Entscheidung durch den Sondertreuhänder oder hilfsweise den ordentlichen Treuhänder (§§ 14, 21).

2. Abweichung für gewisse räumlich ausgedehnte Verwaltungen und Unternehmungen.

Für Verwaltungen und Unternehmungen des Reichs, der Länder und der Gemeindeverbände, die sich über einen größeren Teil des Reichs- oder Landesgebiets oder über mehrere Gemeindebezirke erstrecken, sowie für die Deutsche Reichsbahngesellschaft, das Unternehmen „Reichsautobahnen" und die Reichsbank regelt der zuständige Reichs- oder Landesminister (bei der Reichsbank der Präsident des Reichsbankdirektoriums) durch Verordnung die Bildung der Vertrauensräte und die Abgrenzung ihrer Befugnisse gegeneinander in Anlehnung an den Aufbau der Verwaltung oder Unternehmung (§§ 3 Abs. 3 Satz 1, 24 des Gesetzes vom 23. März 1934, ähnlich früher § 61 BRG.).

Dabei kann ein Vertrauensrat für die gemeinsamen Angelegenheiten der einer Dienststelle unterstellten Verwaltungen oder Betriebe vorgesehen werden, dessen Vertrauensmänner aus den Vertrauensräten der einzelnen Verwaltungen oder Betriebe berufen werden dürfen (§§ 3 Abs. 3 Satz 2, 24).

Zweiter Teil.

Besondere arbeitsrechtliche Rechtssetzung[55]).

VII. Vorbemerkung: Betriebsordnung und Tarifordnung des AOG. im Verhältnis zu den Gesamtvereinbarungen.

a) Grundsätzliches.

Besondere, dem Arbeitsrecht eigentümliche Instrumente der Rechtssetzung, Quellen objektiven Rechts, waren bisher der Tarifvertrag in seinem normativen[56]) Teil sowie die Arbeitsordnung und die sonstigen normativen[56]) Betriebsvereinbarungen, zusammengefaßt: die normativen Bestimmungen der Gesamtvereinbarungen[57]). Sie waren Rechtssätze, weil sie an sich keine konkreten, individuellen Pflichten zur Leistung von Arbeit oder zur Zahlung von Lohn und dergleichen (subjektive Pflichten und Rechte) zur Entstehung gelangen ließen, sondern abstrakte, generelle Regeln enthielten, die den Inhalt gewisser, in ihrer Existenz vom Abschluß der Gesamtvereinbarung gänzlich unabhängiger individueller Rechtsverhältnisse, der Einzelarbeitsverträge, nur dann beeinflußten, wenn letztere tatsächlich bereits bestanden oder später geschaffen wurden. Diese Rechtsquellen waren dadurch näher charakterisiert, daß sie einer Vereinbarung zwischen zwei Parteien entsprangen, nämlich

---

55) Die Lehrbuch-Abschnitte über Betriebsvereinbarungen und Tarifverträge, oft unter der gemeinsamen Ueberschrift „Gesamtvereinbarungen" zusammengefaßt, werden durch Ausführungen, wie oben im II. Teil enthalten, ersetzt. Der Abschnitt über die Schlichtung, in manchen Darstellungen — wegen des alleinigen Zweckes der Schlichtung — mit den vorgenannten Abschnitten verbunden, in anderen, weil auf ein Verfahren zum Austrag von Arbeitsstreitigkeiten bezüglich, der Arbeitsgerichtsbarkeit an die Seite gestellt, kommt in Fortfall (und nicht minder der Abschnitt über Arbeitskämpfe — in den vorhandenen Lehrbüchern bald für sich und bald als dritte „Verfahrensart" behandelt —, da es im nationalsozialistischen Staat Arbeitskämpfe zur Einwirkung auf die Arbeitsbedingungen nicht mehr geben kann).

56) Ueber den Unterschied zwischen „normativ" und „verpflichtend" siehe unten b 3.

57) Das ist für die normativen Bestimmungen im Tarifvertrag in der rechtlichen Gestalt, die er durch die „Verordnung über Tarifverträge (Arbeiter- und Angestelltenausschüsse und Schlichtung von Arbeitsstreitigkeiten)" vom 23. Dezember 1918 erhalten hat, und für die normativen Betriebsvereinbarungen die durchaus herrschende Lehre, vgl. (Hueck)-Nipperdey II S. 118 f. und S. 326 nebst der an beiden Stellen angegebenen Literatur.

dort zwischen einer Gewerkschaft und (gewöhnlich) einem Arbeitgeberverband, hier zwischen der meist durch die Betriebsvertretung vertretenen Belegschaft und dem Arbeitgeber des Betriebes. Sie werden heute ersetzt durch die Betriebsordnung und die Tarifordnung, welche gleichfalls, wie später besonders bezüglich der Betriebsordnung noch eingehender belegt werden wird, Rechtsquellen sind, aber nicht Vereinbarungen, sondern einseitige, autoritative Akte zur Grundlage haben.

b) Wichtigste Einzelheiten.

1. Mit dem Fortfall des Vereinbarungscharakters der besonderen arbeitsrechtlichen Rechtsquellen hängt es zusammen, daß das neue Recht keine Schlichtung, keine Verbindlichkeitserklärung und keine Schlichtungsbehörden mehr kennt, sondern daß auch die SchlVO. samt ihrer AusfVO. mit dem Inkrafttreten des AOG. außer Kraft tritt (§§ 65 Ziff. 7, 64 Abs. 1). Einer Schlichtung bedurfte es eben nur so lange, als Rechtsetzung durch Vereinbarungen erfolgte; denn nur so lange konnte es vorkommen, daß die Parteien, denen der Abschluß oblag, wenn sie sich selbst überlassen blieben, vor lauter parlamentarischem Gezänk und Gefeilsche überhaupt keine Vereinbarung und damit keine Rechtssätze zustandebrachten. Der einseitige, autoritative Akt aber kämpft von vornherein nicht mit solchen Entstehungsschwierigkeiten. Und die Verbindlichkeitserklärung war lediglich deshalb erforderlich, weil der Staat sogar im Schlichtungsverfahren — wenigstens in den wichtigsten Fällen — noch nicht von vornherein autoritativ auftrat, sondern in Gestalt des Schiedsspruchs nur einen „Vorschlag für den Abschluß einer Gesamtvereinbarung" (Art. I § 5 Abs. 4 SchlVO.) ergehen ließ, der zu nichts verpflichtete, wenn sich die Parteien ihm nicht ausnahmsweise freiwillig im Voraus durch Vereinbarung unterworfen hatten. Erst wenn die geschätzten Parteien sich auch nach dem Schiedsspruch noch zu keiner Einigung bequemen wollten, konnte der Staat dem Schiedsspruch bindende Kraft verleihen. Es bedurfte dazu aber noch eines zweiten behördlichen Akts, der Verbindlichkeitserklärung (Art. I § 6 SchlVO.). Die heutigen Akte der besonderen arbeitsrechtlichen Rechtssetzung aber tragen als echte autoritative Akte ihre bindende Kraft von Anfang an in sich.

2. Dazu kommt noch ein weiterer, hochbedeutsamer Unterschied zwischen dem alten und dem neuen Rechtszustand. Die sog. „materiellen Arbeitsbedingungen", wie Löhne, Arbeitszeit, Ueberstunden u. dergl., wurden bisher, soweit es irgend

gehen wollte, durch den meist weit über einen einzelnen Betrieb hinausgreifenden, für alle oder zahlreiche Angehörige eines Berufes geltenden Tarifvertrag geregelt, sie wurden m. a. W. nach Möglichkeit überbetrieblichen Rechtssätzen unterstellt. Nur solange keine tarifvertragliche Normierung bestand, ließ sich eine der wirtschaftlichen und sozialen Lage des Einzelbetriebs und seiner Angehörigen entsprechende, besondere Regelung der materiellen Arbeitsbedingungen durchführen, die dann ihrerseits entweder wieder durch einzelbetriebliche Rechtssetzung, nämlich im Wege einer sog. „materiellen" Betriebsvereinbarung (also zwar noch mittels eines Schemas, aber mittels eines solchen, welches dem Betriebe angepaßt war) oder aber durch eine auf die Einzelleistung abgestellte, individuelle Ausgestaltung der Einzelverträge erfolgen konnte.

Heute steht, zum mindesten nach der Systematik des Gesetzes, für die rechtssatzmäßige Regelung der materiellen Arbeitsbedingungen die einzelbetriebliche Betriebsordnung durchaus vor der Tarifordnung im Vordergrund[58]), und auch dabei läßt das Gesetz noch erkennen, daß es selbst die Aufnahme dieser Bedingungen in die Betriebsordnung nicht für unerläßlich notwendig hält, sondern eine sozial befriedigende Regelung derselben auch ganz ohne Rechtssätze, allein durch die Arbeitsverträge, als möglich ansieht. Erst wenn die einzelbetriebliche Normierung der materiellen Arbeitsbedingungen — mit oder ohne Betriebsordnungs-Bestimmungen — eine Gestalt annimmt, die unbedingt der Abänderung bedarf, kann eine überbetriebliche Tarifordnung erlassen werden (§ 32 Abs. 2 AOG.). Von der Entschlußkraft und dem sozialen Verständnis der Unternehmer, die — mit oder ohne Einschaltung von Betriebsordnungsvorschriften — die Festsetzung der materiellen Arbeitsbedingungen als Führer der Betriebe in der Hand haben, wird es abhängen, ob die Tarifordnung, wie der Gesetzgeber es will und wie es dem Gedeihen der Betriebe zum Nutzen der Gesamtheit am besten dient, auch praktisch die Ausnahme gegenüber der einzelbetrieblichen Regelung bleibt.

3. Endlich ist noch folgendes hervorzuheben: In Tarifverträgen mußte man zwischen normativen und verpflichtenden (obligatorischen) Bestimmungen unterscheiden. Nur die normativen Bestimmungen waren Rechtssätze in dem eingangs entwickelten Sinne; die verpflichtenden Bestimmungen aber waren normale Vertragsabreden, welche selber schuldrechtliche Beziehungen, und zwar in erster Linie solche

58) Das Verhältnis läßt sich so ausdrücken: der Tarif hat — wegen seiner stärkeren Wirkung, vgl. u. XII — gegenüber der einzelbetrieblichen Regelung nach altem wie nach neuem Recht den Vorrang, aber diese hat heute den Vortritt.

zwischen den Parteien des Tarifvertrages, schufen (man denke z. B. an eine Vertragsbestimmung, durch welche die letzteren verpflichtet wurden, während der Geltungsdauer des Tarifes Kampfmaßnahmen unter allen Umständen zu unterlassen). Aehnlich unterschied man normative und verpflichtende[59] Betriebsvereinbarungen. In der Betriebsordnung oder der Tarifordnung des heutigen Rechts kommt dagegen die Herstellung schuldrechtlicher Beziehungen zwischen Parteien, welche an diesen Rechtsquellen als Urheber beteiligt wären, von vornherein nicht in Frage, und zwar gleichfalls deshalb, weil es derartige Parteien ja nicht mehr gibt. Ihr gesamter Inhalt hat infolgedessen normativen, d. h. rechtssatzmäßigen Charakter.

Kapitel 1.

Rechtssetzung durch den Führer des Betriebes.

VIII. Rechtscharakter der Betriebsordnung. Sonstige Betriebsvorschriften.

a) Die Gestaltung der Betriebsordnung gehört zwar zu den Punkten, welche nach § 6 Abs. 2 AOG. vom Vertrauensrat beraten werden, aber die Entscheidung, die endgültige Festsetzung ihres Inhaltes, fällt, wie die soziale Verantwortung für den Betrieb überhaupt, dem Führer allein zu. Darin hat die Betriebsordnung große Aehnlichkeit mit der — durch § 69 Abs. 2 AOG. aufgehobenen gewerblichen Arbeitsordnung[60]) in der rechtlichen Gestalt, die diese vor Einführung der Betriebsverfassung des BRG. besaß (wie sie ihr auch hinsichtlich des von ihr zu regelnden — durch das BRG. nicht geänderten — Bereichs ähnelt). Bei Beantwortung der Frage nach dem Rechtscharakter der Betriebsordnung darf man deshalb die über die Arbeitsordnung entwickelten Theorien mit heranziehen. Auch die Arbeitsordnung nun wurde nicht nur unter der Herrschaft des Betriebsrätegesetzes, sondern auch schon vorher überwiegend[61]) als Quelle objektiven Rechts angesehen, also sozusagen als „Betriebsgesetz", welches

---

59) Daß auch eine Betriebsvereinbarung „verpflichtende" Bestimmungen enthalten konnte, war zwar nicht allseitig anerkannt. Näheres über den Stand der Diskussion bei (Hueck)-Nipperdey II S. 321 Anm. 38, der selbst die Möglichkeit bejaht und auf S. 349 ff. die Lehre von den Betriebsvereinbarungen solchen Inhalts im einzelnen entwickelt. Siehe auch Mansfeld Anm. 4 c zu § 66 BRG.

60) Ueber die Arbeitsordnung im (preußischen) Bergbau siehe unten Anm. 67.

61) So wird der Stand der Diskussion wenigstens von (Hueck)-Nipperdey II S. 336 Anm. 36 beurteilt. Anderer Meinung in dieser Hinsicht noch Landmann-Rohmer, 8. Aufl. Anm. 1 b zu § 134 a GO.

dort vom Unternehmer gemeinsam mit der Betriebsvertretung, hier von ihm allein erlassen war (Erlaßtheorie). Besonders der Lehre vom Unternehmer als Alleingesetzgeber wurde freilich eine andere entgegengesetzt, nach der die Arbeitsordnung eine bloße Willenserklärung des Unternehmers sein sollte, ein Vertragsangebot an den Arbeiter, das von diesem durch den Eintritt in die Beschäftigung angenommen und so zum vereinbarten Inhalt des Einzelvertrages gemacht wurde (Vertragstheorie). Diese Theorie scheiterte aber daran, daß der Arbeiter sich beim Dienstantritt, obwohl ihm in diesem Augenblick ein Abdruck oder eine Abschrift der Arbeitsordnung — auch unverlangt — ausgehändigt werden mußte, oft, ja wohl in der überwiegenden Mehrzahl der Fälle über den Inhalt der Arbeitsordnung noch garnicht unterrichtete[62]), sondern ihn erst nachträglich durch die Anwendung kennen lernte; sie vermochte außerdem, wie die Vertreter der Erlaßtheorie mit Recht einwandten, auch nicht befriedigend zu erklären, warum die GO. in § 134c Abs. 1 die bei einem vereinbarten Vertragsbestandteil selbstverständliche Verbindlichkeit der Arbeitsordnung besonders aussprach und in § 134a Abs. 2 und 4 den Zeitpunkt ihres Inkrafttretens ganz ohne Rücksicht auf die Annahme durch den Arbeiter regelte. Völlig die gleichen Gesichtspunkte lassen es auch nicht zu, die Betriebsordnung des AOG. als Vertragsofferte anzusehen (den zitierten Bestimmungen der GO. im besonderen entsprechen insoweit die §§ 30, 31 Abs. 2 Satz 1 des neuen Gesetzes).

Auch die Betriebsordnung kann demnach nur ein vom Führer des Betriebes „erlassenes", in der Wirkung gesetzesähnliches Gebilde, eine Rechtsquelle sein[62a]). Uebrigens verdient selbst das psychologische Moment, welches seinerzeit den Widerstand gegen die Erlaßtheorie hervorrief, die Erwägung nämlich, daß man mit ihr dem Unternehmer eine schwer erträgliche absolutistische Gewalt in die Hand lege, heute keine Beachtung mehr; denn diese Auffassung entsprang jener westeuropäischen Phraseologie, nach der es außer einer konstitutionellen oder parlamentarischen Herrschaft nur noch ein Willkürregiment geben soll; der Führer des Betriebes aber hat auch beim Erlaß der Betriebsordnung als Haupt der Betriebsgemeinschaft einzig „der

---

62) Der Abdruck der Arbeitsordnung verschwand wohl fast immer ungelesen in seiner Tasche, und die „Fiktion der Kenntnisnahme" in § 130 BGB., die man an sich analog auch auf die einem Anwesenden gedruckt übergebene Willenserklärung anwenden darf, versagt u. E. unter solchen Umständen, unter denen nach der allgemeinen Lebenserfahrung ganz regelmäßig keine Kenntnisnahme stattfindet! Siehe dazu etwa (Staudinger)-Riezler 3./4. Aufl. Vorbem. III f. vor § 116 BGB. einerseits und Anm. 4 zu § 130 BGB. (wenn auch zurückhaltender, als wir) andererseits.

62a) Ebenso Mansfeld-Pohl Vorbem. 3a vor § 26 AOG. (S. 305).

erste Diener" seines kleinen Staates zu sein und ist der Macht verantwortlich, die ihm namens der großen Gemeinschaft die Gewalt in seinem Reich überläßt.

b) Das BRG. führte zur Anerkennung einer ganzen Reihe verschiedenartiger Betriebsvereinbarungen. Die autoritative, einseitig erlassene Vorschrift für den privaten Einzelbetrieb aber ist nach neuem Recht die Betriebsordnung, welche in öffentlichen Verwaltungen und Betrieben bis zu einem gewissen Grade in der „Dienstordnung" ihr Seitenstück hat. Was es sonst noch an solchen Vorschriften gibt (unten X), tritt demgegenüber in den Hintergrund.

IX. Einzelheiten, betreffend die gesetzliche Regelung der Betriebsordnung. Die Dienstordnung in öffentlichen Verwaltungen und Betrieben.

A. Betriebsordnung.

a) Betriebsordnungspflichtige Betriebe.

In jedem Betriebe, in dem in der Regel[63]) mindestens zwanzig Angestellte und Arbeiter beschäftigt sind, ist vom Führer des Betriebes eine Betriebsordnung zu erlassen (§ 26). Der Zweck der Betriebsordnung, für die unter denselben äußeren Verhältnissen Beschäftigten die Arbeitsbedingungen einheitlich zu regeln, macht es erforderlich, unter dem „Betriebe", „in dem" die Beschäftigung erfolgt, hier — ähnlich wie bei den Worten „Betriebe, in denen" in den Ueberschriften vor §§ 133 g und 133 h GO.[64]) — eine einheitliche Betriebsstätte zu verstehen. Demnach ist z. B. der („angestellte") Handlungsreisende nicht mitzurechnen. (Anderer Ansicht Mansfeld-Pohl, welche auch derartige Arbeitskräfte hier ebenso, wie bei Beantwortung der Frage, ob der Betrieb einen Vertrauensrat haben muß, mitzählen[64a]). Es ist zuzugeben, daß dieses Verfahren den Vorzug einer gleichheitlichen Auslegung des Gesetzestextes hat. Dagegen spricht aber, daß z. B. die Lage der Arbeitsstunden — § 27 Abs. 1 Ziff. 1 AOG. — eines angestellten Handlungsreisenden sich praktisch, wenn er nicht etwa im Auto reist, gar nicht nach den Bestimmungen der Betriebsordnung richten kann, sondern dem Eisenbahnfahrplan anzupassen sein wird, sich demnach oft von Tag zu Tag ändert.) Auch Haus-

63) Vgl. oben Anm. 40.

64) Vgl. Landmann-Rohmer, 8. Aufl. Vorbem. 2 d vor § 133 g GO.; auch (Hueck)-Nipperdey II S. 328, 5 a.

64 a) In Anm. 2 b zu § 26 verweisen sie auf Anm. 2 b zu § 5 AOG. (und damit indirekt — vgl. S. 148 — auf Anm. 3 a zu § 1, hier S. 88).

gewerbetreibende und Heimarbeiter werden nicht mitgezählt, obwohl sich in einem Betriebe, der schon an sich eine Betriebsordnung haben muß, diese zum Teil auf sie mit erstrecken kann (vgl. unten c).

Nicht erforderlich ist, daß die Arbeitsstätte als solche dem Unternehmer gehört oder daß sie von ihm gemietet oder gepachtet ist. Auch die Baustelle z. B. ist vielmehr eine Betriebsstätte des Bauunternehmers.

b) Der zu regelnde Bereich.

Gewisse Punkte müssen unter allen Umständen in der Betriebsordnung geregelt werden. Man kann sie in Anlehnung an die Terminologie, welche sich für die Arbeitsordnung des bisherigen Rechtes herausgebildet hat, den „unbedingt notwendigen" Inhalt der Betriebsordnung nennen. Bestimmte andere Punkte brauchen nur unter eigens vom Gesetz genannten Voraussetzungen aufgenommen zu werden, müssen es alsdann freilich gleichfalls („bedingt notwendiger" Inhalt). Schließlich gibt es Punkte, die in der Betriebsordnung geregelt werden können, ohne daß ein Zwang dazu besteht („fakultativer" Inhalt).

1. Unbedingt notwendig sind Bestimmungen über

aa) Anfang und Ende der regelmäßigen täglichen Arbeitszeit und der Pausen sowie über

bb) Zeit und Art der Gewährung des Arbeitsentgeltes (§ 27 Abs. 1 Ziff. 1 und 2).

2. Bedingt notwendig sind nach § 27 Abs. 1 Ziff. 3—6:

aa) Die Grundsätze für die Berechnung der Akkord- oder Gedingearbeit. Sie gehören in die Betriebsordnung, soweit im Betriebe im Akkord oder Gedinge gearbeitet wird.

bb) Bestimmungen über die Art, Höhe und Einziehung von Bußen[65][66]). Diese müssen in die Betriebsordnung aufgenommen

---

65) Das Bußwesen wird vom AOG. im einzelnen wie folgt geregelt:

a) Als Grund für die Verhängung einer Buße gegen einen Arbeiter oder Angestellten kommt nur ein Verstoß gegen die Ordnung oder die Sicherheit des Betriebes in Frage. Geldbußen dürfen in der Regel die Hälfte des durchschnittlichen Tagesarbeitsverdienstes nicht übersteigen; nur für erhebliche, bestimmt zu bezeichnende Verstöße können Bußen bis zum vollen Betrage des durchschnittlichen Tagesarbeitsverdienstes vorgesehen werden. (Im preußischen Bergbau bleibt außerdem einstweilen zu beachten, daß nach § 80 d ABG., die im Laufe eines Kalendermonats gegen einen Arbeiter wegen ungenügender oder vorschriftswidriger Beladung von Fördergefäßen verhängten Geldbußen in ihrem Gesamtbetrage 5 Mark nicht übersteigen dürfen.) — Die Verwendung der Geldbußen, die früher nach § 134 b Abs. 1 Ziff. 4 GO. in der Arbeitsordnung geregelt werden mußte, bestimmt heute der Reichsarbeitsminister; § 28 Abs. 1 (inzwischen geschehen durch § 20 der II. DurchfVO.: Verwendung erfolgt zum Besten der NS.-Gemeinschaft „Kraft durch Freude"). — Vgl. zum vorigen § 134 b Abs. 2 GO. Das selbstverständwerden, soweit überhaupt eine Verhängung von Bußen vorgesehen werden soll.

cc) Bestimmungen über die Gründe, aus denen die Kündigung des Arbeitsverhältnisses ohne Einhaltung einer Kündigungsfrist erfolgen darf. Die Pflicht zur Aufnahme in die Betriebsordnung besteht hier, wenn noch andere, als die in den Gesetzen vorgesehenen Gründe den Unternehmer oder den Beschäftigten zur fristlosen Kündigung berechtigen sollen.

---

liche Verbot sittenwidriger oder ehrverletzender Strafbestimmungen wird vom AOG. nicht mehr besonders ausgesprochen. Ehrenrührige Strafen würden übrigens nach § 36 Abs. 1 Ziff. 1 eine ehrengerichtliche Verfolgung des Verhängenden nach sich ziehen können.

b) Die Verhängung der Buße erfolgt durch den Führer des Betriebes oder eine von ihm beauftragte Person nach Beratung im Vertrauensrat, wenn ein solcher vorhanden ist; § 28 Abs. 2. Auch hier entscheidet aber der Führer oder der Beauftragte allein (anders früher § 80 Abs. 2 BRG.).

c) Das zu a und b Gesagte gilt auch für die Verhängung von im Arbeitsvertrage vereinbarten Bußen in Betrieben, welche keine Betriebsordnung zu haben brauchen (§ 28 Abs. 3).

66) Rechtscharakter der Buße: Der Gebrauch des Ausdruckes „Buße" anstelle des bisher (vgl. § 134 b Abs. 1 Ziff. 4 GO.) üblichen „Strafe" dürfte der Klarstellung dienen, daß die Festsetzungsbefugnis des Führer keine öffentliche Strafgewalt ist. Sie hat vielmehr, wenn eine Bestimmung gemäß § 27 Abs. 1 Ziff. 4 AOG. in die Betriebsordnung aufgenommen ist, ihren Grund in dem kraft dieses Rechtssatzes zu den Wirkungen des Einzelarbeitsvertrages gehörigen Unterworfensein unter die vom Führer im Rahmen des Gesetzes (siehe Anm. 65) und der Betriebsordnung festgesetzte Buße (entsprechend z. B. Hueck-(Nipperdey) I S. 192; wenn dagegen Landmann-Rohmer a. a. O. Anm. 5 zu § 134 b GO. gesagt hat, daß die „Strafe", welche das Arbeitsordnungsrecht der GO. kannte, ihre Grundlage „im" Vertrage — also im Einzelarbeitsvertrage! — gehabt habe, so setzte das voraus, daß man die Arbeitsordnung nicht als Rechtsquelle, sondern als Vertragsofferte ansah). Grundlage der Strafe ist also ein Rechtssatz. Da dieser aber ein Rechtssatz — man darf sagen: — des objektiven Vertragsrechts ist, so muß man sie — bei aller Anerkennung auch der sonstigen, besonders von Oertmann, Deutsches Arbeitsvertragsrecht 1923, S. 28 ff. scharf herausgearbeiteten Unterschiede rechtlich ebenso, wie eine besonders vereinbarte Konventionalstrafe behandeln.

Demnach ist die Vorschrift über das sog. richterliche Moderationsrecht (§ 343 BGB.) und die Aufrechnungsbeschränkung des § 394 BGB. auf sie anwendbar. (Ebenso für das frühere Recht Mansfeld Anm. 3 b zu § 80 BRG. Hueck-(Nipperdey) I S. 192 ff., Kaskel-Dersch S. 206 f. und für das heutige Recht Mansfeld-Pohl Anm. 2 und Anm. 9 zu § 28 AOG).

Der in dem entwickelten Sinne privatrechtliche Charakter der Buße zeigt sich übrigens auch in der Formulierung des § 28 Abs. 3 AOG. Wo keine Betriebsordnung (oder Tarifordnung) und damit kein entsprechender Rechtssatz des objektiven Vertragsrechts vorhanden ist, kann es eine Bußverhängungsbefugnis allerdings wirklich nur auf Grund einer Vereinbarung im Arbeitsvertrage geben. Ebenso Mansfeld-Pohl Anm. 7 zu § 28 AOG. Die Theorie Oertmanns (Oertmann a. a. O. S. 27 ff.), wonach — in die heutige Sprache übersetzt — die Bußfestsetzungsmacht des Führers weder einer Betriebsordnungsbestimmung, noch (in deren Ermangelung) einer ausdrücklichen Vereinbarung als Grundlage bedürfte, würde die Buße, einer öffentlich-rechtlichen Strafe zum mindesten stark nähern. Sie wird aber gegenüber der Fassung des § 28 Abs. 3 AOG. heute kaum mehr aufrechterhalten werden können.

dd) Bestimmungen über die Verwendung der durch rechtswidrige Auflösung des Arbeitsverhältnisses verwirkten Entgeltbeträge. Sie bedürfen der Aufnahme in die Betriebsordnung, soweit diese selbst oder der Einzelarbeitsvertrag eine derartige Lohnverwirkung im Rahmen der gesetzlichen Bestimmungen vorsieht.

Zusatz zu 1 und 2: Soweit in anderen Gesetzen Vorschriften über den unbedingt oder bedingt notwendigen Inhalt einer Arbeitsordnung enthalten sind, die über das unter 1 und 2 Gesagte hinausgehen, behalten diese Vorschriften ihre Gültigkeit, § 27 Abs. 2[67]), d. h. mit anderen Worten: in diesem Falle ist auch das von dem sonstigen Gesetz verlangte Plus in das Instrument aufzunehmen, welches aber auch dann heute nicht mehr als „Arbeitsordnung", sondern als Betriebsordnung anzusehen ist.

3. Fakultativ sind Bestimmungen über alles das, was früher normalerweise in Tarifverträgen geordnet zu werden pflegte, also über die sog. materiellen Arbeitsbedingungen, wie Höhe des Arbeitslohns, Urlaub usw. — soweit nämlich die materiellen Arbeitsbedingungen nicht schon durch den unbedingt oder bedingt notwendigen Inhalt der Betriebsordnung erfaßt werden[68]) —, ferner weitere Bestimmungen über die Ordnung des Betriebes, das Verhalten der Beschäftigten im Betriebe und die Verhütung von Unfällen (§ 27 Abs. 3).

---

67) Bestimmungen über die Arbeitsordnung enthält heute, da die einschlägigen Vorschriften der Gewerbeordnung durch §§ 69 Abs. 2, 64, Abs. 1 des AOG. außer Kraft gesetzt werden, vor allem noch das preußische Berggesetz. Ob auch sie in Zukunft aufgehoben werden, läßt sich natürlich nicht genau sagen, ist aber nicht sehr wahrscheinlich, da gerade sie vielfach weiter gehen als die Bestimmungen des AOG. Nach dem ABG. gehören nämlich außer den vom AOG. verlangten Punkten insbesondere noch in die Arbeits- bezw. Betriebsordnung: Vorschriften über Ueber- und Nebenschichten, über die Regelung der Ein- und Ausfahrt und über die Ueberwachung der Anwesenheit der Arbeiter in der Grube sowie nicht nur, wie nach dem AOG., Vorschriften über die Berechnung der Gedingelöhne, sondern auch solche über den Schichtlohn. Ferner nennt das ABG. im Gegensatz zum AOG. eine ganze Reihe von Einzelheiten bezüglich des Gedingewesens, die nach Bergrecht in der Arbeitsordnung zu regeln sind, und verlangt vor allen Dingen auch Festsetzung des bei ungenügend oder vorschriftswidrig beladenen Fördergefäßen zur Anwendung gelangenden Anrechnungsverfahrens. Schließlich macht es die Verabfolgung von Betriebsmaterialien und Werkzeugen an die Arbeiter gegen Berechnung davon abhängig, daß die Arbeitsordnung Vorschriften hierüber enthält; vgl. § 80 b Ziff. 1 bis 3 und Ziff. 7 ABG. Solange das Berggesetz nicht geändert wird, gehören also auch alle diese Punkte in Zukunft im preußischen Bergbau in die Betriebsordnung. Dagegen gilt für die formelle Seite der „Betriebsgesetzgebung" vom 1. Mai 1934 an auch im Bergbau ausschließlich das AOG., da dieses insoweit eine erschöpfende Regelung treffen will und im Gegensatz zur GO. (§ 6) keinen grundsätzlichen Vorbehalt zugunsten des Bergwesens enthält.

68) Die sehr wichtige Dauer der Arbeitszeit z. B. tritt bei der notwendigen Festsetzung ihrer zeitlichen Lage (oben 1 aa) von selbst mit in Erscheinung.

Zu beachten ist dabei, daß auch die materiellen Arbeitsbedingungen — mit der angegebenen Einschränkung — zum fakultativen, also nicht zum notwendigen Inhalt der Betriebsordnung gehören. Eben darin zeigt sich, daß der Gesetzgeber bei ihnen, wie schon gesagt, eine Regelung durch Rechtssatz keineswegs für unbedingt notwendig hält. Denkbar ist ja in der Tat zum mindesten in kleineren Betrieben eine innerlich gerechte, alle Teile befriedigende Festsetzung u. a. der Arbeitsentgelte, die allein durch die Einzelverträge erfolgt. Gerade dabei kann der Lohn ohne weiteres ein sogen. „Leistungslohn" sein, d. h. es kann auf eine angemessene Belohnung besonderer Leistungen Bedacht genommen werden. Letzteres wird für diesen Fall ausdrücklich in § 29 Satz 2 angeordnet. Es ist also offensichtlich neben dem Eigenleben der Betriebsganzheit auch das **Prinzip des Leistungslohnes**, welches dem Gesetzgeber bei der Neuformung des Stoffes als Richtschnur gedient hat. Er kann jedoch die Augen selbstverständlich nicht vor der Tatsache verschließen, daß sich in sehr großen Betrieben eine rechtssatzmäßige Regelung des Entgeltes für Arbeiter oder Angestellte durch Aufnahme in die Betriebsordnung nicht wird umgehen lassen. Damit aber der Leistungslohn auch dabei zu seinem Rechte kommt, schreibt § 29 Satz 1 AOG. vor, daß die aufgenommenen Entgeltsätze als Mindestsätze zu bemessen sind, so daß auch bei ihnen für eine den Leistungen des einzelnen Betriebsangehörigen entsprechende Vergütung Raum bleibt.

(Der konkrete Inhalt des § 29 Satz 1 bezieht sich allerdings wohl nur auf den Zeitlohn. Der Akkord- oder Gedingelohn ist ja schon an sich Leistungslohn. Man wird aber aus § 29 Satz 1 nicht folgern dürfen, daß, sofern Akkordsätze — wie wenigstens bei gleich bleibender Schwierigkeit oder Leichtigkeit der Arbeit praktisch sehr wohl denkbar — in der Betriebsordnung festgelegt werden, auch eine sogen. „Mindestlohngarantie" darin aufgenommen werden müßte. Denn ganz abgesehen davon, daß ihre rechtliche Tragweite in Wirklichkeit verhältnismäßig gering ist[69]), läuft die Absicht, welche ihre ehemaligen Befürworter, die Gewerkschaften, mit ihr verfolgten, nämlich, dem Arbeiter auch bei geringer Leistung den „garantierten" Lohn zu sichern, dem Leistungsprinzip gerade zuwider. Gegen eine Akkordbemessung aber, bei der der Arbeiter seinen Unterhalt nur unter übermäßiger Anstrengung seiner Kräfte verdienen kann, ist dieser dadurch geschützt, daß böswillige Ausnutzung in § 36 Abs. 1 Ziff. 1 unter ehrengerichtliche Strafe gestellt ist.)

---

69) Sie schützt rechtlich nicht vor schlechtem Verdienst infolge von schuldhaft langsamem Arbeiten oder verschuldetem Mißlingen des Arbeitsergebnisses. Vgl. dazu Hueck-(Nipperdey) I S. 215.

c) Persönlicher Geltungsbereich der Betriebsordnung.

Die Betriebsordnung erfaßt im Gegensatz zur Arbeitsordnung — wenigstens zu derjenigen des Gewerbes im eigentlichen Sinn[70]) — nicht nur die „im" Betriebe beschäftigten[71]) Arbeiter, sondern auch die darin tätigen Angestellten; § 26. Daraus ergibt sich, daß jedenfalls Punkte, die zum unbedingt notwendigen Inhalt der Betriebsordnung gehören, für beide Gruppen in ihr normiert werden müssen. Dagegen ist es möglich, daß im bedingt notwendigen Teil irgendwelche Punkte eine Regelung nur für eine der beiden Gruppen erfahren, wenn nämlich die Voraussetzung, unter der die Aufnahme eines inhaltlich dahin gehörenden Punktes zur Notwendigkeit wird, lediglich bei dieser Gruppe vorliegt.

Im fakultativen Teil der Betriebsordnung kann außerdem in solchen betriebsordnungspflichtigen Betrieben, welche neben den Angestellten und Arbeitern auch zur Gefolgschaft gehörige — d. h. in der Hauptsache für den gleichen Betrieb allein oder mit ihren Familienangehörigen[72]) arbeitende — Heimarbeiter[72]) oder Hausgewerbetreibende[72]) beschäftigen, auch für diese eine Entgeltfestsetzung erfolgen; § 20 Ziff. 2 des Gesetzes über die Heimarbeit. (Geschieht das, so hat der Führer des Betriebes den betreffenden Teil der Betriebsordnung dem Treuhänder der Arbeit in Abschrift zu übersenden, § 7 der DurchfVO. vom 23. März 1934. Wichtig wegen der dem letzteren obliegenden Pflicht zur Ueberwachung der Entgelte in der Heimarbeit, § 24 des Gesetzes.) — Auch der Inhalt des fakultativen Teils überhaupt braucht sich aber nicht auf alle Gruppen von Beschäftigten zu erstrecken[72a]).

Zu beachten ist endlich, daß ohne Rücksicht darauf, zu welchem Teil der Betriebsordnung ein Punkt gehört, die Möglichkeit besteht, ihn für die erfaßten Gruppen verschieden zu ordnen. Das ist bei etwa aufgenommenen Entgeltsätzen ja von vornherein unvermeidlich und wird hinsichtlich anderer Punkte, z. B. hinsichtlich der Lage der Arbeitszeit, allein den unabweisbaren Bedürfnissen der Praxis gerecht. Aus dem gleichen Grunde muß man es als statthaft ansehen, daß für verschiedene Betriebsabteilungen oder für verschiedene Untergruppen der Beschäftigten verschiedenartige Regelungen er-

70) Und zu der im preußischen ABG. für den Bergbau vorgeschriebenen.

71) Siehe oben a 1.

72) Wegen der Begriffe „Hausgewerbetreibender", „Heimarbeiter" und „Familienangehörige" siehe Anm. 43 bis 45, ferner wegen gewisser Einzelheiten des Entgeltschutzes in der Heimarbeit unten Anm. 84.

72a) Ebenso Mansfeld-Pohl Anm. 6 zu § 27 AOG.

folgen und daß diese äußerlich als verschiedene „Betriebsordnungen" in Erscheinung treten, also nicht in einem Dokument zusammengefaßt sind (entsprechend für das frühere Recht § 134 a Abs. 1 Satz 2 GO.)[72b]).

d) Behördliche Einflußnahme auf den Inhalt der Betriebsordnung.

Während die Arbeitsordnung des bisherigen Rechts von der Behörde nur daraufhin kontrolliert werden konnte, ob sie formell den Anforderungen des Gesetzes entsprach, hat heute die Behörde, nämlich nach jetzigem Recht der Treuhänder der Arbeit, eine Reihe von Handhaben, um dafür zu sorgen, daß der Inhalt der Betriebsordnung auch in materieller Hinsicht den wirtschaftlichen und sozialen Verhältnissen gerecht wird. Hier kommen in Betracht:

1. die Befugnis des Treuhänders, solche Bestimmungen der Betriebsordnung, welche eine Mehrheit des Vertrauensrats begründetermaßen beanstandet, durch andere, nach seinem pflichtmäßigen Ermessen gestaltete Vorschriften zu ersetzen (oben IV b 1);

2. die Festsetzung von „Richtlinien" für den Inhalt der Betriebsordnungen, die eine (zum mindesten sinngemäße) tunlichst weitgehende Anpassung der letzteren dringend nahelegt;

3. der Erlaß einer Tarifordnung, welche entgegenstehende Betriebsordnungsbestimmungen nichtig macht (Einzelheiten zu 2 und 3 unten Kap. 2).

e) Form, Bekanntgabe, Inkrafttreten.

1. Die Betriebsordnung ist schriftlich zu erlassen (§ 26), d. h. sie muß vom Führer des Betriebes oder seinem Stellvertreter eigenhändig unterzeichnet werden[73]).

2. Ein Abdruck der Betriebsordnung ist in jeder Betriebsabteilung an geeigneter, den Angehörigen des Betriebes zugänglicher Stelle auszuhängen, § 31 Abs. 1. Außerdem ist den im Betriebe Beschäftigten auf Verlangen ein Abdruck auszuhändigen (§ 31 Abs. 2 Satz 2). Wird ein solches Ver-

---

72 b) Vgl. dazu für das heutige Recht Mansfeld-Pohl Anm. 6 zu § 26 AOG.

73) Die Vorschrift des § 126 Abs. 1 BGB. ist zwar auf den Erlaß der Betriebsordnung, da dieser eine Ausübung übertragener Gesetzgebungsgewalt, d. h. als solcher ein öffentlich-rechtlicher Akt ist, nicht ohne weiteres anwendbar, gibt aber immerhin auch hier einen Anhaltspunkt dafür, was unter „schriftlich" zu verstehen ist. (Vgl. für das bisherige Recht § 134 a Abs. 2 GO. Datierung der Unterzeichnung ist heute nicht mehr vorgeschrieben, aber aus praktischen Gründen zu empfehlen.)

langen nicht ausgesprochen, so braucht jedoch im Gegensatz zu früher keine Aushändigung mehr zu erfolgen.

3. Die Betriebsordnung tritt zu dem Zeitpunkt in Kraft, den sie selbst festsetzt. Enthält sie aber keine diesbezügliche Angabe, so ist der Tag nach dem Aushang der Tag des Inkrafttretens; § 31 Abs. 2 Satz 1 (abweichend früher § 134 a Abs. 2 und 4 GO.).

f) Aufhebung und Abänderung der Betriebsordnung.

Der Führer des Betriebes kann die Betriebsordnung aufheben, aber im betriebsordnungspflichtigen Betriebe — in dem allein sie überhaupt eine Betriebsordnung im Sinne des Gesetzes ist, siehe unten g 3 — eben wegen der Betriebsordnungspflichtigkeit nur unter Erlaß einer neuen Betriebsordnung. Bei letzterem gelten selbstverständlich die gleichen Vorschriften über Form, Bekanntgabe und Inkrafttreten und hat die Behörde die gleichen Einwirkungsmöglichkeiten, wie beim Erlaß einer Betriebsordnung überhaupt. Ebenso sind Aenderungen einzelner Vorschriften rechtlich entsprechend dem Erlaß einer Betriebsordnung zu behandeln, da sonst die Aenderungen nicht die zu ihrem Eingehen in die Betriebsordnung erforderliche gesetzgebungsähnliche Wirkung hätten. Siehe für das frühere Recht § 134 a Abs. 3 und 4 GO.[74]).

g) Wirkung der Betriebsordnung.

1. Die Bestimmungen der Betriebsordnung sind für die Betriebsangehörigen (d. h. nicht nur für die im Betriebe tätige Gefolgschaft, sondern auch für den Unternehmer und einen etwa von ihm verschiedenen Führer des Betriebes) als Mindestbedingungen rechtsverbindlich (§ 30).

Sie füllen also, wie aus den Worten „als Mindestbedingungen" klar hervorgeht, nicht bloß von Anfang an durch die Arbeitsverträge gelassene Lücken in den individuellen Rechtsbeziehungen aus, haben auch nicht etwa nur die Kraft „zwingend vernichtender" Rechtssätze (in dem Sinne, daß sie lediglich Einzelabreden, durch welche ungünstigere Bedingungen vereinbart wären, ungültig machen würden), sondern sie haben zwingend gestaltende Kraft, sie bewirken positiv, daß die in der Betriebsordnung festgesetzten Mindestleistungen sogar vereinbarten niedrigeren Leistungen zum Trotz von den Parteien des Einzelvertrages geschuldet werden. Sie sind also — im

74) Sowie insbesondere auch für die rechtliche Behandlung nur teilweiser Aenderungen (der „Nachträge" des § 134 a GO.) Landmann-Rohmer a. a. O. Anm. 8 zu § 134 a. — Heute Mansfeld-Pohl Anm. 7 zu § 26 AOG.

Gegensatz zur Mehrzahl der Arbeitsordnungsvorschriften [75]), aber gleich den der Regel entsprechenden Tarifvertragsnormen des früheren Rechts — nach unten hin „unabdingbar“ [76]).

Das ist aber nicht so zu verstehen, als ob die Betriebsordnungsvorschriften in die ihnen dem Parteiwillen nach zuwiderlaufenden Einzelarbeitsverträge „eingingen“, als ob das Gesetz auch nur fingiere, die Parteien hätten an Stelle der unzulässigen eine betriebsordnungsgemäße Vereinbarung getroffen. Letzteres wurde (mutatis mutandis) zwar von Tarifvertragsnormen hauptsächlich wegen § 1 Abs. 1 letzter Satz TVO.: „An die Stelle unwirksamer Vereinbarungen treten die entsprechenden Bestimmungen des Tarifvertrages“ vielfach angenommen — wenn auch [77]) ohne unbedingt zwingenden Grund —, kann aber für Betriebsordnungsvorschriften (und, um das hier vorweg zu nehmen: auch für Tarifordnungsbestimmungen) schon deshalb nicht gelten, weil das AOG. nichts jenem Satz der TVO. Entsprechendes enthält. Grundlage der Verpflichtung, an Stelle der vereinbarten geringeren die betriebsordnungsgemäße Mindestleistung zu bewirken, bleibt vielmehr einzig die in der Betriebsordnung enthaltene Norm des objektiven Rechts, der Rechtssatz. Dieser ist — wenigstens nach einer Richtung — „zwingend“ gestaltend, weil er sich sogar gegen den erkennbar auf eine niedrigere Leistung gerichteten Willen der Parteien durchsetzt. Aber die „gestaltende“ Kraft der unabdingbaren Vorschrift hat nach dem Gesagten dennoch keine positive Neuformung der Parteivereinbarung zur Folge, sondern besteht an sich — nicht anders, wie die einer bloß Lücken ausfüllenden Rechtsnorm — allein darin, daß sich an den Abschluß des Arbeitsvertrages unmittelbar kraft des Rechtssatzes bestimmte Wirkungen knüpfen [77a]).

Diese Feststellung ist von größter praktischer Tragweite. Ist z. B. der Arbeitsentgelt in der Betriebsordnung geregelt, und wird einem Angestellten oder Arbeiter mangels einer Vereinbarung im Arbeitsvertrage lediglich der Mindestsatz der Betriebsordnung gezahlt, so würde der Be-

75) Vgl. (Hueck)-Nipperdey II S. 335 und wegen der Ausnahmen § 134 c Abs. 2 GO.

76) Das Wesen der Unabdingbarkeit wird in der bisherigen Literatur im Zusammenhange der Lehre vom Tarifvertrage, und zwar teilweise sehr ausführlich behandelt. Es mag genügen, hier auf (Hueck)-Nipperdey II S. 212 ff. zu verweisen. Wegen des Verhältnisses zwischen Lücken ausfüllenden („nachgiebigen“), zwingend vernichtenden und unabdingbaren Rechtssätzen siehe auch Crone, Zur Lehre vom Rechtssatzcharakter normativer Tarifbestimmungen II. NZfA. 1932, Spalten 670 ff.

77) Wie (Hueck)-Nipperdey II S. 200 ff. überzeugend nachgewiesen haben dürfte.

77 a) Ebenso Mansfeld-Pohl Anm. 2 a zu § 30 AOG.

schäftigte, wenn diese Zahlung kraft gesetzlicher Fiktion als vereinbart anzusehen wäre, bei einer mittels Aenderung der Betriebsordnung durchgeführten Ermäßigung des Mindestsatzes gleichwohl bis zum Ablauf der für seinen Arbeitsvertrag geltenden Kündigungsfrist den bisherigen Satz weiter beanspruchen können, weil zwar die neue Entgeltregelung auch für ihn „rechtsverbindlich" wäre, aber eben nur „als Mindestbedingung", die eine vereinbarte höhere Vergütung nicht berühren könnte. In Wirklichkeit muß er sich in diesem Falle vom Inkrafttreten der Betriebsordnungsänderung an mit dem niedrigeren Mindestvergütungssatz abfinden [78]).

Das gleiche dürfte zu gelten haben, wenn ihm der alte Mindestsatz als solcher (etwa mit der Bezeichnung „der Mindestsatz der Betriebsordnung") ausdrücklich zugesagt worden ist. Denn man wird bei der oben geschilderten Rechtslage annehmen dürfen, daß der Parteiwille auf Zahlung des jeweiligen Mindestsatzes gerichtet ist.

Schwierigkeiten bereitet dagegen der Fall, wenn mit dem Angestellten oder Arbeiter durch ziffernmäßige Nennung ohne Bezugnahme auf den Mindestsatz der Betriebsordnung ein Entgeltbetrag ausdrücklich vereinbart ist, der tatsächlich dem Mindestsatz gleich ist oder der über ihm liegt. Beide Fälle dürften heute, da der Gesetzgeber eine Differenzierung der Arbeitsvergütung nach der Leistung wünscht, praktisch eine viel größere Rolle spielen, als früher. Man wird hier kaum ohne weiteres als Parteiwillen unterstellen dürfen, daß der bezifferte Entgelt sich ebenso oder entsprechend, wie der Mindestsatz der Betriebsordnung, abwärts- oder aufwärtsbewegen soll. Infolgedessen würde bei einer Abwärtsbewegung des Mindestsatzes sowohl der ihm ursprünglich gleiche, als auch der über ihm liegende vereinbarte Lohn unverändert bleiben, bei einer Aufwärtsbewegung jenes Satzes aber wenigstens der höhere Lohn so lange nicht mit in Bewegung geraten, als der neue Mindestentgelt ihn nicht überstiege. Ergibt sich aber doch aus irgendwelchen besonderen Umständen, daß beide Parteien den vereinbarten Entgeltbetrag als sich mit dem Mindestsatz verändernd angesehen haben, so bleibt, wenn der vereinbarte Entgelt höher ist, immer noch zweifelhaft, ob der tatsächlich in ihm enthaltene Zuschlag zum Mindestentgelt als prozentual oder als dem Betrage nach ein für allemal feststehend gedacht war.

Will man allen Zweifelsfragen aus dem Wege gehen, so empfiehlt es sich in der Praxis, wenn der Lohn tatsächlich der

---

78) Entsprechend für das Tarifvertragsrecht (Hueck)-Nipperdey II S. 223, 2a. — Siehe heute für die Betriebsordnung Mansfeld-Pohl Anm. 2a zu § 30 AOG.: keine „Nachwirkung" der Betriebsordnung.

jeweilige Mindestlohn der Betriebsordnung sein soll, von einer darauf bezüglichen Vereinbarung im Vertrage ganz abzusehen, in anderen Fällen aber sich klar auszudrücken und je nachdem, was gewollt ist, entweder zu sagen, der fixierte gleiche oder höhere Entgeltbetrag solle von Aenderungen des Mindestsatzes der Betriebsordnung nicht berührt werden[79]), oder aber, der Angestellte bezw. Arbeiter erhalte ständig einen Zuschlag von x Mark (fester Zuschlag!) oder von y Prozent (relativ veränderlicher Zuschlag!) zum Mindestsatz.

2. Hinsichtlich der Gründe, aus denen das Arbeitsverhältnis kraft Gesetzes fristlos gekündigt werden kann, ist außerdem in § 28 Abs. 4 AOG. vorgeschrieben, daß diese in betriebsordnungspflichtigen Betrieben nicht durch Arbeitsvertrag ausgedehnt oder vermehrt werden können. Hier ist also, wenn die gesetzliche Kündigungsbefugnis erweitert werden soll, nicht nur Aufnahme einer entsprechenden Vorschrift in die Betriebsordnung erforderlich (oben b 2, cc), sondern zugleich ist eine über die Betriebsordnungsbestimmungen noch hinausgehende Ausdehnung oder Vermehrung der gesetzlichen Gründe zur fristlosen Kündigung selbst dann nicht zulässig, wenn sie als Verbesserung der für den Kündigenden geltenden Vertragsbedingungen angesehen werden könnte (im Ergebnis übereinstimmend früher § 134c Abs. 2 Satz 1 GO.).

3. Nicht bloß das zu 2, sondern auch das zu 1 Gesagte gilt jedoch nur, falls für den Betrieb im Hinblick auf die Zahl der darin Beschäftigten eine Betriebsordnung vorgeschrieben ist. Erläßt der Führer eines nicht betriebsordnungspflichtigen Betriebes eine ähnliche Regelung, so hat ihr Inhalt — soweit er nicht aus Vorschriften der unten zu X bezeichneten Art besteht — auch dann keine rechtssatzmäßige Wirkung, wenn das Instrument als „Betriebsordnung" bezeichnet ist.

h) Behördliche Kontrolle der Durchführung der Bestimmungen über die Betriebsordnung.

Die Durchführung dieser Bestimmungen ist durch den Treuhänder der Arbeit zu überwachen, § 19 Abs. 1 Ziff. 5.

i) Betriebsordnung und Sozialstatistik.

1. Ist in Betrieben mit in der Regel mindestens fünfzig Beschäftigten die Höhe des Arbeitsentgeltes durch Betriebsordnung geregelt, so hat der Führer des Betriebes zwei Abdrucke der Betriebsordnung dem Statistischen Reichsamt (Abteilung für Sozialstatistik) einzusenden.

---

79) Wobei man sich darüber klar zu sein hat, daß diese Abrede nicht wirkt, wenn durch die Betriebsordnung — oder eine Tarifordnung — später ein den vereinbarten Entgelt übersteigender Mindestsatz festgelegt wird.

2. *Auch in sonstigen Fällen* muß der Führer des Betriebes dem Statistischen Reichsamt *auf Verlangen* einen Abdruck der Betriebsordnung übersenden. Auch dem Treuhänder der Arbeit ist auf Verlangen ein Abdruck der Betriebsordnung einzureichen. § 26 der II. DurchfVO.

k) Uebergangsrecht.

Soweit in Betrieben, in denen eine Betriebsordnung zu erlassen ist, eine Arbeitsordnung nicht vorhanden ist oder die vorhandene Arbeitsordnung nicht den Vorschriften des Gesetzes entspricht, ist eine Betriebsordnung *spätestens bis zum 1. Oktober 1934* vom Führer des Betriebes zu erlassen. *Bis zum Inkrafttreten* einer *Betriebsordnung gilt die bisherige Arbeitsordnung als Betriebsordnung weiter* (die in § 71 AOG. gesetzte Frist ist vom Reichsarbeitsminister im Einvernehmen mit dem Reichswirtschaftsminister auf Grund § 64 Abs. 2 AOG. bis zum 1. Oktober 1934 verlängert worden; VII. DurchfVO. vom 21. Juni 1934).

B. Dienstordnung.

a) Der regelmäßige Fall.

Für *öffentliche* Verwaltungen und Betriebe kennt das „Gesetz zur Ordnung der Arbeit in öffentlichen Verwaltungen und Betrieben" nicht eine Betriebsordnung, sondern eine *Dienstordnung*. Diese ist im Gegensatz zu jener niemals zwingend vorgeschrieben, *kann* aber andrerseits *ohne Rücksicht auf die Anzahl der Beschäftigten* vom Führer des Betriebes erlassen werden. Sie kann *für die Angestellten und Arbeiter* alles das regeln, was in der Betriebsordnung zum *fakultativen* Inhalt gehört (oben A b 3). Innerhalb dieses Rahmens bestimmt der Führer, wenn er zu ihrem Erlaß schreitet, frei den zu regelnden Bereich. Stellt die Dienstordnung *Entgeltsätze auf*, so gilt auch hier das *Leistungsprinzip*, d. h. es ist auf die Möglichkeit einer angemessenen Entlohnung von Sonderleistungen Bedacht zu nehmen (§ 16 Abs. 1 des Gesetzes vom 23. März 1934). Auch die Bestimmungen einer Dienstordnung sind für die von ihr erfaßten Personen, d. h. für die Angehörigen der Verwaltung oder des Betriebes, *nach unten hin unabdingbar* (§ 17).

Wenngleich das Gesetz *keine Formvorschrift* für die Dienstordnung aufstellt, wird sich ihre schriftliche Aufzeichnung praktisch nicht umgehen lassen. Eine *Aushändigung* der Dienstordnung kann von den Beschäftigten *nicht* verlangt werden. Ebensowenig ist ihr *Aushang* vorgeschrieben, er ist aber gewöhnlich empfehlenswert. Mangels einer gesetzlichen Aushangspflicht wird jedoch der Zeitpunkt des Inkrafttretens praktisch stets ausdrücklich von dem Führer festgesetzt werden müssen. Eine *Aufhebung* der Dienstordnung kann, da ja eine Pflicht zu ihrem Erlaß nicht besteht, erfolgen, ohne daß eine neue Dienstordnung ergeht. Aus dem gleichen Grunde kann es keine behördliche Kontrolle der Durchführung der Bestimmungen über die Dienstordnung geben.

Der Sondertreuhänder für den öffentlichen Dienst (nur dieser, niemals der „zuständige" Treuhänder der Arbeit, vgl. § 21) kann auf den Inhalt der Dienstordnung insofern Einfluß gewinnen, als er nach § 18 Abs. 1 Richtlinien aufstellen darf. Auch kann er nach § 18 Abs. 2 eine Tarifordnung mit der Wirkung erlassen, daß entgegenstehende Bestimmungen in Dienstordnungen keine Anwendung finden (näheres unten XII B). Dagegen besteht, wie sich aus früher Gesagtem bereits ergibt, nicht die Möglichkeit einer Anrufung des Sondertreuhänders durch die Mehrheit des Vertrauensrats, durch welche sich diese gegen die in der Dienstordnung getroffene Regelung wenden könnte.

Das oben A i über die bedingten Pflichten zur Uebersendung von Abdrucken einer Betriebsordnung an das Statistische Reichsamt und zu ihrer Einreichung beim Treuhänder Gesagte gilt genau entsprechend auch für die Dienstordnung; vgl. II. DurchfVO. z. Ges. betr. öffentl. Verw. u. Betr. vom 13. Juni 1934, § 5.

b) Gemeinsame Dienstordnung.

Wenn eine Gruppe öffentlicher Verwaltungen oder Betriebe einer gemeinsamen Verwaltung oder einer gemeinsamen Dienstaufsicht untersteht, so kann deren Führer eine gemeinsame Dienstordnung erlassen (§ 16 Abs. 2 Satz 1 und 2). Diese hat in ihrer Wirkung Aehnlichkeit mit einem Tarife. Deshalb ist vorgesehen, daß, wie früher und heute in einem Tarife, so nunmehr auch in einer solchen gemeinsamen Dienstordnung für Streitigkeiten aus Arbeitsverträgen, die ihr unterstehen, und aus Vorverhandlungen zu solchen Arbeitsverträgen die Zuständigkeit eines an sich örtlich unzuständigen Arbeitsgerichts bestimmt werden kann (§ 16 Abs. 2 Satz 3; siehe dazu wegen des Tarifrechts unten XXVIII B a 2). — Im übrigen trifft (wie insbesondere auch bezüglich § 5 der II. DurchfVO., oben a am Ende, anzunehmen ist) für die gemeinsame Dienstordnung alles über die normale Dienstordnung Gesagte zu.

X. Dienstvorschriften über Beginn und Ende der Arbeitszeit; Betriebsordnungen im bisherigen Sinne.

a) Anfang und Ende der regelmäßigen täglichen Arbeitszeit und der Pausen sind für Arbeiter und Angestellte in allen Betrieben, für die die Arbeitszeitordnung — AZO., unten XXIX B b — gilt, durch Aushang bekannt zu machen (§§ 68 Abs. 2 AOG., 26 AZO.), also insbesondere in privaten Betrieben des Gewerbes und Bergbaus und in — mit oder ohne Absicht der Gewinnerzielung geführten — Betrieben des Reichs, der Länder und Gemeinden (vgl. §§ 1, 2 AZO.). Soweit diese Betriebe betriebsordnungspflichtig sind, wird der Vorschrift bereits durch den Aushang der Betriebsordnung Genüge getan; in nicht betriebsordnungspflichtigen Betrieben handelt es sich dagegen um einen Aushang, der sich auf die genannten Punkte beschränkt. Man wird ihn in Anlehnung an den früheren Sprachgebrauch eine „Dienstvorschrift" nennen dürfen. Auch über diese Dienstvorschrift wird heute vom Führer des Betriebes allein entschieden. Die Ziffer VIII der Arbeiter-Arbeitszeitverordnung sowie § 3 der Angestellten-Arbeitszeitverordnung, welche eine Vereinbarung mit der Betriebsvertretung bezw. mit der Arbeiterschaft oder Angestelltenschaft des Betriebes verlangten, sind durch § 68 Abs. 2 AOG. aufgehoben.

b) In gefährlichen Betrieben muß der Unternehmer bezw. heute der Führer diejenigen Vorschriften über die Ordnung des Betriebes und das Verhalten der Arbeiter erlassen, welche zur Sicherung gegen Betriebsgefahren und zur Aufrechterhaltung der guten Sitten und des Anstandes erforderlich sind (vgl. vor allem §§ 120a Abs. 1, 120b Abs. 1, 120c GO.). Diese Vorschriften waren dasjenige, was man früher gewöhnlich „Betriebsordnung" nannte. Da sie nach IX A b 3 nur zum fakultativen Inhalt der Betriebsordnung neuen Rechts gehören, so kann der Pflicht zu ihrem Erlaß auch in (im heutigen Sinne) betriebsordnungspflichtigen Betrieben durch gesonderte Aufstellung genügt werden.

c) Die unter a und b genannten Erlasse des Führers des Betriebes haben den Charakter von Rechtssätzen, ohne daß es hier auf die Anzahl der im Betriebe Beschäftigten ankommt.

Kapitel 2.

Ueberbetriebliche Rechtssetzung; Richtlinien.

XI. Rechtscharakter der Tarifordnung und der Richtlinien. Soziale Erziehung.

a) Anders als bei der Betriebsordnung kann bei der Tarifordnung die Rechtsnatur der in ihr enthaltenen Vorschriften von vornherein an sich nicht zweifelhaft sein. Hier kann eine „Vertragstheorie" ja schon deshalb gar nicht aufkommen, weil ganz ungewiß ist, ob es im einzelnen Falle auch nur dem wirklichen Willen des Unternehmers entspräche, seinem Vertragspartner tarifordnungsgemäße Arbeitsbedingungen anzubieten. Auch die Tarifordnung ist vielmehr ein „Erlaß", und zwar ist sie im Hinblick auf die Eigenschaft der sie erlassenden Stelle, des Treuhänders der Arbeit, als eines Reichsbeamten eine auf die Reichsgewalt gestützte behördliche Verordnung[79a]).

Auch beim Tarife ist heute, wie früher schon betont wurde, ebenso wie bei der besonderen Rechtsquelle des Einzelbetriebes der ehemals gegebene Vereinbarungscharakter fortgefallen. Die Folgerungen, die sich daraus ergeben, wurden in der Hauptsache bereits unter VII b 1 und 3 entwickelt. Hier ist nur noch ein Punkt nachzutragen, der ausschließlich für den Tarif eine Rolle spielt.

Die in einem Tarifvertrage enthaltenen Rechtssätze galten grundsätzlich nur für die Mitglieder der Berufsorganisationen, welche ihn vereinbart hatten. Ebenso erstreckte sich ein Tarifvertrag, der erst der Verbindlichkeitserklärung eines Schiedsspruchs seine Entstehung verdankte, nur auf die Mitglieder der Organisationen, denen der Schiedsspruch beim Abschluß des Tarifvertrages hatte Hilfe leisten wollen. Sollten auch außenstehende Arbeitgeber und Arbeitnehmer von den tariflichen Rechtssätzen erfaßt werden, so mußte in beiden Fällen noch eine Allgemeinverbindlicherklärung des Tarifvertrages erfolgen. Auch diese ist — ebenso wie die Schlichtung und Verbindlichkeitserklärung — heute überflüssig geworden; denn die Behörde, die heute die Tarifordnung einseitig erläßt, bestimmt dabei autoritativ von vornherein den Kreis der Unternehmer und Beschäftigten, für die die Tarifordnung gelten soll (und zwar naturgemäß nicht nach der persönlichen Zugehörigkeit zu einer Vereinigung). Folgerichtig hebt das AOG. auch die in der Tarifvertragsverordnung enthaltene Regelung der Allgemeinverbindlicherklärung mit dieser ganzen Verordnung auf; §§ 65 Ziff. 6, 64 Abs. 1.

b) Im Gegensatz zur Tarifordnung enthalten die Richtlinien für den Inhalt von Betriebsordnungen und Arbeitsverträgen, die wir oben IX A d 2 bereits kurz streiften, keine Rechtssätze[80]), sondern sind, wie schon ihr Name sagt, Muster, Vorlagen. Auch sie werden aber vom Treuhänder der Arbeit festgesetzt und regen, obwohl sie nicht zwingen, doch, weil von seiner Autorität getragen, zu tunlichst weitgehender Nachachtung an.

c) Auch darin, daß das Gesetz dem Treuhänder der Arbeit diese beiden Instrumente schafft, tritt in Erscheinung, daß es nicht beabsichtigt, für die Arbeitsbedingungen die Normierung durch überbetrieblichen Rechtssatz zur Regel zu machen. Der Treuhänder soll vielmehr vor allem ein Erzieher sein, der die Führer der Betriebe anleitet, den sozialen Notwendigkeiten gerecht zu werden, wenn jeder von ihnen, wie es

79a) Ebenso Mansfeld-Pohl Anm. 8 zu § 32 AOG.

80) Ebenso Münz Anm. 10 zu § 18 (S. 26) und Mansfeld-Pohl Anm. 5 zu § 32 AOG.; vgl. auch Andres S. 38.

vom Gesetz grundsätzlich gewünscht wird, die Geschicke seines Einzelbetriebes als einer Ganzheit mit eigenen inneren Gesetzen auch bei der Gestaltung der Arbeitsverträge wieder selbst in die Hand nimmt. Deshalb hat der Treuhänder nicht nur die Macht, wo es nottut, selbst praktisch zu handeln, sondern er kann statt dessen auch in geeigneten Fällen zunächst nur eine Art Ermahnung aussprechen, um die Führer der Betriebe dazu zu bringen, daß diese aus eigener Entschließung in Freiheit das objektiv Richtige tun.

Der Treuhänder ist demnach keineswegs ein staatliches Lohnamt[81]); aber er hat (auch abgesehen davon, daß er nicht zu einer Rechtssetzung durch Vereinbarung Hilfe leistet) ebensowenig Aehnlichkeit mit den alten Schlichtungsbehörden; denn mögen immerhin seine „Richtlinien" in Uebereinstimmung mit den Schiedssprüchen der letzteren den Charakter von Vorschlägen haben, so kann er doch auf der anderen Seite, wenn Zwang erforderlich ist, auch sofort durchgreifen und braucht nicht erst gewissermaßen um Zustimmung für seine Vorschläge zu werben. Wiederum zeigt sich, daß es neben Autokratie und Machtverzicht noch ein Drittes gibt: Führung.

XII. Einzelheiten, betreffend die gesetzliche Regelung der Tarifordnung und der Richtlinien.

A. Im Geltungsbereich des AOG. (und des Gesetzes über die Heimarbeit).

a) Voraussetzungen des Erlasses.

1. Voraussetzung für den Erlaß einer Tarifordnung ist hier, daß zum Schutze der Beschäftigten einer Gruppe von Betrieben innerhalb des dem Treuhänder der Arbeit zugewiesenen oder eines größeren Bezirks die Festsetzung von Mindestbedingungen zur Regelung der Arbeitsverhältnisse zwingend geboten ist; §§ 32 Abs. 2, 33 Abs. 1 AOG. (Das trifft hinsichtlich der Festsetzung der Entgelte für Heimarbeit innerhalb eines Gewerbes nach § 21 Abs. 1 des „Gesetzes über die Heimarbeit" jedenfalls dann unter allen Umständen zu, wenn Heimarbeit in nennenswertem Umfange geleistet und offenbar unzulängliche Entgelte gezahlt werden.)

2. Der Erlaß von Richtlinien wird dagegen vom Gesetz nicht ausdrücklich an besondere Voraussetzungen geknüpft (vgl. §§ 32 Abs. 1, 33 Abs. 1 AOG.). Hier entscheidet also allein das pflichtmäßige Ermessen der Behörde.

---

81) Gegen eine solche Auffassung seiner Aufgabe auch Münz a. a. O.

b) Inhalt.

1. Die Tarifordnung kann alles enthalten, was der Regelung der Arbeitsverhältnisse dient, also, wie die Betriebsordnung, Arbeitsbedingungen jeder Art und sonstige Bestimmungen über die Ordnung des Betriebes, das Verhalten der Beschäftigten im Betriebe und die Unfallverhütung.

Die Arbeitsbedingungen, die in einer Betriebsordnung zum notwendigen Inhalt gehören, können also gleichfalls in eine Tarifordnung aufgenommen werden, müssen es aber nicht. Soweit die Tarifordnung Entgeltsätze festsetzt, was praktisch sehr häufig der Fall sein wird, müssen sie nach dem Gesetz auch in ihr mit der Maßgabe als Mindestsätze bemessen werden, daß für eine den Leistungen des einzelnen Betriebsangehörigen entsprechende Vergütung Raum bleibt (§ 32 Abs. 2 Satz 1 am Ende). Ausdrücklich läßt das AOG. ferner zu, daß in der Tarifordnung für bürgerliche Rechtsstreitigkeiten aus den ihr unterstehenden Arbeits- oder Lehrverhältnissen die Arbeitsgerichtsbarkeit in gleichem Umfange ausgeschlossen wird, wie dies nach dem Arbeitsgerichtsgesetz in einem Tarifvertrage geschehen konnte (§ 32 Abs. 2 letzter Satz). Die Tarifordnung kann also sowohl durch eine sog. „Schiedsklausel" vorschreiben, daß derartige Streitigkeiten überhaupt nicht vor den Arbeitsgerichten, sondern vor einem Schiedsgericht ausgetragen werden (§ 91 Abs. 1 AGG.), als auch durch „Schiedsgutachtenklausel" die Entscheidung über bestimmte Tatfragen einer Schiedsgutachterstelle übertragen (§ 106 eod.), oder endlich durch „Güteklausel" bestimmen, daß das nach § 54 AGG. der streitigen Verhandlung obligatorisch vorangehende Güteverfahren nicht vor den Arbeitsgerichten, sondern vor einer besonderen Gütestelle stattfindet (§ 101 eod.).

2. Richtlinien können nach § 32 Abs. 1 AOG. solche für den Inhalt von Betriebsordnungen sein, sich aber zugleich oder statt dessen auch unmittelbar auf Arbeitsverträge beziehen.

aa) Soweit sie sich mit dem Inhalt von Betriebsordnungen befassen, dürfen sie sich auf alles erstrecken, was in einer Betriebsordnung geregelt werden darf, werden aber (gleich der Tarifordnung) sogar die Punkte nicht unbedingt sämtlich oder auch nur teilweise enthalten müssen, die in einer Betriebsordnung „notwendig" sind, da es denkbar ist, daß die Aufstellung von Richtlinien sich in irgendeinem Produktionszweig gerade nur für andere Punkte als erforderlich erweist. (Die Pflicht zur Aufnahme zum notwendigen Inhalt gehöriger Punkte in die Betriebsordnung wird aber durch ihre Nichterwähnung in bestimmten Richtlinien selbstverständlich ebensowenig, wie durch die Nichtnennung in einer Tarifordnung, berührt.) Wenn die Richtlinien die Aufnahme von Lohnsätzen in die Betriebsordnungen vorschlagen, müssen sie gleichfalls auf Mindestsätze abgestellt sein und dem Leistungslohn Raum geben.

bb) Richtlinien für den Inhalt von Einzelarbeitsverträgen werden praktisch besonders für nicht betriebsordnungspflichtige Betriebe vorkommen. Alsdann kann alles das in ihnen geregelt werden, was an sich einer Ordnung durch den Einzelarbeitsvertrag zugänglich ist. Werden dagegen für betriebsordnungspflichtige Betriebe unmittelbar auf Einzelverträge bezügliche Richtlinien erlassen, was man sich z. B. hinsichtlich der Einzelverträge von bestimmten Arbeitskräften mit besonderer Berufsvorbildung vorstellen kann, so wird die die Richtlinien erlassende Behörde zu beachten haben, daß die gesetzlichen Gründe für eine fristlose Kündigung hier nicht durch Arbeitsvertrag ausgedehnt oder vermehrt werden können und daß die Bestimmungen der Betriebsordnung im übrigen für alle Betriebsangehörigen nach unten unabdingbar sind.

c) Geltungsbereich.

1. Räumlicher Geltungsbereich.

Die Fassung des Gesetzes läßt zu, daß der Geltungsbereich einer Tarifordnung sich nur über den Teil eines Treuhänderbezirkes, über einen ganzen Treuhänderbezirk oder aber über einen beliebigen, noch größeren Bezirk erstreckt. Das Gleiche muß für Richtlinien gelten.

2. Sachlicher und persönlicher Geltungsbereich.

aa) bei der Tarifordnung.

α) Die Tarifordnung muß sich nach § 32 Abs. 2 AOG. auf die Beschäftigten einer „Gruppe von Betrieben" beziehen. Darin liegt ein Moment beschlossen, das sich als grundsätzliche Aenderung gegenüber dem früheren Zustand darstellt. Nach bisheriger Uebung entschied nämlich über die sachliche Reichweite eines Tarifvertrages häufig das Berufsfach der Arbeitnehmer, dergestalt, daß Angehörige eines bestimmten Fachs vielfach auch dann einem einzigen Tarife unterstanden, wenn sie in ganz verschiedenen Produktionszweigen tätig waren. Auf der anderen Seite galten in Betrieben, welche Facharbeiter mit sehr unterschiedlichen Verrichtungen beschäftigten, oft eine ganze Reihe von Tarifen. Heute dagegen kommt es auf die Zugehörigkeit zu einer „Gruppe von Betrieben", d. h. auf den Produktionszweig, in welchem man tätig ist, an. Infolgedessen wird eine Zusammenfassung nur nach dem Berufsfach, welche gleichzeitig in ganz verschiedenartigen Produktionszweigen gelten soll, heute kaum noch vorkommen[81a]), und die „Gruppe von Betrieben" wird praktisch, da die Regelung der Arbeitsbedingungen in einer Tarifordnung straff ist, wenn nicht nur *einem*, so doch nur *nahe miteinander verwandten Produktionszweigen* angehören können. Auch ist dadurch zum mindesten nahegelegt, daß die Arbeitsbedingungen von Beschäftigten, denen innerhalb der Betriebsgruppe verschiedenartige Tätigkeiten obliegen, wenigstens insoweit durch das Band *einer* Tarifordnung umschlossen werden, als sich das praktisch nicht von selbst verbietet.

β) Auf die *Größe* des Betriebes kommt es, anders, als wenn es sich um die Frage handelt, ob der Betrieb eine Betriebsordnung haben muß, bei der *Tarifordnung* nicht an. Ist eine Tarifordnung erlassen, so werden von ihr auch die kleinsten Betriebe des betreffenden Produktionszweiges, soweit sie nicht ausdrücklich vom Treuhänder aus irgendwelchen Gründen ausgenommen werden, erfaßt.

γ) Ferner gelten die gesetzlichen Bestimmungen über die Tarifordnung im Gegensatz zu denjenigen über die Betriebsordnung auch für *Schiffe* in der See-, Binnen- und Luftschiffahrt (§ 4 Abs. 3).

δ) Schließlich ist es nach § 34 Satz 1 AOG. möglich, auch *Heimarbeiter*[82]) und *solche Hausgewerbetreibende*[82]), die in der Regel allein oder mit ihren Familienangehörigen[82]) und nicht mehr als zwei fremden Hilfskräften arbeiten, durch eine Tarifordnung zu erfassen, ferner unter einer bestimmten Voraussetzung auch sonstige Hausgewerbetreibende, *Zwischenmeister*[82]) oder andere „arbeitnehmerähnliche Personen[82]), nämlich dann, *wenn* sie der erstgenannten Gruppe

---

81a) Ebenso *Mansfeld-Pohl* Anm. 10 f. (II) zu § 32 AOG.

82) Ueber die Begriffe „*Heimarbeiter*", „*Hausgewerbetreibende*" und „*Familienangehörige*" siehe oben Anm. 43 bis 45. — Eine Tarifordnung kann sich also, auch ohne daß eine besondere Gleichstellung erfolgt, auf solche Heimarbeiter und Hausgewerbetreibende gleichfalls erstrecken, welche im *Betriebsverfassungsrecht* (§ 5 Abs. 2 AOG.) *keine* Berücksichtigung finden, da § 34 Satz 1 AOG. nicht fordert, daß in der Hauptsache für denselben Betrieb gearbeitet wird, und eine Tarifordnung auch für Hausgewerbetreibende zuläßt, die mit *fremden* Hilfskräften — „*Betriebsarbeitern*", § 2 Abs. 1 Ziff. 2 des Gesetzes über die Heimarbeit — tätig sind, solange nämlich, als die Zahl der letzteren zwei nicht übersteigt (der Schutz des — heute außer Kraft getreteneu — Hausarbeitsgesetzes kam dagegen Hausgewerbetreibenden mit fremden Hilfskräften niemals ohne Gleichstellung zugute, vgl. dessen § 1).

Der *Zwischenmeister* ist nach § 3 Abs. 3 des Gesetzes über die Heimarbeit eine Person, welche die ihr von Gewerbetreibenden übertragene Arbeit an *Heimarbeiter oder Hausgewerbetreibende weitergibt*. Seine Gleichstellung setzt, wie die der „sonstigen" (mehr als zwei Betriebsarbeiter beschäftigenden) Hausgewerbetreibenden usw. *besondere Schutzbedürftigkeit* voraus. Nicht aber wird noch, wie früher in § 18 Abs. 1 des Hausarbeitsgesetzes, für die Gleichstellung von Zwischenmeistern gefordert, daß sie den überwiegenden Teil ihres Verwegen besonderer Schutzbedürftigkeit ausdrücklich gleichgestellt worden sind. Zuständig zu einer solchen Gleichstellung ist der Treuhänder der Arbeit, ein Sondertreuhänder für Heimarbeit (unten d) oder — für das ganze Reich oder doch für Gebiete, die über das Gebiet eines Treuhänders oder Sondertreuhänders wesentlich hinausgehen — der Reichsarbeitsminister; §§ 34 Satz 2 AOG., 2 Abs. 2 und 3, 21 Abs. 2 des Gesetzes über die Heimarbeit sowie § 1 der DurchfVO. vom 23. März 1934 zum letzteren Gesetz.

Die Gleichstellung ist in der Regel für einzelne Gewerbezweige allgemein oder räumlich begrenzt auszusprechen. Sie kann auf einzelne von den Personengruppen, welche nach dem eben Gesagten für sie in Betracht kommen, beschränkt werden, wobei auch innerhalb dieser Gruppen eine weitere Einschränkung zulässig ist; § 2 Abs. 1 der DurchfVO. Ihr hat eine Beratung in einem Sachverständigenausschuß oder, sofern die Entscheidung dem Reichsarbeitsminister obliegt, eine Anhörung sachkundiger Persönlichkeiten des in Betracht kommenden Gewerbezweiges vorauszugehen; § 3 Abs. 2 der DurchfVO. Alsdann muß sie unter genauer Angabe des persönlichen, sachlichen und räumlichen Geltungsbereichs durch schriftliche Entscheidung erfolgen, Abs. 1 eod. Der Ausspruch — wie auch seine Aenderung oder Aufhebung — ist im Reichsarbeitsblatt bekannt zu machen; Abs. 3 und 4[83]). — Das Gesetz über die Heimarbeit enthält außerdem eine Reihe weiterer, wichtiger Vorschriften über den Entgelt für in Heimarbeit Beschäftigte[84]).

---

dienstes aus ihrer eigenen Arbeit am Stücke beziehen; eine solche Anforderung wäre ja auch tatsächlich mit der Begriffsbestimmung in dem neuen Gesetz unvereinbar. Arbeitet er selbst am Stück mit, so ist das vielmehr „eine neue Funktion", und es fragt sich alsdann, ob er nicht insoweit als Hausgewerbetreibender entweder schon ohne Gleichstellung durch eine Tariferordnung erfaßt wird (nicht mehr als zwei fremde Hilfskräfte), oder ob seine Gleichstellung als sonstiger Hausgewerbetreibender erfolgen kann (Ziff. 3 der amtlichen Begründung).

Andere arbeitnehmerähnliche Personen sind solche, die, ohne in einem Arbeitsvertragsverhältnis zu stehen und ohne mit gewerblicher Heimarbeit beschäftigt zu sein, im Auftrag und für Rechnung bestimmter anderer Personen Arbeit leisten und wegen wirtschaftlicher Unselbständigkeit als arbeitnehmerähnlich anzusehen sind (siehe dazu § 5 Abs. 1 Satz 2 AGG. in der Fassung von § 40 des Gesetzes über die Heimarbeit). So kann z. B. die Lage eines Zeitungsberichterstatters, eines Künstlers oder Musikers gegenüber der Verlagsanstalt, der Bühnen- oder Konzertagentur gestaltet sein. Auch für solche Arbeitskräfte können also gegebenenfalls nach erfolgter Gleichstellung mit den in Heimarbeit Beschäftigten die Arbeitsbedingungen durch Tariferordnung geregelt werden, und sie sind damit zum erstenmal dem materiellen Arbeitsrecht unterstellt (siehe zum bisherigen Recht Hueck-(Nipperdey) Bd. I S. 54, dem auch die vorstehenden Beispiele entnommen sind).

83) Zu diesem Zwecke haben die Treuhänder der Arbeit und die Sondertreuhänder ihre Entscheidungen dem Reichsarbeitsminister in zweifacher Ausfertigung unverzüglich mitzuteilen; § 3 Abs. 3 Satz 2 der DurchfVO. zum Gesetz über die Heimarbeit.

84) Sie seien, auch soweit sie über das Tarifrecht hinausgehen, hier wegen ihrer großen sozialen Bedeutung kurz zusammengestellt:

a) Art der Entgelte: ohne Rücksicht darauf, auf welchem Wege die Entgelte für Heimarbeit geregelt werden, sind sie nach Möglichkeit als Stückentgelte festzusetzen (§ 22 des Gesetzes).

b) Entgeltregelung durch den Treuhänder: Der Treuhänder hat im Benehmen mit den Gewerbeaufsichtsbeamten die Entgelte in der Heimarbeit zu über-

Forts. der Anm. 84.
wachen (§§ 24 des Gesetzes, 6 der DurchfVO. vom 23. März 1934). Ist Entgeltfestsetzung durch Tarifordnung zwingend geboten (was, wie im Text bereits gesagt wurde, stets der Fall ist, wenn Heimarbeit in nennenswertem Umfange geleistet und offenbar unzulängliche Entgelte gezahlt werden), so wird ihm die Entgeltfindung dadurch erleichtert, daß sämtliche Beteiligte zur Auskunfterteilung über alle die Entgeltregelung berührenden Fragen verpflichtet sind; § 25 des Gesetzes.

c) Schutz des Zwischenmeisters und andererseits der von ihm Arbeit Erhaltenden gegen Lohndruck: Der Verdienst eines den Heimarbeitern und Hausgewerbetreibenden gleichgestellten Zwischenmeisters kann durch Tarifordnung in Bruchteilen der für jene geltenden Entgeltsätze festgesetzt werden. (§ 23 Abs. 1 des Gesetzes.) Zahlt ein Auftraggeber an einen Zwischenmeister ein Entgelt, von dem er nach den Umständen wissen muß, daß es zur Zahlung der in der Tarifordnung festgesetzten Entgelte an die Heimarbeiter oder Hausgewerbetreibenden nicht ausreicht, so haftet er diesen neben dem Zwischenmeister für die tarifordnungsmäßigen Entgelte (§ 23 Abs. 2; höchst wichtige Neuerung!).

d) Das Bußverfahren ist gegen früher vereinfacht und beschleunigt: Bei untertariflicher Bezahlung eines Heimarbeiters oder Gleichgestellten fordert der Treuhänder oder, falls der Sondertreuhänder (Text unter d) auch die Durchführung der von ihm erlassenen Tarifordnung zu überwachen hat, dieser den Unternehmer oder Zwischenmeister unter Androhung einer „Verzugsbuße" zur Nachzahlung binnen einer Woche auf (§§ 26 des Gesetzes, 12 der DurchfVO.). Festsetzung der Verzugsbuße erfolgt, falls Frist ungenutzt verstreicht (§§ 27 Abs. 1 des Gesetzes, 12 der DurchfVO.; Höhe der Buße: § 27 Abs. 2 des Gesetzes). Einspruch an den Reichsarbeitsminister binnen einer Woche nur, wenn Verzugsbuße über hundert Reichsmark und nur, wenn Minderzahlung nicht vorgelegen hat (§ 28). Der Treuhänder kann von der Einziehung der Buße in Höhe des geschuldeten Minderbetrages absehen, wenn der mit Verzugsbuße Belegte nachweist, daß der Minderbetrag dem Heimarbeiter oder Hausgewerbetreibenden nachgezahlt worden ist (§ 29 Abs. 1; Anreiz zur Nachzahlung, nur zugunsten der Beschäftigten geschaffen, siehe amtliche Begründung Ziff. 7). Entsprechende Anwendung des Bußschutzes auf untertariflich bezahlte Betriebsarbeiter (Anm. 82), wenn Entgelt des ihn Beschäftigenden durch Tarifordnung geregelt § 30. Verhängung einer ehrengerichtlichen Strafe — in Betracht kommt vor allem Bestrafung wegen hartnäckigen Zuwiderhandelns gegen eine Tarifordnung, § 36 Abs. 1 Ziff. 3 AOG. — bleibt trotz Bußfestsetzung möglich (§ 32 des Gesetzes über die Heimarb.). Verwendung der Verzugsbuße: Ein Viertel zur Kostendeckung, drei Viertel an die NS.-Gemeinschaft „Kraft durch Freude"; §§ 31 Abs. 2 des Gesetzes, 13 der DurchfVO.

e) Abrechnungsschutz: Auslegung von Entgeltverzeichnissen (ev. der Tarifordnung, siehe Text unter e 2) in den Räumen, in denen Heimarbeit ausgegeben oder abgenommen wird; Aushändigung von Entgeltbüchern — statt dessen auch von Entgelt- oder Arbeitszetteln mit Sammelheften — an die Beschäftigten. Näheres §§ 7 und 8 des Gesetzes.

f) Pfändungsschutz: Der an in Heimarbeit Beschäftigte oder ihnen durch Entscheidung des Treuhänders usw. gleichgestellte Personen gezahlte Entgelt ist Arbeits- oder Dienstlohn im Sinne der Vorschriften über die Lohnpfändung (§ 33 des Gesetzes; ähnlich früher §§ 45, 18 Abs. 1 des Hausarbeitsgesetzes).

g) Ausscheidung unzuverlässiger Unternehmer und Zwischenmeister aus der Heimarbeit: Der Treuhänder der Arbeit kann die Ausgabe oder Weitergabe von Heimarbeit solchen Personen verbieten, die wiederholt wegen Verstoßes gegen die Vorschriften des Gesetzes rechtskräftig verurteilt oder mit Verzugsbuße belegt worden sind. § 36 Abs. 1 (Rechtsmittel: Beschwerde an den Reichsarbeitsminister binnen zwei Wochen, ohne aufschiebende Wirkung; Abs. 2 und 3 eod.). Vorsätzliche oder fahrlässige Zuwiderhandlung gegen ein solches Verbot wird kriminell bestraft; Abs. 4. Wollen solche Personen dennoch im Gewerbe tätig bleiben, so müssen sie nunmehr die Arbeit im eigenen Werkstattbetriebe ausführen lassen; Ziff. 2 der amtlichen Begründung.

bb) Sachlicher und persönlicher Geltungsbereich der Richtlinien.

α) Richtlinien gelten, soweit sie sich auf Betriebsordnungen beziehen, nur für Betriebe mit mindestens 20 Angestellten und Arbeitern.

β) Als Richtlinien für Einzelverträge können sie jedoch auch in Betrieben mit einer kleineren Zahl von Beschäftigten Bedeutung haben. In letzterer Gestalt können sie auch Schiffsbesatzungen betreffen, allerdings nur in letzterer, da Schiffe und ihre Besatzung den Bestimmungen über die Betriebsordnung nicht unterstehen (§ 4 Abs. 3 AOG.).

γ) Richtlinien für Heimarbeiter, Hausgewerbetreibende, Zwischenmeister, oder sonstige arbeitnehmerähnliche Personen sind dagegen in keiner Gestalt zugelassen, siehe als arg. e contr. §§ 34 AOG. und 19 ff. des Ges. über d. Heimarb. [84a]).

d) Zuständigkeit zum Erlaß.

Soweit der räumliche Geltungsbereich der Tarifordnung oder der Richtlinien nicht oder nur unwesentlich über den Bezirk eines Treuhänders hinausgeht, ist dieser Treuhänder zum Erlaß zuständig. Bedarf es jedoch einer Regelung für einen größeren Bereich, so wird vom Reichsarbeitsminister ein Sondertreuhänder der Arbeit bestimmt (§§ 32 Abs. 1 und Abs. 2 Satz 1, 33 Abs. 1 Satz 1). Die Zuständigkeit eines Sondertreuhänders kann sich ferner daraus ergeben, daß der Reichsarbeitsminister einen solchen zur Erledigung bestimmter Aufgaben bestellt; § 33 Abs. 1 Satz 2. So kündigt z. B. § 1 Abs. 1 der DurchfVO. vom 23. März 1934 zum Gesetz über die Heimarbeit für einzelne Gewerbezweige die Einsetzung von Sondertreuhändern zur Regelung der Entgeltverhältnisse der Heimarbeit an [84b]), also insbesondere auch zum Erlaß der hier geltenden Tarifordnungen. Der räumliche Wirkungsbereich eines Sondertreuhänders der letzteren Art kann unabhängig von den Treuhänderbezirken festgelegt werden, er braucht die Grenzen eines derartigen Bezirkes nicht zu überschreiten.

Sowohl die Treuhänder als auch die Sondertreuhänder müssen zu erlassende Tarifordnungen oder zu erlassende Richtlinien vorher in einem Sachverständigenausschuß beraten (§§ 32 Abs. 1 und 2, 33 Abs. 2 AOG., 8 Abs. 1 der DurchfVO. zum Gesetz über die Heimarbeit).

84a) Ebenso Mansfeld-Pohl Anm. 4b zu § 32 AOG.

84b) Eine solche Einsetzung ist inzwischen bereits in zahlreichen Fällen erfolgt; vgl. die Zusammenstellung im RArbBl. 1934 S. I 140 f., ergänzt eod. S. I 175.

e) Form und Bekanntgabe.

1. Eine eigentliche Formvorschrift enthält das Gesetz nur für die Tarifordnung, welche nach § 32 Abs. 2 Satz 1 AOG. schriftlich erlassen werden muß. Auch bei den Richtlinien läßt sich jedoch eine schriftliche Aufzeichnung praktisch nicht umgehen; denn

2. der Erlaß der Richtlinien ist ebenso wie derjenige einer Tarifordnung vom Treuhänder bezw. Sondertreuhänder der Arbeit bekanntzumachen, §§ 32 Abs. 3, 33 Abs. 2. Das gleiche gilt für die Aenderung oder Aufhebung, welch letztere erfolgen kann, ohne daß eine neue Regelung an die Stelle der aufgehobenen gesetzt wird.

Die Bekanntmachung geschieht durch das Reichsarbeitsblatt[85]). Außerdem werden die Richtlinien und Tarifordnungen in das Tarifregister[85]) eingetragen und einer Tarifsammlung[85]) einverleibt. Endlich erteilen die Treuhänder auf Verlangen kostenlos Auskunft über die von ihnen erlassenen Richtlinien und Tarifordnungen (§ 25 der II. DurchfVO. zum AOG.).

Was sodann die Tarifordnung im besonderen betrifft, so sind Abdrucke in den Betrieben, für welche sie gilt, in jeder Betriebsabteilung an geeigneter, den Betriebsangehörigen zugänglicher Stelle auszuhängen (§ 31 Abs. 1). Aushändigung eines Abdruckes kann dagegen, anders als bei der Betriebsordnung, von den Beschäftigten nicht verlangt werden. — Sind in der Heimarbeit die Entgelte durch eine Tarifordnung geregelt, so bildet diese das Entgeltverzeichnis, welches hier stets in den Räumen, in denen Heimarbeit ausgegeben oder abgenommen wird, offen ausgelegt werden muß. Hierbei ist, wenn möglich, für die Uebersichtlichkeit der Entgelte noch dadurch zu sorgen, daß nur derjenige Teil der Tarifordnung ausgelegt wird, der für die Beschäftigten in Betracht kommt (§ 7 Abs. 3 des Gesetzes über die Heimarbeit).

f) Wirkung der Tarifordnung und der Richtlinien und Verhältnis derselben zueinander.

1. Die Bestimmungen der Tarifordnung sind für die von ihr erfaßten Arbeitsverhältnisse als Mindestbedingungen rechtsverbindlich, d. h. sie sind, wie die Normen

---

85) Auch hier hat die erlassende Behörde ihre Entscheidung, damit die Veröffentlichung im Reichsarbeitsblatt veranlaßt wird, unverzüglich in doppelter Ausfertigung dem Reichsarbeitsminister zu übersenden. — Das Tarifregister (Register der Richtlinien und Tarifordnungen) wird beim Reichsarbeitsministerium geführt. Aus ihm werden auf Verlangen schriftliche Auskünfte kostenlos erteilt. Es kann — nebst der gleichfalls beim Reichsarbeitsministerium angelegten Tarifsammlung — während der regelmäßigen Dienststunden des Ministeriums von jedermann eingesehen werden. §§ 21 bis 24 der „zweiten Durchführungsverordnung“ (daselbst weitere Einzelheiten).

einer Betriebsordnung (oben IX A g) nach unten unabdingbar, § 32 Abs. 2 Satz 2. Entgegenstehende Bestimmungen in Betriebsordnungen sind nichtig (Satz 3 eod.). Auch letzteres kann allerdings nach dem Zusammenhang nur so verstanden werden, daß für den Beschäftigten ungünstigere Regelungen unwirksam sind. Ein „Eingehen" in die Parteiabreden und damit eine Nachwirkung kommt auch bei Tarifordnungsvorschriften nicht in Frage[85a]).

2. Daß die Richtlinien im Gegensatz zur Tarifordnung keine zwingende Wirkung haben können, wird, da wir sie oben als „Muster" charakterisierten, von vornherein nicht zweifelhaft sein. Sie stellen also eine weit mildere Maßnahme dar. (Das ist auch der Grund, weshalb das Gesetz die Schaffung von Richtlinien — im Gegensatz zum Erlaß von Tarifordnungen, den es an recht schwerwiegende Voraussetzungen knüpft — dem alleinigen Ermessen der Behörde überläßt.) Schon die Gefahr der Anrufung des Treuhänders der Arbeit durch eine Mehrheit des Vertrauensrats gemäß § 16 AOG. wird aber den Führer des Betriebes davon abhalten, ohne triftigen Grund die Betriebsordnung (bezw. die allgemeinen Arbeitsbedingungen in den Einzelverträgen) stark abweichend von den Richtlinien zu gestalten[86]).

g) Kontrolle der Durchführung von Tarifordnung und Richtlinien.

Die Durchführung von Tarifordnungen und Richtlinien wird vom Treuhänder der Arbeit überwacht. Ihm liegt auch die Kontrolle bei solchen Richtlinien und Tarifordnungen, die von einem Sondertreuhänder erlassen sind, für seinen Bezirk ob, sofern nicht in besonderen Fällen der Reichsarbeitsminister den Sondertreuhänder auch mit dieser Aufgabe betraut (§§ 19 Abs. 1 Ziff. 6, 33 Abs. 3).

h) Uebergangsrecht.

1. § 72 Abs. 2 AOG. bestimmt, daß die am 30. April 1934 noch laufenden Tarifverträge und Mindestentgeltfestsetzungen der Fachausschüsse für Hausarbeit mit dem Ablauf dieses Tages außer Kraft treten, soweit nicht der Treuhänder der Arbeit oder der Reichsarbeitsminister ihre Weiterdauer als Tarifordnung anordnet.

Von letzterer Befugnis hat der Reichsarbeitsminister Gebrauch gemacht, und zwar für Tarifverträge im allgemeinen durch Anordnung vom 28. März 1934, RArbBl. I S. 85 f., und für Mindestentgeltfestsetzungen der Fach-

85 a) Ebenso Mansfeld-Pohl Anm. 12 und 11 b zu § 32 AOG.; vgl. oben bei Anm. 77 a, 78.

86) Ebenso Andres S. 38.

ausschüsse sowie für von diesen als allgemeinverbindlich genehmigte Tarifverträge durch § 14 Abs. 1 der DurchfVO. vom 23. März 1934 zum Gesetz über die Heimarbeit. Tarifverträge und Mindestentgeltfestsetzungen, die am 30. April 1934 noch in Kraft sind, gelten danach unverändert als Tarifordnungen weiter, soweit nicht der Treuhänder der Arbeit oder ein etwa zuständiger Sondertreuhänder ihren Ablauf anordnet oder Aenderungen vornimmt. (Dabei behält sich der Reichsarbeitsminister vor, den Ablauf auch selbst anzuordnen.) Wegen der andersartigen Regelung für sog. Werk- oder Firmentarifverträge siehe unten 3.

Die als Tarifordnungen verlängerten Tarifverträge gelten, wenn sie für allgemeinverbindlich erklärt waren, im Umfange der bisherigen Allgemeinverbindlichkeit, im übrigen nur für die am 30. April 1934 tarifgebundenen Betriebe; Ziff. I Abs. 2 der „Anordnung". Inwieweit die in den verlängerten Tarifverträgen enthaltenen Entgeltsätze unabdingbar sind, ist nicht nach dem AOG., sondern nach der bisherigen Regelung zu beurteilen (Ziff. III). Wenn also die Tarifparteien den auch bisher geltenden Grundsatz der Unabdingbarkeit ausnahmsweise, wie nach § 1 Abs. 1 TVO. möglich, durchbrochen, d. h. im Tarifvertrage abweichende, ungünstigere Einzelvereinbarungen grundsätzlich zugelassen hatten, verbleibt es hierbei.

Bezüglich des Geltungsbereichs der als Tarifordnungen aufrechterhaltenen Mindestentgeltfestsetzungen und allgemeinverbindlichen Tarifverträge für Heimarbeiter ist zu beachten, daß auch die durch den Reichsarbeitsminister, die obersten Landesbehörden oder die von ihnen beauftragten Stellen ausgesprochenen Gleichstellungen von sonstigen Hausgewerbetreibenden und Zwischenmeistern weitergelten, soweit nicht die Behörde, welche neue Gleichstellungen aussprechen kann[87]), sie ändert oder aufhebt; § 15 der DurchfVO. zum Gesetz über die Heimarbeit.

2. Die Durchführung der als Tarifordnungen weitergeltenden Tarifverträge und Mindestentgeltfestsetzungen wird in der gleichen Weise durch den Treuhänder, bei entsprechendem Auftrag aber durch den Sondertreuhänder, überwacht, wie nach g die Durchführung einer normalen Tarifordnung (§§ 72 Abs. 2 a. E., 33 Abs. 3).

3. Für sog. Werk- oder Firmentarifverträge ist zwar gleichfalls durch die „Anordnung" vom 28. März 1934 die Weitergeltung als Tarifordnung bestimmt; doch treten diese nach Ziff. II in der Fassung der „II. Aenderung" vom 25. Sept. 1934 (RArbBl. S. I 238) spätestens am 30. September 1934 außer Kraft, soweit sie nicht durch eine Betriebsordnung vorher aufgehoben

---

87) Oben c 2, aa δ.

werden oder der Treuhänder der Arbeit ihren früheren Ablauf anordnet. Diese Abweichung hat ihren Grund darin, daß nach der schon besprochenen VII. DurchfVO. zum AOG. in betriebsordnungspflichtigen Betrieben spätestens am 1. Oktober 1934 eine den Vorschriften des Gesetzes entsprechende Betriebsordnung erlassen sein muß, deren fakultativer Teil nach § 27 Abs. 3 AOG. für die Regelung der bisher in den Werktarifen enthaltenen Arbeitsbedingungen offensteht.

B. Tarifordnungen und Richtlinien in öffentlichen Verwaltungen und Betrieben.

Die §§ 18, 19 des „Gesetzes zur Ordnung der Arbeit in öffentlichen Verwaltungen und Betrieben" vom 23. März 1934 geben hier die Möglichkeit zum Erlaß von Richtlinien für den Inhalt von Dienstordnungen und von Einzelarbeitsverträgen sowie zum Erlaß von Tarifordnungen. Folgende Einzelheiten sind hervorzuheben:

a) Die Voraussetzung, daß der Erlaß einer Tarifordnung zur Regelung der Arbeitsverhältnisse in den erfaßten Betrieben zwingend geboten sein muß, ist hier nicht aufgestellt. Auf der anderen Seite kann aber nicht nur der Erlaß einer Tarifordnung, sondern auch derjenige von Richtlinien nur durch einen Sondertreuhänder für den öffentlichen Dienst erfolgen, dessen Aufgaben hier also, anders als im sonstigen Bereich des Gesetzes nach dessen § 21, niemals durch den „zuständigen" Treuhänder der Arbeit wahrgenommen werden können, und dieser Sondertreuhänder kann, wie in § 18 Abs. 2 ausdrücklich betont wird, nur innerhalb seiner Zuständigkeit tätig werden. Er muß sich deshalb auch bei den Maßnahmen im Bereich der Verwaltungen und Betriebe, für welche er bestellt ist, in den Grenzen seines Auftrages halten, der sich auf den Erlaß einer Tarifordnung immer nur dann erstrecken wird, wenn ein Bedürfnis dazu besteht.

b) Inhaltlich kann auch hier in der Tarifordnung ein völliger oder teilweiser Ausschluß der Arbeitsgerichtsbarkeit festgesetzt werden; § 18 Abs. 3 (vgl. oben A b 1).

c) Die Tarifordnung kann sich auf alle von dem Sondertreuhänder zu betreuenden öffentlichen Verwaltungen und Betriebe oder nur auf einzelne Gruppen oder Bezirke erstrecken. Ebenso können die Richtlinien Gruppen von Verwaltungen und Betrieben oder nur einzelne von ihnen erfassen. In persönlicher Hinsicht können sich beide Maßnahmen außer auf die Arbeitsverhältnisse von Arbeitern nur auf diejenigen von solchen Angestellten beziehen, deren Gehalt die für die Angestelltenversicherung maßgebende Grenze nicht übersteigt (§ 18 Abs. 1 und 2). Mit dieser Maßgabe können Einzelvertragsrichtlinien und Tarifordnungen nach § 23 aber auch die Besatzung von Schiffen der See-, Binnen- und Luftschiffahrt, soweit diese öffentliche Betriebe sind, betreffen, da wie im AOG., so auch hier die Bestimmungen über Richtlinien und Tarifordnungen als einzige des Gesetzes auf Schiffe für anwendbar erklärt werden.

d) Auch der Sondertreuhänder für den öffentlichen Dienst muß die von ihm zu treffenden Maßnahmen vorher in einem Sachverständigenausschuß beraten (§ 18 Abs. 1 und 2).

e) Die Notwendigkeit schriftlicher Fixierung ergibt sich daraus, daß die Richtlinien und Tarifordnungen hier ebenso, wie im Geltungsbereich des AOG., im Reichsarbeitsblatt bekannt gemacht werden müssen sowie in das Tarifregister und die Tarifsammlung aufzunehmen sind (§ 18 Abs. 3 erklärt außer § 32 Abs. 3 AOG. auch die dazu ergangenen Ausführungsvorschriften für entsprechend anwendbar).

f) Die Wirkung der Richtlinien und Tarifordnungen für öffentliche Verwaltungen und Betriebe entspricht ganz derjenigen im Geltungsbereich des AOG. Die Bestimmungen der Tarifordnungen insbesondere sind für die von ihr erfaßten Arbeitsverhältnisse als Mindestbedingungen rechtsverbindlich, d. h. nach unten unabdingbar, und schließen die Anwendung entgegenstehender Bestimmungen in Dienstordnungen aus; § 18 Abs. 2 Satz 2 und 3.

g) Eine Kontrolle der Durchführung von Tarifordnungen und Richtlinien in öffentlichen Verwaltungen und Betrieben ist im Gesetz nicht vorgesehen. Sie ist auch im Hinblick auf die Dienstaufsicht entbehrlich[87a]).

h) Werktarifverträge für öffentliche Verwaltungen oder Betriebe gelten bis zum 31. März 1935 als Tarifordnungen weiter, soweit sie nicht durch eine Dienstordnung vorher aufgehoben werden oder der Treuhänder der Arbeit ihren früheren Ablauf anordnet (Ziff. II der Anordnung vom 28. März 1934 in der Fassung der „Zweiten Aenderung“ vom 25. September 1934, RArbBl. S. I 238).

87a) Mansfeld-Pohl Anm. 2 zu § 18 des Ges. z. Ordnung d. Arbeit in öffentl. Verw. u. Betr.

Dritter Teil.

Soziale Ehrengerichtsbarkeit[88].

XIII. Vorbemerkung: Der Grundgedanke; Erstreckung auf öffentliche Verwaltungen und Betriebe.

a) Die soziale Ehrengerichtsbarkeit stellt eine Neuschöpfung des Gesetzes dar, und eben deshalb ist das von Grund auf gewandelte, heute wieder in der rassischen Eigenart verwurzelte Denken des deutschen Menschen gerade in ihr besonders sinnfällige Wirklichkeit geworden. Sie dient der Sicherung und, wo es nottut, der Wiederherstellung anständigen, ehrenhaften Verhaltens in der Betriebsgemeinschaft. Freilich hat dieses Verhalten bei jedem Unverdorbenen die ehrenhafte Gesinnung, die Sittlichkeit zur Triebfeder, und man sieht es als ein Kennzeichen des Sittengesetzes im Gegensatz zu den Rechtsgeboten an, daß jenes niemals auf äußeren Zwang hin Erfüllung finden kann. In der Tat läßt sich ja die Sittlichkeit als Richtung der Gesinnung nicht anbefehlen. Anders steht es aber mit dem Anstand der äußeren Verhaltungsweise. Dieser läßt sich bis zu einem gewissen Grade erzwingen, und zugleich ist es möglich, in dem unanständigen Verhalten auch die unsittliche Grundeinstellung wenigstens zu ahnden.

Hier hat die Rechtsordnung schon seit langem eingegriffen, indem sie gewisse, mehr oder minder grobe Verstöße, die sich nach äußeren Merkmalen abgrenzen lassen, unter kriminelle Strafe gestellt hat. Und dabei ist sie nicht stehengeblieben. Sie hat vielmehr auch an solche mit dem Sittengesetz unvereinbare Handlungen, die keine bestimmten äußeren Kennzeichen tragen, dann eine privatrechtliche Schadensersatzpflicht geknüpft, wenn sie sich als vorsätzliche Schädigung eines anderen darstellen (§ 826 BGB.). Damit ist ein entscheidender Schritt zur Annäherung der Rechtsnormen

88) Das Recht der sozialen Ehrengerichtsbarkeit hat im Arbeitsrecht der Vergangenheit keine Parallele. Unter dem äußerlichen Gesichtspunkt, daß es (der Hauptmasse nach) arbeitsrechtliches Verfahrensrecht ist, kann man es der Arbeitsgerichtsbarkeit als Nachbarabschnitt an die Seite stellen, muß sich aber bewußt bleiben, daß keine innere Verwandtschaft mit ihr besteht. Andere arbeitsrechtliche Verfahrensarten, als diese beiden, gibt es nicht mehr, vgl. Anm. 55.

an die Normen der Moral getan, da hier nicht mehr die Frage, ob die schädigende Handlung einen gesetzlich fest umgrenzten Tatbestand erfüllt, sondern allein der sittliche Unwert der in ihr zutage tretenden Gesinnung entscheidend ist.

Aber auch das genügt noch nicht. Vor allem bei Menschen, deren Tun für die Gemeinschaft folgenreich ist, muß es darüber hinaus möglich sein, solchen Handlungen, die ein gesundes Ehrgefühl ablehnt, entgegenzutreten nicht nur ohne Rücksicht darauf, ob sie der kriminellen Bestrafung zugänglich sind, sondern auch ungeachtet dessen, ob der angerichtete Schaden meßbar und in Geld ersetzbar ist, und es muß hier möglich sein, dem Täter das Ehr- und Sittenwidrige seiner Handlungsweise nachdrücklichst zum Bewußtsein zu bringen, viel nachdrücklicher, als dies etwa durch eine Verurteilung zum Schadensersatz geschehen könnte. Den Typus von Normen, in denen die Rechtsordnung auf diese Weise schließlich vollends mit der sittlichen Ordnung geschwisterlich Hand in Hand geht, bildet die Disziplinargesetzgebung für Beamte.

Das AOG. hat nun in den Bestimmungen über „Soziale Ehrengerichtsbarkeit" auch die Angehörigen einer Betriebsgemeinschaft[89]), d. h. den Unternehmer, die Angestellten und die Arbeiter, nicht zuletzt im Hinblick darauf, daß bei ihnen ebenfalls von der ehrenhaften Berufsauffassung jedes einzelnen mit dem Wohl aller übrigen Betriebsangehörigen und dem Gedeihen des Betriebsganzen zugleich das Wohl der Volksgemeinschaft in hohem Grade abhängt, einer Disziplinarstrafgewalt unterworfen. Diese ist, indem sie die sittliche Verantwortung der abhängigen Arbeitskräfte nicht minder wie die des Unternehmers betont und auch der Ehre jener ihren Schutz angedeihen läßt, außerdem besser, als jedes andere Mittel, geeignet, in allen redlichen Betriebsangehörigen berufliche Befriedigung und berechtigten Berufsstolz zu erwecken.

b) Was schon für die Angehörigen privater Unternehmungen trotz Fehlens der Beamteneigenschaft gilt, muß aber für nicht beamtete Arbeitskräfte in öffentlichen Verwaltungen und Betrieben erst recht zutreffen, deren Berufstätigkeit die Allgemeinheit vielfach ganz unmittelbar angeht. Es war deshalb geradezu eine innere Notwendigkeit, daß auch die hier Tätigen, soweit sie nicht als Beamte oder Soldaten einer Disziplinargerichtsbarkeit unterstellt sind, der sozialen Ehrengerichtsbarkeit mit unterworfen wurden. Tatsächlich befiehlt § 20 des „Gesetzes zur Ordnung der Arbeit in öffent-

89) Innerhalb gewisser enger Grenzen (vgl. unten XV a 2, dd) auch Hausgewerbetreibende und Heimarbeiter.

lichen Verwaltungen und Betrieben" insoweit die entsprechende Anwendung der einschlägigen Vorschriften des AOG. und der Ausführungsbestimmungen auf die Angehörigen der Verwaltungen und Betriebe seines Sonderbereichs, mit der weiteren, durch die straffe Disziplin in diesem Bereiche gerechtfertigten Einschränkung lediglich, daß die Einleitung eines ehrengerichtlichen Verfahrens gegen den Führer der Verwaltung oder des Betriebes hier nur mit Zustimmung der Aufsichtsbehörde erfolgen kann.

Im übrigen gilt also das nachstehend betreffs der Ehrengerichtsbarkeit für Angehörige privater Unternehmungen Gesagte auch für die nicht beamteten Angehörigen von Verwaltungen und Betrieben öffentlichen Charakters, und zwar mit der Maßgabe, daß bei letzteren die Aufgaben des Treuhänders, soweit im Einzelfalle ein Sondertreuhänder für den öffentlichen Dienst bestellt ist, durch diesen, andernfalls jedoch durch den zuständigen Treuhänder wahrgenommen werden (§§ 20 Abs. 1, 21) und daß ferner für sie statt Betriebsgemeinschaft „Dienstgemeinschaft" sowie statt Unternehmer „Führer der Verwaltung oder des Betriebes" gelesen werden muß.

Kapitel 1.

Die soziale Ehre und ihre Verletzung.

XIV. Begriff der sozialen Ehre.

Die Ehre dessen, der in einer Betriebsgemeinschaft tätig ist, wirkt sich dabei als soziale Ehre aus. Das ehrenhafte Verhalten des Betriebsangehörigen besteht darin, daß er gewissenhaft im steten Bewußtsein seiner Verantwortung gegenüber dem Betriebe und für das Gemeinwohl seine volle Kraft der Erfüllung der Pflichten widmet, die ihm nach seiner Stellung innerhalb der Betriebsgemeinschaft obliegen, und daß er sich dadurch ebenso wie durch sein übriges Verhalten der Achtung würdig erweist, auf die er an sich nach dieser seiner Stellung Anspruch hat. — So wird man den Begriff der sozialen Ehre im Anschluß an § 35 des Gesetzes bestimmen können.

XV. Verstöße gegen die soziale Ehre (materielles Ehrenstrafrecht).

a) Die mit ehrengerichtlicher Strafe bedrohten Handlungen.

1. Gegen die soziale Ehre verstößt an sich jedes Tun, das mit dem soeben umschriebenen ehrenhaften sozialen

Verhalten nicht im Einklang steht. Das Gesetz bedroht aber nicht alle derartigen Handlungen mit ehrengerichtlicher (disziplinarischer) Strafe, sondern nur „gröbliche Verletzungen der durch die Betriebsgemeinschaft begründeten sozialen Pflichten", und auch diese nur, soweit sie in ihm näher beschrieben sind (wobei dann allerdings, wenn eine seiner Beschreibungen zutrifft, der Verstoß stets als gröblich anzusehen ist), vgl. § 36 Abs. 1[89a]).

Die Beschreibungen des Gesetzes haben aber keineswegs die Starrheit, welche die Tatbestände des kriminellen Strafrechts in der Regel kennzeichnet und wegen ihres Abgestelltseins auf (überwiegend) äußere Merkmale notwendig kennzeichnen muß. Um dies nur an einem Beispiel zu erläutern: Den Maßstab dafür, wann die Verwertung der Arbeitskraft der Gefolgschaftsangehörigen durch den Unternehmer anfängt, eine auf Machtmißbrauch beruhende böswillige Ausnutzung zu sein (§ 36 Abs. 1 Ziff. 1), bildet allein ein gesunder, mit den billigen Erfordernissen des Berufslebens vereinbarer Anstands- und Ehrbegriff. Entscheidend bleibt also mit anderen Worten doch das moralische Empfinden, die Wertung der Handlung nach dem Sittengesetz, dem das AOG. also zur Beachtung — wenigstens zu jener äußeren Beachtung, die allein durch das Recht erzwungen werden kann — zu verhelfen bestrebt ist. Wenn es gleichwohl im Gegensatz zum Beamtendisziplinarrecht die Beantwortung der Frage, ob ein Verhalten als gröblicher Verstoß gegen Berufspflicht und Dienstzucht anzusehen ist, letzten Endes nicht völlig dem Disziplinargericht, dem Ehrengericht, überläßt, so tut es das deshalb nicht, weil sich auf seinem Gebiete ein scharfes Gefühl für Tragweite und Grenzen der Berufsehre erst herausbilden muß.

2. Im einzelnen gilt folgendes: Ehrengerichtlich bestraft werden können

aa) Angehörige der Betriebsgemeinschaft (also auch der Unternehmer), wenn sie

α) wiederholt leichtfertig unbegründete Beschwerden (auch Anzeigen!) oder Anträge an den Treuhänder der Arbeit richten oder

β) seinen schriftlichen Anordnungen hartnäckig zuwiderhandeln (§ 36 Abs. 1 Ziff. 3);

bb) Unternehmer, Führer des Betriebes oder sonstige Aufsichtspersonen, wenn sie

---

89 a) Auch Mansfeld-Pohl erklären die Aufzählung der ehrengerichtlich strafbaren Handlungen in § 36 Abs. 1 Ziff. 1—4 für erschöpfend; siehe Anm. 1 zu § 36 AOG.

α) unter Mißbrauch ihrer Machtstellung im Betriebe böswillig die Arbeitskraft der Angehörigen der Gefolgschaft ausnutzen oder

β) die Ehre der Gefolgschaftsangehörigen kränken (§ 36 Abs. 1 Ziff. 1);

cc) Angehörige der Gefolgschaft, wenn sie den Arbeitsfrieden im Betriebe durch böswillige Verhetzung der Gefolgschaft gefährden (§ 36 Abs. 1 Ziff. 2);

dd) Vertrauensmänner (wenn sie dem Vertrauensrat angehören, auch Hausgewerbetreibende und Heimarbeiter, die also insofern — aber auch nur insofern[89b]) — von der Ehrengerichtsbarkeit mit erfaßt werden) und im Falle γ alle Mitglieder des Vertrauensrats, wenn sie

α) den Gemeinschaftsgeist innerhalb der Betriebsgemeinschaft fortgesetzt böswillig stören,

β) sich bewußt unzulässige Eingriffe in die Betriebsführung anmaßen oder

γ) vertrauliche Angaben, Betriebs- oder Geschäftsgeheimnisse, die ihnen bei Erfüllung ihrer Aufgaben (!) bekannt geworden und als solche bezeichnet worden (!) sind, unbefugt offenbaren (§ 36 Abs. 1 Ziff. 2 und 4).

Das Gesetz spricht im Falle γ von „Mitgliedern des Vertrauensrats" und trägt damit der Tatsache Rechnung, daß der Führer des Betriebes dem Vertrauensrat als dessen Leiter angehört und sich einer Verletzung der Schweigepflicht im Sinne der Vorschrift gleichfalls schuldig machen kann (mit Bezug auf Betriebs- oder Geschäftsgeheimnisse allerdings nur, wenn er nicht mit dem Unternehmer identisch ist).

b) Die ehrengerichtlichen Strafen.

1. Die ehrengerichtlichen Strafen sind nach § 38:

aa) Warnung,

bb) Verweis,

cc) Ordnungsstrafe in Geld bis zu zehntausend Reichsmark,

dd) Aberkennung der Befähigung, Führer des Betriebes zu sein, §§ 1—3[90]), oder das Amt eines Vertrauensmannes auszuüben, §§ 5 ff.[90]),

---

89 b) Ebenso Mansfeld-Pohl Anm. 2 a zu § 36 AOG.

90) Wegen der praktischen Folgen dieser Verurteilungen siehe einerseits oben IV b 3, anderseits oben Anm. 50. In beiden Fällen kann die Disqualifikation auf immer oder auf eine bestimmte Zeit ausgesprochen werden. Solange sie danach gilt, wirkt sie aber auch in einem anderen Betriebe fort, den der Verurteilte gründet oder übernimmt, bezw. in den er eintritt, Mansfeld-Pohl Anm. 4 d und e zu § 38 AOG.

ee) Entfernung vom bisherigen Arbeitsplatz; das Ehrengericht kann dabei eine von der gesetzlichen oder vereinbarten Kündigungsfrist abweichende Frist vorschreiben.

2. Können gegen denselben Täter wegen eines ehrengerichtlich strafbaren Verstoßes oder wegen mehrerer in demselben Verfahren zur Aburteilung gelangender Verstöße gleichzeitig verschiedene von diesen Strafen verhängt werden?

aa) Soweit nur eine Tat in Betracht kommt, muß diese Frage verneint werden; denn wenn das Gesetz die Ahndung einer einzigen Handlung mit mehreren der von ihm eingeführten Strafen hätte zulassen wollen, so hätte es dies besonders zum Ausdruck bringen müssen[91].

bb) Aber auch wenn mehrere Verstöße in einem Verfahren zur Verhandlung stehen, kann nur auf eine einzige Strafe erkannt werden, weil in den unanständigen Handlungen die unsittliche Gesinnung bestraft wird, welche nur eine ist[91].

c) Verjährung der ehrengerichtlichen Verfolgung.

1. Die ehrengerichtliche Verfolgung verjährt in einem Jahre. Die Verjährung beginnt mit dem Tage, an welchem der Verstoß gegen die soziale Ehre begangen ist (§ 37).

2. Die Verjährung der ehrengerichtlichen Verfolgung wird unterbrochen durch den Antrag des Treuhänders der Arbeit auf Einleitung des ehrengerichtlichen Verfahrens und durch jede sonstige Handlung der mit der Durchführung der Ehrengerichtsbarkeit betrauten Stellen, die wegen der begangenen Ehrverletzung gegen den Täter gerichtet ist. Nach der Unterbrechung beginnt eine neue Verjährung; § 28 Abs. 1 der III. DurchfVO. zum AOG.

3. Die Vorschrift des § 69 Abs. 1 StGB. über das Ruhen der Verjährung findet entsprechende Anwendung (Abs. 2 eod.).

Kapitel 2.

Konkurrenz zwischen kriminellem und ehrengerichtlichem Strafanspruch (und -verfahren).

XVI. Wenn eine Tat zugleich mit krimineller Strafe bedroht ist, so hat dies an sich auf den ehrengerichtlichen Strafanspruch keinen Einfluß. Wohl aber hat die Tatsache, daß wegen der Handlung in einem Strafprozeß die öffentliche(!) Klage erhoben — StrPO. §§ 170, 212, 407[92]) — oder auf eine öffentliche oder Privatklage hin ein verurteilendes[93]) oder freisprechendes Erkenntnis ergangen ist, bestimmte Folgen.

---

91) Ebenso Mansfeld-Pohl Anm. 3 zu § 38 AOG.

92) Auch der Antrag auf Erlaß eines Strafbefehls ist als Erhebung der öffentlichen Klage anzusehen; Rosenfeld, Reichsstrafprozeß, 2. Aufl. 1905, S. 397.

93) Auch ein rechtskräftiger Strafbefehl hat die Wirkung eines rechtskräftigen Urteils, § 410 StrPO.

1. Nach Erhebung der öffentlichen Klage ist das ehrengerichtliche Verfahren wegen der gleichen Tatsachen auszusetzen (§ 39 Abs. 1).

2. Nach Freisprechung im Strafverfahren findet wegen der Tatsachen, die in diesem Verfahren zur Erörterung gekommen sind, ein ehrengerichtliches Verfahren nur insofern statt, als diese Tatsachen an sich und unabhängig von dem Tatbestande einer im Strafgesetz vorgesehenen Handlung die ehrengerichtliche Bestrafung begründen (§ 39 Abs. 2).

Beispiel bei Mansfeld-Pohl[93a]): Ein Sachverhalt, der zur kriminellen Bestrafung wegen Geheimnisverrates nach § 17 UWG. nicht ausreicht, kann dennoch eine unbefugte Offenbarung vertraulicher Angaben (§ 36 Abs. 1 Ziff. 4 AOG.) darstellen.

3. Nach Verurteilung in einem Strafverfahren hat der Vorsitzende des Ehrengerichts zu entscheiden, ob das ehrengerichtliche Verfahren durchzuführen ist (§ 39 Abs. 3), d. h. der Vorsitzende kann dahin befinden, daß von der Durchführung des Ehrengerichtsverfahrens Abstand genommen wird, muß es aber nicht. Das ist praktisch besonders bedeutsam gerade für krasse Fälle, in denen ohne Rücksicht auf die Schwere der kriminellen Strafe oft Aberkennung der Befähigung zum Führer oder Vertrauensmann oder auch Entfernung vom Arbeitsplatz geboten erscheinen wird.

Kapitel 3.

Die Ehrengerichtsbarkeit (formelles Ehrenstrafrecht).

XVII. Allgemeines.

Die Anzahl der Verfahrensbestimmungen im AOG. ist — auch bei Berücksichtigung der sie ergänzenden Vorschriften der III. Durchführungsverordnung — verhältnismäßig klein und kann es sein, weil nach § 40 AOG., soweit sich nicht aus den §§ 41 bis 55 des Gesetzes Abweichungen ergeben, auf das ehrengerichtliche Verfahren die Vorschriften der Strafprozeßordnung über das Verfahren in den zur Zuständigkeit der Landgerichte gehörigen Strafsachen und einzelne Bestimmungen des Gerichtsverfassungsgesetzes entsprechende Anwendung finden. Auf die wichtigsten Ergänzungen, die sich daraus ergeben, wird im nachstehenden aufmerksam gemacht. Vorab ist zu bemerken, daß eine Mitwirkung der Staatsanwaltschaft im Ehrengerichtsverfahren nicht stattfindet (§ 40 a. E.). An ihre Stelle tritt nach näherer Maßgabe des AOG. der Treuhänder der Arbeit.

93 a) Mansfeld-Pohl Anm. 3 a zu § 39 AOG.

XVIII. Gerichtsorganisation.

a) Die Gerichte als solche; ihre sachliche (funktionelle) und örtliche Zuständigkeit und ihr Sitz.

1. Gerichte des ersten Rechtszuges sind die Ehrengerichte. Je eines ist für jeden Bezirk eines Treuhänders der Arbeit zu errichten (§ 41 Abs. 1). Gericht des zweiten und letzten Rechtszuges (Berufungsgericht) ist der Reichsehrengerichtshof, § 49 Abs. 1 a. E.

2. Oertlich zuständig ist im ersten Rechtszuge das Ehrengericht desjenigen Treuhänderbezirkes, in dem der Betrieb seinen Sitz hat, welchem der Beschuldigte angehört (vgl. § 43 Satz 1).

3. Der Sitz der Ehrengerichte wird durch den Reichsarbeitsminister im Einvernehmen mit dem Reichsminister der Justiz bestimmt; § 1 Abs. 1 der III. DurchfVO. (geschehen durch Anordnung vom 4. April 1934, RArbBl. S. I 94; bestimmt sind diejenigen Orte, an denen die Treuhänder der Arbeit ihren Hauptsitz haben, siehe dazu unten Anm. 157). Der Sitz des Reichsehrengerichtshofs ist Berlin; § 50 Satz 1 AOG.

b) Die Gerichtspersonen.

1. Die Spruchkollegien.

Das Spruchkollegium des Ehrengerichts besteht aus drei Mitgliedern, und zwar einem richterlichen Beamten als Vorsitzenden und einem Führer eines Betriebes und einem Vertrauensmann als Beisitzern. Dagegen entscheidet der Reichsehrengerichtshof in der Besetzung von einem höheren richterlichen Beamten als Vorsitzenden und einem zweiten höheren richterlichen Beamten sowie einer von der Reichsregierung zu bestimmenden Person, einem Führer eines Betriebes und einem Vertrauensmann als Beisitzern, also von insgesamt fünf Mitgliedern.

Die Vorsitzenden beider Instanzen und der beim Berufungsgericht mitwirkende zweite richterliche Beamte samt der erforderlichen Anzahl von Stellvertretern werden vom Reichsminister der Justiz im Einvernehmen mit dem Reichsarbeitsminister ernannt. §§ 41 Abs. 2 Satz 1, 50 Satz 2 AOG. und § 2 der III. DurchfVO. — Führer des Betriebes und Vertrauensmänner werden gesondert für Wirtschaftszweige oder -gruppen vom Vorsitzenden des Ehrengerichts bezw. des Reichsehrengerichtshofs auf die Dauer von drei Jahren aus Vorschlagslisten berufen, die die Deutsche Arbeitsfront aufstellt; §§ 3, 4, 10 der III. DurchfVO. z. AOG.[94]).. Lediglich für ehren-

94) Die Einzelheiten sind ähnlich geregelt, wie für die Mitglieder des dem Treuhänder der Arbeit zur Seite stehenden Sachverständigenbeirats, unten XXV d 1. Abweichungen: Das der DAF. zu übermittelnde Verzeichnis von Wirtschaftszweigen (in welchem öffentliche Verwaltungen und Betriebe stets

gerichtliche Verfahren gegen Führer oder Gefolgschaftsmitglieder von öffentlichen Verwaltungen oder Betrieben werden die als Beisitzer vorzuschlagenden Führer der Verwaltung oder des Betriebes vom Reichsarbeitsminister im Einvernehmen mit dem Reichsminister der Finanzen und dem Reichsminister des Inneren namhaft gemacht, § 2 der II. DurchfVO. z. Ges. betr. öff. Verw. u. Betr. vom 13. Juni 1934. Für Vertrauensmänner-Beisitzer verbleibt es aber auch hier bei der gewöhnlichen Regelung.

Voraussetzungen der Berufung zum Beisitzer:

Die Beisitzer (Männer oder Frauen) müssen Reichsangehörige sein und das 25. Lebensjahr vollendet haben. Ferner sollen sie im Bezirke des Ehrengerichts bezw. des Reichsehrengerichtshofs seit mindestens einem Jahre als Führer des Betriebes, als Stellvertreter eines solchen oder als Angehörige der Gefolgschaft tätig sein (bei der erstmaligen Berufung sollen Personen ausgewählt werden, die eine entsprechende Stellung bekleidet haben). §§ 5 Abs. 1, 10 der III. DurchfVO.

Unfähig zum Amt eines Beisitzers sind Personen,

die in einem Verfahren der sozialen Ehrengerichtsbarkeit rechtskräftig mit Strafe belegt worden sind,

denen die bürgerlichen Ehrenrechte oder die Fähigkeit zur Bekleidung öffentlicher Aemter aberkannt sind oder gegen die das Hauptverfahren wegen eines Verbrechens oder Vergehens eröffnet ist, welches eine solche Aberkennung zur Folge haben kann, oder

die infolge gerichtlicher Anordnung in der Verfügung über ihr Vermögen beschränkt sind. §§ 5 Abs. 2, 10 eod.

Amtsenthebung:

Wird das Fehlen einer Voraussetzung für die Berufung nachträglich bekannt oder fällt eine Voraussetzung nachträglich fort, so enthebt der Vorsitzende des Ehrengerichts- bezw. des Reichsehrengerichtshofs den Beisitzer, nachdem er ihn gehört hat, durch endgültige Entscheidung seines Amts (§§ 5 Abs. 3, 10 der III. DurchfVO.). Eine Amtsenthebung kann auch erfolgen, wenn ein Beisitzer seine Amtspflichten grob verletzt. Für die Entscheidung ist in diesem Falle stets der Reichsehrengerichtshof zuständig, welcher gleichfalls den Beisitzer, aber auch den Vorsitzenden des Ehrengerichts, vorher zu hören hat. Auch seine Entscheidung ist endgültig. § 7 eod.

Ablehnung der Amtsübernahme:

Gründe, aus denen die Uebernahme des Beisitzeramts abgelehnt werden kann, sind: Vollendung des 65. Lebensjahres, Krankheit oder Gebrechen, welche eine ordnungsmäßige Führung des Amtes hindern, starke Inanspruchnahme durch andere ehrenamtliche Tätigkeit für die Allgemeinheit, frühere Ausübung des Amtes als Beisitzer eines Ehrengerichts in einer Zeit,

---

einen besonderen Wirtschaftszweig bilden, § 1 der II. DurchfVO. z. Ges. betr. öffentl. Verw. u. Betr. v. 13. Juni 1934) wird vom Vorsitzenden des Ehrengerichts bezw. des Reichsehrengerichtshofs aufgestellt, und zwar erstmalig bis zum 20. April 1934, später, da die Berufung auf die Dauer von drei Jahren erfolgt, in Abständen von drei Jahren jeweils bis zum 15. März. Die DAF. macht je Wirtschaftszweig (bezw. je Wirtschaftsgruppe) mindestens je drei Führer der Betriebe und je drei Vertrauensmänner namhaft. (In den unten Anm. 158 und 159 erwähnten Fällen tritt an die Stelle des Treuhänders der Vorsitzende des Ehrengerichts bezw. des Reichsehrengerichtshofs.) — § 3 der III. DurchfVO. z. AOG.

die nicht länger als sechs Jahre zurückliegt, und bei Frauen besonders starke Inanspruchnahme durch die Fürsorge für ihre Familie. — Ueber die Berechtigung zur Ablehnung entscheidet der Vorsitzende des Ehrengerichts endgültig; § 6 der III. Durchführungsverordnung.

Stellung der Beisitzer und Schutz ihres Amtes:

Das Amt des Beisitzers ist ein Ehrenamt. — Er erhält eine angemessene Entschädigung für den ihm aus der Wahrnehmung des Amts erwachsenden Verdienstausfall und Aufwand sowie Ersatz der Fahrkosten, und zwar bei den Ehrengerichten nach der für die Beisitzer der Arbeitsgerichte und beim Reichsehrengerichtshof nach der für die nichtrichterlichen Beisitzer des Reichsarbeitsgerichts getroffenen Regelung.

Die Unternehmer und ihre Angestellten dürfen Angestellte oder Arbeiter — bei Vermeidung von Geldstrafe — nicht in der Uebernahme oder Ausübung des Beisitzeramts beschränken oder sie wegen der Uebernahme oder Ausübung des Amts benachteiligen.

§§ 8, 10 der III. DurchfVO. in Verbindung mit §§ 25, 26 AOG.

Die Beisitzer sind für das einzelne Verfahren den Listen nach der Reihenfolge zu entnehmen, doch sollen tunlichst Personen ausgewählt werden, die dem gleichen Gewerbezweige, wie der Angeschuldigte, angehören (§§ 41 Abs. 2 Satz 2, 50 Satz 3 AOG., vgl. auch § 9 der III. DurchfVO.). Vor ihrer Dienstleistung sind sie durch den Vorsitzenden auf die gewissenhafte Erfüllung der Obliegenheiten ihres Amtes eidlich zu verpflichten (§§ 42, 51 Abs. 2).

Beisitzer, die ohne genügende Entschuldigung nicht oder nicht rechtzeitig zu den Sitzungen erscheinen oder sich ihren Obliegenheiten in anderer Weise entziehen, werden vom Vorsitzenden des Ehrengerichts bezw. des Reichsehrengerichtshofs mit einer Ordnungsstrafe in Geld bestraft, die bei nachträglicher genügender Entschuldigung aufgehoben oder ermäßigt werden kann. Gegen eine Straffestsetzung durch den Vorsitzenden des Ehrengerichts ist Beschwerde an den Vorsitzenden des Reichsehrengerichtshofs zulässig (§§ 8, 24 der III. DurchfVO. in Verbindung mit § 28 AGG.).

2. Der Urkundsbeamte der Geschäftsstelle.

Das Ehrengericht und der Reichsehrengerichtshof müssen einen „Urkundsbeamten der Geschäftsstelle" haben (wie man in Unterschätzung des „Schreibers" — man denke an den „Staatsschreiber" der deutschschweizerischen Kantone, der eine höchst wichtige Persönlichkeit ist! — und dazu holperig und unschön den „Gerichtsschreiber" durch Gesetz vom 9. Juli 1927 umgetauft hat). Er wird u. a. in beiden Instanzen als Protokollführer in der Hauptverhandlung benötigt (§§ 226, 271, 332 StPO.).

Die Aufgaben der Geschäftsstelle des Ehrengerichts werden von der Geschäftsstelle des Arbeitsgerichts am Sitz des Ehrengerichts, die Aufgaben der Geschäftsstelle des Reichsehrengerichtshofs von der Geschäftsstelle des Landesarbeitsgerichts in Berlin wahrgenommen (§ 1 Abs. 2 der III. Durchführungsverordnung).

3. Der Gerichtsvollzieher.

Der Gerichtsvollzieher wird benötigt, wenn der Angeklagte von dem Recht aus § 220 StPO. Gebrauch macht, unmittelbar, d. h. selbst einen Zeugen oder Sachverständigen zur Hauptverhandlung laden zu lassen (§ 38 StPO.), ferner im Falle der Vollstreckung des eine Ordnungsstrafe in Geld aussprechenden Urteils (§ 53 Abs. 2 a. E. AOG.).

c) Ausschließung und Ablehnung von Gerichtspersonen.

1. Mitglieder der Spruchkollegien.

aa) Von der Tätigkeit in einem Spruchkollegium (auch als Beisitzer) ist derjenige ausgeschlossen — iudex inhabilis —, bei dem die Voraussetzungen der §§ 22, 23 Abs. 1 StrPO. (siehe diese) vorliegen, also insbesondere eine Person, die selbst durch die zur Aburteilung stehende Tat verletzt, die mit dem Beschuldigten oder Verletzten verheiratet ist (oder war), die mit einem von beiden nahe verwandt oder nahe verschwägert ist oder die dem Spruchkollegium des ersten Rechtszuges angehört hat (die letztere ausgeschlossen im zweiten Rechtszuge).

bb) Als Mitglieder eines Spruchkollegiums abgelehnt werden können außer Personen, die kraft Gesetzes ausgeschlossen sind, auch solche, bei denen die Besorgnis der Befangenheit besteht (§ 24 StrPO.), iudices suspecti.

Daß die zu aa und bb angezogenen Vorschriften auch für diejenigen Beisitzer gelten, welche keine richterlichen Beamten sind, folgt daraus, daß § 31 StrPO., der die Ausschließung und Ablehnung der Strafkammerschöffen unter dieselben Regeln stellt, auf sie entsprechend angewandt werden muß [95]).

2. Der Urkundsbeamte der Geschäftsstelle ist unter den gleichen Voraussetzungen inhabilis oder suspectus, wie das Mitglied eines Spruchkollegiums (§ 31 StrPO.).

3. Beim Gerichtsvollzieher gibt es nur eine Ausschließung (näheres § 155 Nr. II GVG.), keine Ablehnung.

XIX. Verfahren im ersten Rechtszuge.

A. Vorbereitung der ehrengerichtlichen Klage durch den Treuhänder der Arbeit (vorbereitendes Verfahren).

a) „Anklagemonopol" des Treuhänders.

Den Antrag auf Einleitung des ehrengerichtlichen Verfahrens, den man als „Erhebung der ehrengerichtlichen Klage" bezeichnen darf, kann nur der Treuhänder der Arbeit stellen (vgl. § 41 Abs. 1 AOG.). Er hat also, wie die Staatsanwaltschaft im Strafprozeß, das Anklagemonopol. Anzeigen wegen Verletzung der sozialen Ehre durch Angehörige eines Betriebes sind deshalb bei dem Treuhänder der Arbeit anzubringen, in dessen Bezirk der Betrieb seinen Sitz hat. Das Gesetz schreibt dabei ausdrücklich vor, daß die Anzeige schriftlich unter Angabe der Beweismittel erfolgen soll (§ 43 Satz 1). Auf ordnungsmäßige Anbringung kann der Treuhänder dringen. Der Treuhänder muß aber auch, wenn er auf anderem Wege als durch eine Anzeige von einer gröblichen Verletzung der sozialen Ehre Kenntnis erlangt, den Sachverhalt erforschen (§ 43

95) Man kann sich allerdings — insbesondere angesichts der eigenartigen Zusammensetzung des Reichsehrengerichtshofs — fragen, ob in der Ehrengerichtsbarkeit überhaupt ein Unterschied zwischen Berufsrichtern und Laienrichtern gemacht werden darf. Verneint man das, so kommt man zur unmittelbaren Geltung der §§ 22, 23 Abs. 1, 24 StrPO. für sämtliche Beisitzer. Insofern ist das Problem hier ohne praktische Bedeutung. Es taucht aber noch in anderen Zusammenhängen auf, vgl. unten Anm. 110 und Anm. 113.

Satz 2), und das Ingangkommen des Verfahrens hängt infolgedessen nicht von der Ordnungsmäßigkeit der Anzeige ab.

b) Ermittlungen des Treuhänders der Arbeit.

1. Den Umfang der von ihm zwecks Aufklärung des Sachverhalts anzustellenden Ermittlungen bestimmt der Treuhänder selbst nach pflichtmäßigem Ermessen; nur muß nach § 43 Satz 2 AOG. der Beschuldigte gehört werden (anders im Strafprozeß, in dem der Beschuldigte nur bei „Entscheidungen des Gerichts" ein Recht auf Gehör hat und auch dies nur in der Hauptverhandlung; vgl. §§ 160 ff., 33 StrPO.).

2. Hinsichtlich der Art und Weise, wie er die Ermittlungen vornimmt, hat der Treuhänder der Arbeit volle Bewegungsfreiheit. Er kann sie nicht nur selbst durchführen, z. B. selbst zu (unbeeidigten!) Vernehmungen schreiten, sondern er kann, da die öffentlichen Behörden in Deutschland (einschließlich der Gerichte) ihm und den übrigen mit der Durchführung der Ehrengerichtsbarkeit betrauten Stellen nach §§ 25 AOG., 27 der III. DurchfVO. Amts- und Rechtshilfe zu leisten haben, auch von allen Behörden Auskunft verlangen und uneidliche Vernehmungen sowie sonstige Ermittlungshandlungen durch die Polizeibehörden und -beamten vornehmen lassen (§ 161 StrPO.). Ferner kann er, wenn er eine richterliche Untersuchungshandlung für erforderlich hält, diese nach § 162 StrPO. beim Amtsrichter beantragen, der bei Gefahr im Verzuge oder dann, wenn der Eid als Mittel zur Herbeiführung einer wahren Aussage über einen für das weitere Verfahren erheblichen Punkt erforderlich erscheint, zur Vereidigung eines Zeugen (oder Sachverständigen) schreiten darf, §§ 65 Abs. 1[96], 72 StrPO.).

Eine Verhaftung, vorläufige Festnahme oder Vorführung des Beschuldigten sowie eine Beschlagnahme oder Durchsuchung ist aber weder in diesem, noch in einem späteren Stadium des Verfahrens zulässig (§ 12 der III. Durchführungsverordnung).

c) Der Abschluß des vorbereitenden Verfahrens.

Auf Grund seiner Feststellungen erhebt der Treuhänder entweder Klage, oder er verfügt die Einstellung des Verfahrens.

1. Klageerhebung.

aa) Ehrengerichtliche Klage darf nur erhoben werden, wenn der Treuhänder einen mit Ehrenstrafe bedrohten Verstoß als vorliegend erachtet. Anderseits sind Mansfeld-Pohl der Ansicht, daß der Treuhänder nicht in allen derartigen Fällen zur Klageerhebung zu schreiten brauche, sondern daß diese in sein Ermessen gestellt sei. Er werde insbesondere dann auf sie verzichten können, wenn die Ehrverletzung geringfügig sei und wenn ihm z. B. eine Bußfestsetzung auf Grund der Betriebsordnung oder eine von ihm selbst auszusprechende Mißbilligung ausreichend erscheine. Es gelte mit anderen Worten das „Opportunitätsprinzip". Die beiden Au-

---

96) § 65 Abs. 1 StrPO., nicht Abs. 2, ist anzuwenden schon wegen der Analogie zu denjenigen Strafsachen, welche zur Zuständigkeit der Landgerichte gehören (§ 40 AOG.).

toren folgern offenbar aus den Worten „sich entschließen" in § 43 Satz 2 AOG., daß § 152 Abs. 2 StPO., der für das kriminelle Verfahren das entgegengesetzte Prinzip, das „Legalitätsprinzip", zur Geltung bringt, hier als mit dem Wortlaut des AOG. nicht vereinbar keine Anwendung finden könne[97]. Das scheint indessen nicht unbedenklich; denn der mit § 43 Satz 2 AOG. weitgehend übereinstimmende § 160 Abs. 1 StPO. spricht ganz ähnlich von der „Entschließung" der Staatsanwaltschaft, ohne damit natürlich den § 152 Abs. 2 StPO. aufheben zu wollen. Ist aber letztere Bestimmung mit § 160 Abs. 1 StPO. vereinbar, so ist sie es u. E. auch mit § 43 Satz 2 AOG. Demnach dürfte das Legalitätsprinzip nach § 40 AOG. auch in der sozialen Ehrengerichtsbarkeit anzuwenden sein, d. h. dem Treuhänder dürfte, wenn nach seiner freien, aus dem Ergebnis der Ermittlungen geschöpften Ueberzeugung ein ehrengerichtlich strafbarer Verstoß zu bejahen ist, grundsätzlich[98] keine Wahl bleiben.

bb) Der Treuhänder erhebt die Klage durch Stellung des Antrages auf Einleitung des ehrengerichtlichen Verfahrens[99] bei dem Ehrengericht; § 43 Satz 2 und 3 AOG.

Die Erfordernisse des Antrages ergeben sich im allgemeinen aus § 200 StPO. Er muß also den Angeschuldigten sowie die ihm zur Last gelegte Tat bezeichnen und die Beweismittel nennen. Dagegen ist eine Hervorhebung der gesetzlichen Merkmale der Tat oder des anzuwendenden Strafgesetzes nicht erforderlich, da ja ausschließlich die Ziffern 1—4 des § 36 Abs. 1 AOG. in Frage kommen[99a]. Das Ergebnis der angestellten Ermittlungen ist dem Antrage beizufügen (§ 43 Satz 3 AOG.).

2. Einstellung des Verfahrens.

aa) Sie erfolgt stets, wenn nach dem zu 1aa Gesagten keine Klage erhoben wird.

War der Beschuldigte als solcher vom Richter (!) vernommen, so muß ihn der Treuhänder von der Einstellung in Kenntnis setzen (§ 170 Abs. 2 StPO.). Auch in anderen Fällen wird seine Benachrichtigung jedenfalls zweckmäßig sein. Ist ein „Antragsteller" im Sinne des § 171 StPO. — d. h. eine Privatperson, welche Anzeige erstattet hat[100] — vorhanden, so erhält diese einen mit einer Begründung versehenen Einstellungsbescheid (§ 171 StPO.).

bb) Gegen den Einstellungsbeschluß des Treuhänders kann die allgemeine Dienstaufsichtsbeschwerde an den Reichsarbeitsminister gerichtet werden[97]. Den § 172 StPO. wird man dagegen nicht als entsprechend anwendbar ansehen können.

---

97) Vgl. Mansfeld-Pohl Anm. 4 zu § 43 AOG.

98) Siehe allerdings § 154 StPO. für den Fall, daß wegen einer anderen Tat eine unvergleichlich schwerere ehrengerichtliche (!) Strafe rechtskräftig verhängt oder zu erwarten ist, als mit der neuen Klage voraussichtlich erzielt werden könnte.

99) Eine „gerichtliche Voruntersuchung" im Sinne der §§ 178 ff. StPO. gibt es hier nicht; § 11 der III. DurchfVO.

99a) Mansfeld-Pohl Anm. 5 zu § 43 AOG.

100) Rosenfeld a. a. O. S. 289.

B. Zwischenverfahren in der Hand des Ehrengerichtsvorsitzenden.

Das Zwischenverfahren beginnt mit der Einreichung des Antrages auf Einleitung des ehrengerichtlichen Verfahrens, der Ehrengerichts-Anklageschrift. Es vollzieht sich in folgender Weise:

a) Mitteilung der Anklageschrift an den Angeschuldigten.

Der Vorsitzende des Ehrengerichts hat die Anklageschrift dem Angeschuldigten mitzuteilen und ihn zugleich aufzufordern, sich innerhalb einer in der Aufforderung bestimmten Frist zu erklären, ob er die Vornahme einzelner Beweiserhebungen vor der Hauptverhandlung beantragen oder Einwendungen gegen die Eröffnung des Hauptverfahrens vorbringen wolle (§ 201 Abs. 1 Satz 1 StrPO.).

b) Weitere, von Amts wegen anzustellende Ermittlungen im Zwischenverfahren.

Der Vorsitzende hat weitere Ermittlungen selbst vorzunehmen oder anzuordnen, wenn er solche für erforderlich hält (§ 44 AOG.).

c) Die Entscheidung im Zwischenverfahren.

Sieht der Vorsitzende den Sachverhalt auf Grund des vom Treuhänder übergebenen Materials oder auf Grund der weiteren Ermittlungen (b) als genügend geklärt an, so erläßt er seine Entscheidung. Hier bestehen zunächst drei Möglichkeiten:

1. Hält er den Angeschuldigten für nicht hinreichend verdächtig, so weist er den Antrag auf Einleitung des ehrengerichtlichen Verfahrens als unbegründet zurück (§ 45 Satz 1 AOG.). Dieser — nach § 34 StrPO. mit Gründen zu versehende — Beschluß ist dem Angeschuldigten bekanntzumachen (vgl. § 204 Abs. 3 StrPO.) und dem Treuhänder der Arbeit zuzustellen. Der Treuhänder kann binnen einer Woche nach der Zustellung des Beschlusses Hauptverhandlung vor dem Ehrengericht beantragen (§ 45 Satz 2). Er ist in der Entscheidung darauf hinzuweisen, daß diese rechtskräftig wird, wenn der Antrag auf Hauptverhandlung nicht rechtzeitig gestellt wird (§ 14 der III. Durchf.-VO.).

2. Hält der Vorsitzende des Ehrengerichts den Antrag des Treuhänders für begründet, so kann er entweder selbst eine Ehrenstrafe verhängen oder das Hauptverfahren dadurch[101]) eröffnen, daß er Termin zur Hauptverhandlung, d. h. zur mündlichen Verhandlung vor dem Ehrengericht, anberaumt.

aa) Die vom Vorsitzenden selbst verhängte Strafe kann nur in Warnung, Verweis oder Ordnungsstrafe in Geld bis zu

---

101) Einen besonderen „Eröffnungsbeschluß" des Gerichtes (§ 203 StrPO.) gibt es hier nicht.

einhundert Reichsmark bestehen (§ 46 Abs. 1 Satz 1 AOG.), eignet sich also nur für leichtere Fälle. Ihre Festsetzung kann ohne mündliche Verhandlung erfolgen; doch hat der Vorsitzende vorher dem Beschuldigten Gelegenheit zu geben, sich zu dem Antrag des Treuhänders der Arbeit zu äußern; § 15 der III. Durchf.-VO. In der Entscheidung müssen außer der Strafe die dem Beschuldigten zur Last gelegte Pflichtverletzung und die Beweismittel angegeben sein (§ 16 Satz 1 eod.).

Gegen sie können der Beschuldigte und der Treuhänder der Arbeit binnen einer Woche nach der Zustellung der Entscheidung beim Ehrengericht schriftlich oder zu Protokoll der Geschäftsstelle Einspruch erheben (§ 46 Abs. 1 Satz 2 AOG.). Der Treuhänder der Arbeit und der Beschuldigte sind in der Entscheidung darauf hinzuweisen, daß diese vollstreckbar wird, wenn nicht rechtzeitig und in der vorgeschriebenen Form Einspruch erhoben wird; § 16 Satz 2 der III. DurchfVO. Ist letzteres rechtzeitig geschehen, so wird zur Hauptverhandlung vor dem Ehrengericht geschritten, sofern der Einspruch nicht bis zu ihrem Beginn zurückgenommen wird (§ 46 Abs. 2 AOG.).

bb) Gegen die Anberaumung eines Termins zur Hauptverhandlung, die in allen Fällen, in denen die ehrengerichtliche Klage begründet erscheint, geschehen muß, wenn der Vorsitzende des Ehrengerichts nicht selbst in der Sache entscheidet (§ 47 Abs. 1 AOG.), hat der Angeschuldigte keinen Behelf (entsprechend für den Eröffnungsbeschluß im Strafverfahren § 210 Abs. 1 StPO.). — Zur Terminsanberaumung ist der Vorsitzende auch bei einem Antrag des Treuhänders gemäß § 45 Satz 2 AOG. (oben 1) und bei rechtzeitigem Einspruch gegen seine Straffestsetzung verpflichtet.

d) Der Fall der Antragszurücknahme.

Der Treuhänder der Arbeit kann seinen Antrag an das Ehrengericht zurücknehmen, und zwar zunächst im Zwischenverfahren[102]) solange, als der Vorsitzende nicht selbst eine Ehrenstrafe verhängt hat (§ 52 AOG.).

Tut der Treuhänder das, so fällt eine Bedingung der ehrengerichtlichen Strafverfolgung fort, und der Vorsitzende hat das Verfahren unter Benachrichtigung des Angeschuldigten einzustellen, ohne auf den Strafanspruch, d. h. auf die Begründetheit oder Nichtbegründetheit der ehrengerichtlichen Klage, einzugehen.

---

102) In diesem Stadium bedeutet die Zurücknahmemöglichkeit noch keine Besonderheit gegenüber dem Strafprozeß; denn wenn keine Voruntersuchung stattgefunden hat, so liegt in der Anordnung einzelner Beweiserhebungen im Zwischenverfahren noch keine „Untersuchung“, welche zufolge § 156 StPO. die Zurücknahme der Klage hindern könnte. Erk. des RG. vom 12. März 1908, DJZ. 13 S. 763.

C. Vorbereitung der Hauptverhandlung.

Die nach Anberaumung des Termins zur mündlichen Verhandlung zwecks ihrer Vorbereitung notwendig werdenden Ladungen sind Sache des Ehrengerichtsvorsitzenden (§ 13 Satz 1 der III. DurchfVO.; anders § 214 Abs. 1 StrPO.). Ihre Zustellung erfolgt nach den Vorschriften der ZPO. über die Zustellung von Amts wegen. Der Vorsitzende wird auch die Herbeischaffung etwaiger sonstiger Beweismittel zu veranlassen haben.

a) Zu laden ist zunächst der Angeklagte und neben ihm, wenn dem Ehrengericht die Wahl eines Verteidigers angezeigt oder wenn dem Angeklagten ein solcher von Amts wegen bestellt worden ist (unten D b 3), auch dieser; § 218 StrPO. Eine öffentliche Ladung des Angeklagten ist unzulässig (§ 13 Satz 2 der III. DurchfVO.). — Ist die mündliche Verhandlung anberaumt, weil der Treuhänder dies trotz Zurückweisung seines Antrages auf Einleitung des Verfahrens verlangt hat[103]), so sind in der Ladung des Angeklagten die ihm zur Last gelegte Pflichtverletzung und die Beweismittel anzugeben; § 17 Abs. 2 eod.

Uebrigens ist schon bei der Terminsanberaumung zu berücksichtigen, daß zwischen der Zustellung der Ladung an den Angeklagten (sowie gegebenenfalls den Verteidiger) und dem Tage der Hauptverhandlung eine Frist von mindestens einer Woche liegen muß (§§ 217, 218 Abs. 1 Satz 2 StrPO.).

b) Die Auswahl der von ihm zu ladenden Zeugen und Sachverständigen und der herbeizuschaffenden anderen Beweismittel liegt, wie man aus § 13 der III. DurchfVO. folgern muß, gleichfalls dem Ehrengerichtsvorsitzenden ob, der dabei nicht auf die in der Ehrengerichts-Anklageschrift benannten Zeugen usw. beschränkt ist (vgl. § 221 StrPO.). Ferner kann der Angeklagte die Ladung von Zeugen und Sachverständigen und die Herbeischaffung sonstiger Beweismittel unter Angabe der Tatsachen, über die Beweis erhoben werden soll, beim Vorsitzenden beantragen, der ihn von der Entscheidung über den Antrag in Kenntnis zu setzen hat (§ 219 Abs. 1). Der Angeklagte hat im Falle der Ablehnung (sowie auch ohne vorhergehenden Antrag) das Recht der unmittelbaren Ladung mit Hilfe des Gerichtsvollziehers (§§ 220, 38 StrPO.).

Von ihm unmittelbar geladene (oder ohne Ladung zur Hauptverhandlung zu stellende) Zeugen und Sachverständige hat der Angeklagte unter Angabe ihres Wohnorts rechtzeitig dem Treuhänder namhaft zu machen (§ 222 Abs. 1 StrPO.). Eine entsprechende Informationspflicht des Ehrengerichtsvorsitzenden hinsichtlich der von ihm über die Nennungen in der Anklageschrift hinaus herangezogenen Zeugen und Sachverständigen läßt sich aus der Strafprozeßordnung nicht ableiten, da diese auch in solchen Fällen davon ausgeht, daß die Ladungen von der Anklagebehörde bewirkt werden (vgl. § 222 Abs. 2 StrPO.). Man wird es aber jedenfalls als sinn- und zweckgemäß ansehen dürfen, wenn im Ehrengerichtsverfahren auch der Vorsitzende gegebenenfalls dem Treuhänder eine entsprechende Nachricht zukommen läßt.

c) Von der mündlichen Verhandlung, auf welche Weise es auch immer zu ihrer Anberaumung gekommen sein möge (vgl. oben B c 2, bb), ist der Treuhänder der Arbeit zu benachrichtigen; § 17 Abs. 1 der III. DurchfVO.

d) Ueber die Fälle einer sog. „antizipierten Beweisaufnahme" siehe §§ 223 ff. StrPO.

---

103) Oben B c 1.

D. Hauptverhandlung.

a) Prinzipien der Einheit, Mündlichkeit und Oeffentlichkeit.

Die Hauptverhandlung muß ein zusammenhängendes Ganzes sein. Deshalb muß eine unterbrochene Hauptverhandlung spätestens am elften Tage nach der Unterbrechung fortgesetzt werden, widrigenfalls mit dem Verfahren von neuem zu beginnen ist[104]. Ferner ist die Verhandlung mündlich und öffentlich (§ 47 Abs. 2 Satz 1 AOG.); doch kann die Oeffentlichkeit von dem Vorsitzenden des Ehrengerichts ausgeschlossen werden (eod. Satz 3).

b) An der Hauptverhandlung beteiligte Personen:

1. Im allgemeinen.

Als an der Hauptverhandlung beteiligte Personen kommen an sich in Betracht: die Mitglieder des Spruchkollegiums, ein Urkundsbeamter der Geschäftsstelle, der Treuhänder der Arbeit, der Angeklagte und sein Verteidiger. — Sämtliche Mitglieder des Spruchkollegiums, und zwar ununterbrochen dieselben Personen („die" zur Urteilsfindung Berufenen), und „ein" (auswechselbarer!) Urkundsbeamter müssen während der ganzen Dauer der Hauptverhandlung zugegen sein (§ 226 StPO.).

2. Der Treuhänder der Arbeit im besonderen.

Der Treuhänder der Arbeit hat das Recht, der Hauptverhandlung beizuwohnen und Anträge zu stellen (§ 48 Abs. 1 AOG.). Die Verhandlung kann demnach, anders als nach der Strafprozeßordnung (§ 226), auch ohne einen Vertreter der Anklage vor sich gehen.

3. Angeklagter und Verteidiger im besonderen.

aa) Vertretung des Angeklagten.

Der Angeklagte kann sich in der Hauptverhandlung durch seinen Verteidiger vertreten lassen, wenn er diesen mit schriftlicher Vollmacht versehen hat; § 48 Abs. 2 AOG. Er ist also nicht ohne Weiteres zum Erscheinen verpflichtet. — Zu Verteidigern gewählt werden können stets die bei einem deutschen Gericht zugelassenen Rechtsanwälte sowie die Rechtslehrer an deutschen Hochschulen, ferner mit Genehmigung des Ehrengerichts auch andere Personen, § 138 StPO. Sodann kann einem Angeklagten, welcher noch keinen Verteidiger hat, vom Vorsitzenden des Ehrengerichts nach freiem Ermessen für die Hauptverhandlung ein Verteidiger von Amts wegen bestellt werden (§ 18 der III. DurchfVO.).

---

104) Es dürfte kein Bedenken bestehen, diese Vorschrift der „VO. über Maßnahmen auf dem Gebiete der Rechtspflege und Verwaltung" vom 14. Juni 1932, Erster Teil, Kapitel I (Art. 6 § 1) hier anzuwenden, welche, indem sie den elften Tag anstelle des vierten setzte, den § 229 StPO. im praktischen Ergebnis abgeändert hat.

bb) Verhandlung gegen einen ausgebliebenen, nicht vertretenen Angeklagten.

Das Ehrengericht kann auch entscheiden, wenn der ordnungsmäßig geladene Angeklagte in der mündlichen Verhandlung weder erschienen noch vertreten ist; § 19 Abs. 1 der III. DurchfVO.

cc) Anordnung des persönlichen Erscheinens.

Das Ehrengericht kann das persönliche Erscheinen des Angeklagten anordnen. Erscheint er gleichwohl nicht, so kann das Gericht anordnen, daß ein Vertreter nicht zugelassen wird; hierauf ist der Angeklagte in der Ladung hinzuweisen, § 19 Abs. 2 eod.[105]). Eine Vorführung des Angeklagten ist dagegen auch in der Hauptverhandlung nicht möglich (vgl. § 12 eod.).

Zusatz zu bb und cc: Ist gegen einen abwesenden und nicht vertretenen Angeklagten ein Urteil ergangen, so kann dieser nach Maßgabe der §§ 235, 44 bis 47 StrPO. die Wiedereinsetzung in den vorigen Stand nachsuchen. Das wird u. E. auch dann zu gelten haben, wenn das Nichtvertretensein auf der Nichtzulassung des Verteidigers (cc) beruhte.

c) Gang der Hauptverhandlung.

Die Hauptverhandlung wird vom Vorsitzenden des Ehrengerichts geleitet, der insbesondere auch nach §§ 40 ADG., 176 GVG. für Aufrechterhaltung der Ordnung in der Sitzung zu sorgen hat.

Da durch § 23 der III. DurchfVO. auch die §§ 177 bis 182 GVG. für entsprechend anwendbar erklärt sind, so können Beschuldigte, Zeugen, Sachverständige und bei der Verhandlung nicht beteiligte Personen wegen Ungehorsams auf Beschluß des Gerichts aus dem Sitzungszimmer entfernt sowie bis zu 24 Stunden in Haft gehalten werden. Auch kann das Gericht gegen sie im Falle einer Ungebühr eine Ordnungsstrafe in Geld (bis zu 1000 RM., Art. II Abs. 2 und Art. XIV Abs. 2 Nr. 3 der VO. vom 6. Februar 1924 in Verbindung mit der VO. vom 12. Dezember 1924) oder bis zu drei Tagen Haft festsetzen und sofort vollstrecken lassen, wogegen, wenn die Entscheidung nicht vom Reichsehrengerichtshof getroffen ist, binnen einer Woche Beschwerde an den Vorsitzenden des Reichsehrengerichtshofs zulässig ist, der endgültig entscheidet (§ 24 der III. DurchfVO.).

Der Vorsitzende des Ehrengerichts vernimmt den Angeklagten sowie die Zeugen und Sachverständigen, § 238 StrPO. — Im einzelnen zeigt die Hauptverhandlung, wie im Strafprozeß, folgendes Bild:

1. Sie beginnt mit dem Aufruf der Sache[106]) sowie der Zeugen und Sachverständigen (§ 243 Abs. 1 StrPO.). Die Zeugen — nicht auch die Sachverständigen — müssen darauf wieder abtreten (§ 243 Abs. 4).

105) Es dürfte außerdem nicht bloß bei Anordnung des persönlichen Erscheinens, sondern in jedem Falle zweckmäßig sein, ausdrücklich in der Ladung zu vermerken, daß auch dann, wenn der Angeklagte weder erschienen noch vertreten ist, eine Entscheidung ergehen kann. Vgl. den — freilich nicht schlechthin analog anwendbaren — § 232 Abs. 2 StrPO.

106) So muß § 243 Abs. 1 StrPO. ergänzt werden.

2. Hieran schließt sich die Vernehmung des Angeklagten über seine persönlichen Verhältnisse (oder die Stellung entsprechender Fragen an den Verteidiger) und — da es einen „Eröffnungsbeschluß" im ehrengerichtlichen Verfahren nicht gibt[107]) — die Verlesung des Antrages des Treuhänders der Arbeit[107a]).

3. Sodann erfolgt die Vernehmung des Angeklagten (oder seines Verteidigers) zur Sache, § 243 Abs. 3 StrPO.

4. Hierauf wird zur Beweisaufnahme im engeren Sinne, also insbesondere zur Vernehmung der Zeugen und Sachverständigen, geschritten (§ 244 Abs. 1 StrPO.).

aa) Den Umfang der Beweisaufnahme bestimmt das Ehrengericht nach freiem Ermessen, ohne hierbei durch Anträge, Verzichte oder frühere Beschlüsse gebunden zu sein; § 20 der III. DurchfVO.[108]). Es kann weitere Ermittlungen beschließen und diese entweder in der mündlichen Verhandlung selbst vornehmen oder sie dem Vorsitzenden oder einem ersuchten Richter überlassen; § 21 Satz 1 eod.

(Auf das Ersuchen um Rechtshilfe finden die §§ 157 bis 159, 165 GVG. entsprechende Anwendung; Satz 2 eod. Es ist also an das Amtsgericht zu richten, in dessen Bezirk die Amtshandlung vorgenommen werden soll. Dieses darf das Ersuchen praktisch nur dann ablehnen, wenn ihm die örtliche Zuständigkeit mangelt. Anfechtung der Ablehnung wie bei einem Rechtshilfeersuchen, das von einem ordentlichen Gericht ausgeht. Auch Anwendung der in letzterem Falle geltenden Vorschriften über Zeugen- und Sachverständigengebühren.)

bb) Für die Durchführung der Beweisaufnahme gelten u. a. die §§ 239 bis 242 StrPO. Also Recht des Angeklagten, des Verteidigers, des Treuhänders und der Beisitzer, einzelne Fragen an die Zeugen und Sachverständigen zu stellen. Ferner, wenn der Treuhänder der Hauptverhandlung beiwohnt, Möglichkeit des Kreuzverhörs bei solchen Zeugen oder Sachverständigen, die vom Treuhänder oder vom Angeklagten benannt worden sind. — Das Ehrengericht kann die Zeugen und Sachverständigen vereidigen; § 47 Abs. 2 Satz 2 AOG.

Die Aussage eines außerhalb der Hauptverhandlung vernommenen Zeugen oder Sachverständigen ist, sofern es der Treuhänder der Arbeit oder der Angeklagte beantragt oder das Ehrengericht es für erforderlich erachtet, zu verlesen (§ 22 der III. DurchfVO.).

cc) Nach der Vernehmung eines jeden Zeugen, Sachverständigen oder Mitangeklagten, sowie nach der Verlesung eines jeden Schriftstückes soll der Angeklagte befragt werden, ob er etwas zu erklären habe (§ 257 StrPO.).

5. Nach Beendigung der Beweisaufnahme folgen die sog. Schlußvorträge, d. h. es erhält zunächst der Treuhänder der Arbeit und sodann der Angeklagte zu seinen Ausführungen und Anträgen das Wort. Dem Treuhänder steht das Recht der Erwiderung zu. Dem Angeklagten gebührt das letzte Wort, und zwar ist der erschienene Angeklagte auch dann, wenn ein Verteidiger für ihn gesprochen hat, zu befragen, ob er selbst noch etwas zu seiner Verteidigung anzuführen habe (§ 258 StrPO.).

6. Nunmehr schließt sich die Beratung des Urteils, die Urteilsfindung, an.

---

107) Siehe oben bei Anm. 101.

107a) Mansfeld-Pohl Anm. 4b (II) zu § 48 AOG.

108) Also ebenso, wie seit der „VO. über Maßnahmen auf dem Gebiete der Rechtspflege und Verwaltung" vom 14. Juni 1932 (erster Teil, Kap. I, Art. 3 § 1) die ordentlichen Gerichte in allen berufungsfähigen Sachen.

aa) Gegenstand der Urteilsfindung.

Gegenstand der Urteilsfindung ist die in der Ehrengerichts-Anklageschrift bezeichnete Tat[109]), und zwar in der Gestalt, wie sie sich nach dem Ergebnis der Verhandlung darstellt (§ 264 Abs. 1 StrPO.). Wird der Angeklagte im Laufe der Hauptverhandlung noch einer anderen Tat beschuldigt, als wegen welcher Termin zur mündlichen Verhandlung anberaumt worden ist, so kann sie auf Antrag des Treuhänders und mit Zustimmung des Angeklagten zum Gegenstand derselben Aburteilung gemacht werden (§ 266 StrPO.).

bb) Beratung und Abstimmung.

α) Zum Zwecke der Beratung und Abstimmung über das Urteil muß sich das Spruchkollegium zurückziehen (§§ 40 AOG., 193 GVG.).

β) Der Vorsitzende leitet die Beratung, stellt die Fragen und sammelt die Stimmen (§ 194 Abs. 1 GVG.; siehe auch Absatz 2 und § 195).

γ) Die Reihenfolge bei der Stimmenabgabe ist so geregelt, daß der Vorsitzende zuletzt stimmt. Vor ihm stimmen die Beisitzer, und zwar diese nach dem Lebensalter, der Jüngere vor dem Aelteren; § 197 GVG. Beim Reichsehrengerichtshof stimmt aber der als Beisitzer bestellte zweite richterliche Beamte, wenn er nicht — was allerdings oft der Fall sein wird — der „Berichterstatter" (§ 324 Abs. 1 StrPO.) ist und aus diesem Grunde sogar zu allererst stimmt (§ 197 Satz 3 GVG.), als letzter vor dem Vorsitzenden; Satz 2 eod.[110]).

δ) Hinsichtlich des Stimmenverhältnisses gilt folgendes:

Zu einer jeden, dem Angeklagten nachteiligen Entscheidung in der Schuldfrage, d. h. in der Frage nach dem Bestehen eines ehrengerichtlichen Strafanspruchs, ist eine Mehrheit von zwei Dritteln der Stimmen erforderlich, § 263 Abs. 1 StrPO. (Das ist freilich im ersten Rechtszuge praktisch nicht bedeutsam, da es im Dreimännerkollegium keine andere als eine Zweidrittelmehrheit gibt, — wohl aber im zweiten Rechtszuge.) Das Urteil muß also — soweit es überhaupt ein Sachurteil ist, siehe unten E — auf Freisprechung lauten, wenn keine Zweidrittelmehrheit für die Schuldfrage zu erzielen ist.

Auch über die Bemessung der Strafe muß nach § 263 Abs. 1 StrPO. mit Zweidrittelmehrheit entschieden werden; hier wird aber die Erzielung dieser Mehrheit durch die Regeln im § 196 Abs. 2 und 3 GVG. (von denen die beiden ersten schon im ersten Rechtszuge eine Rolle spielen können) erleichtert, nämlich:

---

109) So, obwohl in § 264 Abs. 1 StrPO. anerkanntermaßen statt „Anklage" stehen müßte: „Eröffnungsbeschluß", weil es hier einen Eröffnungsbeschluß nicht gibt. — Vgl. Mansfeld-Pohl Anm. 5a zu § 48 AOG.

110) Auch hier können Zweifel bestehen, und zwar zunächst wegen des von der Reichsregierung bestimmten Beisitzers; denn nach dem Zweck des § 197 Satz 2 GVG, der verhindern soll, daß die „Schöffen" sich unwillkürlich durch die Stimmabgabe der „Richter" beeinflussen lassen, würde der Genannte entschieden auf die Seite der „Richter" gehören, also nach dem Führer des Betriebes und dem Vertrauensmann zu stimmen haben, auch wenn er jünger ist als diese. Oder muß vielleicht auch hier der Unterschied zwischen Berufsrichtern und Laienrichtern fortfallen, und rangieren demzufolge alle Beisitzer mit Ausnahme des Berichterstatters einfürallemal nach dem Lebensalter? — Zur Frage: Berufsrichter — Laienrichter siehe ferner Anm. 95 und Anm. 113.

αα) Bilden sich in Beziehung auf Summen, über welche zu entscheiden ist, mehr als zwei Meinungen, deren keine die Mehrheit für sich hat, so werden die für die größte Summe abgegebenen Stimmen den für die zunächst geringere abgegebenen solange hinzugerechnet, bis sich eine Mehrheit ergibt.

ββ) Bilden sich, von der Schuldfrage abgesehen, mehr als zwei Meinungen, deren keine die erforderliche Mehrheit für sich hat, so werden die dem Beschuldigten nachteiligsten Stimmen den zunächst minder nachteiligen solange hinzugerechnet, bis sich die erforderliche Mehrheit ergibt.

γγ) Bilden sich in der Straffrage zwei Meinungen, ohne daß eine die erforderliche Mehrheit für sich hat, so gilt die mildere Meinung. Wenn es sich hierbei darum handelt, ob eine bestimmte Meinung für den Beschuldigten nachteiliger ist, als eine andere, muß davon ausgegangen werden, daß das AOG. in § 38 (oben XV b) die Strafen in zunehmender Schwere anordnen wollte[111]).

In sonstigen Fragen genügt absolute Stimmenmehrheit, § 196 Abs. 1 GVG. (also im zweiten Rechtszuge eine Mehrheit von drei Stimmen). Das gilt z. B. für die Frage, ob das Urteil auf Einstellung des Verfahrens lauten soll, ferner kraft der positiven Vorschrift in § 263 Abs. 3 StrPO. für die Frage, ob die ehrengerichtliche Verfolgung verjährt ist.

Zu 1 bis 6: Auch während der Hauptverhandlung kann der Treuhänder der Arbeit (im ersten Rechtszuge, allerdings nur in diesem) seinen Antrag an das Ehrengericht zurücknehmen (grundlegende Abweichung von § 156 StrPO.!), und zwar hier bis zur Verkündung des Urteils, also sogar noch während der Urteilsberatung (oder auch noch, solange die Urteilsverkündung ausgesetzt ist; nachstehend 7), § 52 AOG. Durch die Zurücknahme wird dem Verfahren als solchem der Boden entzogen, und das ergehende Urteil darf sich nicht mehr mit der Sache befassen, vgl. unten E.

7. Die Hauptverhandlung endet mit der Verkündung des Urteils, vgl. § 260 Abs. 1 Satz 1 StrPO.; doch kann die Verkündung auch ausgesetzt werden, muß aber in diesem Falle spätestens mit Ablauf einer Woche nach dem Schluß der Verhandlung erfolgen. Sie erfordert Verlesung der Urteilsformel und nachfolgende Eröffnung der Urteilsgründe. Wird die Verkündung des Urteils ausgesetzt, so sind auch die Urteilsgründe vor ihr schriftlich festzustellen (§ 268 Abs. 1 und 2 StrPO.). — Rechtsmittelbelehrung: eod. Abs. 3.

d) Protokoll.

Siehe §§ 271 f., 273 Abs. 1 und Abs. 3[112]), 274 StrPO.

---

111) Nicht ganz unzweifelhaft, weil in Ziffern 3 bis 5 des § 38 auf eine materielle Strafe eine solche folgt, die schon an sich Ehre und Ansehen des Bestraften mindert, und weil dann wieder eine hauptsächlich materiell wirkende den Schluß macht. — Die Auffassung von Andres (S. 38) dürfte mit der oben im Text vertretenen übereinstimmen. — Wie im Text Mansfeld-Pohl Anm. 4 a—f zu § 38 AOG.

112) Man könnte auch an die Heranziehung des § 273 Abs. 2 (Aufnahme der wesentlichen Vernehmungsergebnisse) denken; denn diese Vorschrift bezieht sich zwar nur auf die Hauptverhandlung vor dem Amtsrichter und dem Schöffengericht, hat aber ihren Grund in der Berufungsfähigkeit der hier ergehenden Urteile. Sie ist aber durch die „Verordnung über Maßnahmen auf dem Gebiete der Rechtspflege und Verwaltung“ vom 14. Juni 1932, erster Teil, Kapitel I, Artikel 1, § 2 Abs. 2 praktisch außer Kraft gesetzt.

E. Das Urteil.

a) Die möglichen Urteilsformeln.

Das Urteil kann hier nur auf Freisprechung, Verurteilung (Sachurteile) oder auf Einstellung des Verfahrens (Formalurteil) lauten, § 260 Abs. 1 Satz 2 StrPO. Auf Einstellung ist bei Fehlen einer Bedingung der Strafverfolgung, einer Prozeßvoraussetzung, zu erkennen. Im ehrengerichtlichen Verfahren ist der praktisch wichtigste Fall die rechtzeitige Zurücknahme des vom Treuhänder gestellten Antrages auf Einleitung des Verfahrens (vgl. oben).

b) Die Urteilsgründe.

Die Urteilsgründe müssen enthalten:

1. bei Verurteilung

aa) die für erwiesen erachteten Tatsachen, in welchen die gesetzlichen Merkmale des gröblichen Verstoßes gegen die soziale Ehre gefunden werden,

bb) beim „Indizienbeweis" die Indizien („Sollvorschrift"),

cc) die Anwendung des materiellen Ehrenstrafrechts,

dd) die Nennung der zur Anwendung gebrachten materiellrechtlichen Bestimmungen,

ee) die Strafzumessungsgründe (Sollvorschrift); § 267 Abs. 1 und 3 StrPO.

Verzichtet der Treuhänder der Arbeit und, soweit der Angeklagte nach der Schwere der erkannten Strafe zur Einlegung der Berufung berechtigt ist (§ 49 Abs. 1 AOG., unten XX), auch dieser auf das Rechtsmittel, so genügen die Angaben zu aa und dd (§ 267 Abs. 4).

2. Bei Freisprechung müssen die Urteilsgründe ergeben, ob der Angeklagte für nicht überführt, oder ob und aus welchen Gründen die für erwiesen angenommene Tat als nicht ehrengerichtlich strafbar erachtet worden ist (§ 267 Abs. 5).

c) Beurkundung des Urteils.

Siehe § 275 StrPO. — Es genügt, wenn das Urteil im ersten Rechtszuge vom Vorsitzenden, im zweiten Rechtszuge vom Vorsitzenden und von dem neben ihm als Beisitzer bestellten zweiten höheren richterlichen Beamten unterschrieben wird; beides ist jedoch nicht unzweifelhaft[113]).

---

113) Was zunächst den zweiten Rechtszug anbelangt, so ist zu erwägen, ob nicht zum mindesten auch die Unterschrift der von der Reichsregierung als Beisitzer bestimmten Person notwendig ist. Nimmt man aber an, daß im ehrengerichtlichen Verfahren kein Unterschied zwischen Berufsrichtern und Laienrichtern gemacht werden kann (vgl. oben Anm. 95 und Anm. 110), so müssen überhaupt in beiden Instanzen die Unterschriften aller Mitglieder des Spruchkollegiums gefordert werden. — Mansfeld-Pohl Anm. 5d zu § 48 verlangen für das erstinstanzliche Urteil (entsprechend der im Text vertretenen Auffassung) nur die Unterschrift des Vorsitzenden. Für die Berufungsinstanz gehen sie auf die Frage nicht ein, vgl. Anm. 5 zu § 51 AOG.

XX. Berufung.

A. Vorbemerkung.

Auch die Vorschriften des AOG. über die Berufung im ehrengerichtlichen Verfahren im besonderen sind sehr knapp gehalten. Für ihre Ergänzung aus der Strafprozeßordnung ergibt sich die Schwierigkeit, daß das Rechtsmittel gegen die im ersten Rechtszuge „zur Zuständigkeit der Landgerichte gehörigen Strafsachen" § 40 AOG.) die Revision ist, und daß umgekehrt die Berufung im Strafprozeß nur gegen Urteile des Amtsrichters oder des Schöffengerichts statthat (§ 312 StrPO.). Man wird aber, soweit eine Ergänzung des AOG. sich als notwendig erweist, bei dieser Sachlage dennoch wegen des tiefgreifenden Wesensunterschiedes zwischen beiden Rechtsmitteln nur auf die Bestimmungen der StrPO. über die Berufung zurückgreifen dürfen[113 a]). Auch sie sind aber nur insoweit anwendbar, als sie nicht mit den — nach § 51 Abs. 2 AOG. für das Verfahren vor dem Reichsehrengerichtshof entsprechend geltenden — §§ 42, 44, 47 Abs. 2 und 48 oder mit den zu diesen Bestimmungen ergangenen Durchführungsvorschriften[113 b]) in Widerspruch stehen.

B. Einlegung (und Zurücknahme) der Berufung.

a) Voraussetzungen der Einlegung.

Gegen Urteile des Ehrengerichts kann der Treuhänder der Arbeit in jedem Falle Berufung einlegen, der Angeklagte hingegen nur dann, wenn auf Ordnungsstrafe in Geld über einhundert Reichsmark oder auf Aberkennung der Befähigung zum Führer des Betriebes bezw. zum Vertrauensmann oder aber auf Entfernung vom bisherigen Arbeitsplatz erkannt ist (§ 49 Abs. 1 AOG.), mit anderen Worten, wenn die Ehrenstrafe schwerer ist, als diejenige, welche im Zwischenverfahren durch den Ehrengerichtsvorsitzenden höchstens hätte verhängt werden können.

b) Form und Frist für die Einlegung.

Die Berufung ist binnen zwei Wochen nach Zustellung des Urteils beim Ehrengericht schriftlich oder zu Protokoll

---

113 a) Folgt man der Annahme von Mansfeld-Pohl (Anm. 2a zu § 40 AOG.), in § 40 AOG. müßte statt „Landgerichte" „Amtsgerichte" gelesen werden — einer Annahme, der im übrigen, wie die beiden Autoren anerkennen, wegen § 20 der III. DurchfVO. keine nennenswerte praktische Bedeutung zukommt —, so löst sich das Problem natürlich von selbst in diesem Sinne.

113 b) Ebenso Mansfeld-Pohl Anm. 1 zu § 51 AOG.

der Geschäftsstelle einzulegen, § 49 Abs. 2 Satz 1 AOG. (Bezüglich Berufung und Wiedereinsetzung in den vorigen Stand siehe § 315 StrPO.)

c) Wirkung der Einlegung.

Die — form- und fristgerecht eingelegte — Berufung hat aufschiebende Wirkung, Suspensiveffekt (§ 49 Abs. 2 Satz 2 AOG.).

d) Zurücknahme der Berufung.

Die Berufung kann vom Beschwerdeführer zurückgenommen werden. Der Verteidiger bedarf dazu jedoch einer ausdrücklichen Ermächtigung des Angeklagten. Ebenso ist der Treuhänder auf die Zustimmung des Beschuldigten angewiesen, wenn er das Rechtsmittel zu dessen Gunsten eingelegt hatte [114]), § 302 StrPO. Endlich braucht jeder Beschwerdeführer nach dem Beginn der Hauptverhandlung zur Zurücknahme der Berufung die Zustimmung des Gegners (§ 303 StrPO.).

In diesem Zusammenhange könnte für den Fall, daß die Berufung vom Angeklagten eingelegt ist, der Gedanke an eine Zurücknahme der ehrengerichtlichen Klage durch den Treuhänder der Arbeit auftauchen. Diese ist aber im zweiten Rechtszuge nicht mehr möglich (vgl. § 52 AOG.), der Treuhänder kann also jetzt einen Abschluß des Verfahrens durch bloßes Formalurteil nicht mehr herbeiführen.

C. Verfahren.

a) Vorstufe.

1. Verwerfung einer verspäteten Berufung durch das Ehrengericht.

aa) Ist die Berufung verspätet eingelegt, so hat das Ehrengericht dieselbe durch Beschluß als unzulässig zu verwerfen (§ 319 Abs. 1 StrPO.; daß auch das AOG. gegebenenfalls einen solchen Beschluß will, ergibt sich daraus, daß die Berufung beim Ehrengericht einzulegen ist).

bb) Der Beschwerdeführer kann binnen einer Woche nach Zustellung des Beschlusses auf die Entscheidung des Berufungsgerichtes antragen. In diesem Falle sind die Akten an das Berufungsgericht einzusenden; die Vollstreckung des Urteils wird jedoch hierdurch nicht gehemmt (§ 319 Abs. 2).

2. Weiterleitung der rechtzeitig eingelegten Berufung mit den Akten.

Ist die Berufung rechtzeitig eingelegt, so übersendet der Vorsitzende des Ehrengerichts die Akten nebst der Berufungsschrift und einer etwa nachge-

114) Daran wird man, obwohl das Rechtsmittel im ehrengerichtlichen Verfahren auch in diesem Falle für den Angeklagten zweischneidig wirken kann (vgl. unten), festhalten müssen, und zwar, weil der Angeklagte möglicherweise nur im Hinblick auf die vom Treuhänder zu seinen Gunsten eingelegte Berufung nicht selbst vorgegangen ist.

brachten Berufungsrechtfertigung dem Reichsehrengerichtshof [114a]). (Eine „Berufungsrechtfertigung" nachzubringen, kann auch im ehrengerichtlichen Verfahren dem Beschwerdeführer nicht verwehrt sein; sie hat aber hier nicht dieselbe rechtliche Tragweite, wie im Strafprozeß nach §§ 318, 327 StrPO., da der Reichsehrengerichtshof die Entscheidung des Ehrengerichts nach § 51 Abs. 1 AOG. stets im vollen Umfange nachzuprüfen hat. Deshalb gibt es hier auch keine besondere Rechtfertigungsfrist, deren Ablauf vor Weiterleitung der Akten abgewartet werden müßte.)

b) Verfahren beim Reichsehrengerichtshof.

1. Vorprüfung.

Auch der Reichsehrengerichtshof kann, wenn er die Bestimmungen über die Einlegung der Berufung nicht für gewahrt erachtet, das Rechtsmittel durch Beschluß als unzulässig verwerfen. Im anderen Falle schließt auch das Verfahren im zweiten Rechtszuge durch Urteil ab. § 322 Abs. 1 StrPO.

2. Vorbereitung der Hauptverhandlung.

Auf die Vorbereitung der Hauptverhandlung finden die gleichen Bestimmungen, wie im ersten Rechtszuge, Anwendung. Ladungen also auch hier durch den Vorsitzenden. — Einzelheiten:

aa) Keine Ladung entbehrlicher Zeugen und Sachverständiger, § 323 Abs. 2 StrPO.

bb) Neue Beweismittel zulässig; siehe § 323 Abs. 3 und 4. Auch weitere vorbereitende Ermittlungen durch den Vorsitzenden des Reichsehrengerichtshofs sind möglich, §§ 51 Abs. 2, 44 AOG.

3. Hauptverhandlung.

aa) Wie vor dem Ehrengerichte, so kann auch vor dem Reichsehrengerichtshof der Treuhänder der Hauptverhandlung nach seinem Ermessen beiwohnen oder fernbleiben und der Angeklagte durch einen mit schriftlicher Vollmacht versehenen Verteidiger vertreten werden; §§ 51 Abs. 2, 48 AOG. Auch wenn letzterer weder erschienen noch vertreten ist, kann der Reichsehrengerichtshof nach § 19 Abs. 1 der III. DurchfVO. zur Sache verhandeln und entscheiden. Eine Vorführung des Angeklagten gibt es auch hier nicht (§ 12 eod.). Daher ist § 329 Abs. 1 StrPO. unanwendbar [115]).

bb) Gang der Hauptverhandlung: Aufruf, Vortrag eines Berichterstatters mit Verlesung des Urteils erster Instanz in Abwesenheit der Zeugen, Vernehmung des Angeklagten, Beweisaufnahme, Schlußvortrag zuerst des Beschwerdeführers, dann des Gegners, letztes Wort des Angeklagten (§§ 324, 326 StrPO.).

Auch in der zweiten Instanz entscheidet das Gericht über den Umfang der Beweisaufnahme nach freiem Ermessen; § 20 der III. DurchfVO. Protokolle über erstinstanz-

---

114a) Ebenso Mansfeld-Pohl Anm. 3 zu § 49 AOG. Der in §§ 320, 321 StrPO. vorgesehene Umweg über die Anklagebehörden ist hier schon deshalb nicht gangbar, weil es eine besondere Anklagebehörde für den Reichsehrengerichtshof nicht gibt.

115) Vgl. Mansfeld-Pohl Anm. 3 zu § 51 AOG.

liche Zeugen- und Sachverständigenaussagen, soweit solche vorhanden[116]), dürfen nach Maßgabe von § 22 der III. DurchfVO., der die Anwendung des zweiten Halbsatzes von § 325 StrPO. ausschließt[115]), verlesen werden.

4. Urteil.

aa) Erscheint die Entscheidung erster Instanz gerechtfertigt, so lautet das Urteil des Reichsehrengerichtshofes auf Verwerfung der Berufung.

bb) Führt dagegen die erneute Prüfung der gesamten Sach- und Rechtslage zu einer abweichenden Beurteilung, so kann der Reichsehrengerichtshof die angefochtene Entscheidung nach freiem Ermessen abändern; § 51 Abs. 1 AOG. Das bedeutet unter anderem, daß auch dann, wenn das Urteil nur von dem Angeklagten oder zu seinen Gunsten vom Treuhänder angefochten worden war, bei entsprechend gravierenden Umständen auf eine schwerere Strafe erkannt werden darf, als in erster Instanz verhängt wurde (hier also kein Verbot der reformatio in peius; anders § 331 Abs. 1 StrPO.).

cc) Bei Verfahrensmängeln im Sinne des § 328 Abs. 2 StrPO. ist auch eine Zurückverweisung der Sache an die erste Instanz möglich[117]).

XXI. Vollstreckung der Ehrenstrafe. Kosten.

A. Vollstreckung.

a) Voraussetzung.

Urteile im ehrengerichtlichen Verfahren sind nicht vollstreckbar, bevor sie rechtskräftig geworden sind (§ 449 StrPO.). Eine vorläufige Vollstreckbarkeit gibt es ebensowenig, wie im Strafprozeß.

b) Art und Weise der Vollstreckung.

1. Geldstrafen.

aa) Eintreibung.

Die Vollstreckung der eine Ordnungsstrafe in Geld aussprechenden Entscheidung erfolgt durch den Treuhänder der Arbeit auf Grund einer von dem Urkundsbeamten des erkennenden Gerichts erteilten, mit der Bescheinigung der Vollstreckbarkeit versehenen beglaubigten Abschrift der Entscheidungsformel nach den Vorschriften über die Vollstreckung der Urteile in bürgerlichen Rechtsstreitigkeiten (§ 53 Abs. 2 AOG.).

116) Siehe oben Anm. 112.
117) Mansfeld-Pohl Anm. 5 zu § 51 AOG.

bb) Verwendung.

Die aus Ordnungsstrafen in Geld eingehenden Beträge sind an die Reichskasse abzuführen, soweit der Reichsarbeitsminister nicht etwas anderes bestimmt, § 53 Abs. 1. (Eine derartige abweichende Bestimmung ist bisher nicht erlassen; denn § 20 der zweiten Durchführungsverordnung bezieht sich nur auf vom Führer des Betriebes verhängte „Bußen".)

2. Die Durchführung von Urteilen, welche auf Aberkennung der Befähigung zum Führer des Betriebes bezw. zum Vertrauensmann oder auf Entfernung vom bisherigen Arbeitsplatz lauten, wird vom Treuhänder der Arbeit überwacht, § 54 AOG.

3. Warnungen oder Verweise werden, wenn das Urteil unanfechtbar geworden ist, durch den Vorsitzenden des Ehrengerichts erteilt, § 26 Abs. 1 der III. DurchfVO.[118]) und zwar nach seiner[119]) Wahl mündlich oder schriftlich[120]).

B. Kosten.

a) Die sachlichen und persönlichen Kosten der Ehrengerichte sowie des Reichsehrengerichtshofs trägt das Reich (§ 55 Abs. 1 AOG.).

b) Die Kosten des Verfahrens können ganz oder zum Teil dem Verurteilten auferlegt werden (Abs. 2 eod.). Es werden nur Barauslagen in Ansatz gebracht, deren Betrag vom Vorsitzenden des Ehrengerichts durch vollstreckbare Entscheidung festgesetzt wird; § 25 der III. DurchfVO.

---

118) Anders im Strafprozeß, wo auch für einen Verweis die Anklagebehörde zugleich die Vollstreckungsbehörde ist: Erk. des RG. vom 2. Februar 1893, Entsch. des RG. in Straff. Bd. 23 S. 403.

119) Im Strafprozeß trifft die Wahl gleichfalls die Strafvollstreckungsbehörde; Beschl. des KG. vom 1. Mai 05, DJZ. 10 S. 820.

120) Der schriftlich erteilte Verweis bedarf nicht notwendig der persönlichen Zustellung; entsprechend Erk. des RG. vom 30. Juli 98, Entsch. des RG. in Straff. Bd. 31 S. 283.

Vierter Teil.

Kündigungs- und Entlassungsbeschränkungen[121]).

XXII. Vorbemerkung: Das neue Recht und die Kündigungsbeschränkungen im allgemeinen.

a) Das neue Recht hat in die Einzelkündigungsbeschränkungen, welche den einzelnen Beschäftigten einen Schutz gegen sozial zu mißbilligende Kündigungen gewähren, insofern eingegriffen, als es die für „Arbeitnehmer" im allgemeinen und für Betriebsvertretungsmitglieder im besonderen geltenden Vorschriften des BRG. durch eine neue Regelung ersetzt hat. Der Kündigungsschutz für Schwerbeschädigte sowie für Frauen vor und nach der Niederkunft und die Verlängerung der Kündigungsfristen für langjährige Angestellte ist aber daneben bestehen geblieben.

b) An die Stelle der durch § 65 Ziff. 10 AOG. aufgehobenen Betriebsstillegungsverordnung, die die Allgemeinheit tunlichst vor einer Beunruhigung des Arbeitsmarktes durch Massenentlassungen schützen sollte, ist der das gleiche Ziel verfolgende § 20 AOG. getreten.

XXIII. Beschränkung der Einzelkündigung.

A. Kündigungsverbot des AOG. zugunsten von Vertrauensmännern.

Während nach dem BRG. die Kündigung gegen ein Betriebsvertretungsmitglied wirksam war, wenn sie mit Zustimmung der Betriebsvertretung erfolgte, ist heute die Kündigung

121) In den systematischen Darstellungen des Arbeitsrecht treten an die Stelle der in das Recht des Einzelarbeitsvertrages eingegliederten Abschnitte, welche von den Kündigungsbeschränkungen des BRG., d. h. dem Einspruchsrecht des gewöhnlichen Arbeitnehmers und dem Zustimmungserfordernis bei der Kündigung eines Betriebsvertretungsmitgliedes handeln, Ausführungen, wie oben in Ziff. XXIII enthalten; ferner wird der in der Nähe stehende Abschnitt über Entlassungen zufolge Betriebsstillegung durch Ausführungen entsprechend obiger Ziff. XXIV ersetzt. Soweit ein Lehrbuch des Arbeitsrechts auch die Arbeitsbeschaffung mit umfaßt, kommt das in dem betreffenden Abschnitt über die „Arbeitserhaltung" durch Beschränkung von Abbruch und Stillegung Gesagte in Fortfall.

des Dienstverhältnisses eines Vertrauensmanns im privaten Betriebe während der Dauer seines Amtes schlechthin unzulässig, es sei denn, daß sie infolge Stillegung des Betriebes oder einer Betriebsabteilung erforderlich wird oder aus einem Grunde erfolgt, der zur fristlosen Kündigung berechtigt, § 14 Abs. 1 Satz 2 AOG.[122]).

B. Kündigungsbeschränkung nach dem AOG. zugunsten von Angestellten oder Arbeitern, welche nicht dem Vertrauensrat angehören.

Vorab ist zu bemerken, daß die Kündigung von Arbeitsverträgen ein Recht des Unternehmers ist und es auch dann bleibt, wenn ihm die Befähigung zum Führer des Betriebes rechtskräftig aberkannt wurde[123]). Die allgemeine Kündigungsbeschränkung des AOG. gilt im übrigen unabhängig davon, wer Führer des Betriebes ist. Sie kommt Angestellten und Arbeitern zugute und besteht in dem Recht des Gekündigten, unter gewissen Voraussetzungen auf Widerruf der Kündigung zu klagen.

a) Materielle Voraussetzungen der Widerrufsklage.

Die Widerrufsklage ist an folgende Voraussetzungen geknüpft, die sämtlich erfüllt sein müssen:

1. Es muß sich um einen Betrieb mit in der Regel[124]) mindestens zehn Beschäftigten[125]) handeln;
2. der Angestellte oder Arbeiter muß in dem gleichen Betrieb oder dem gleichen Unternehmen[126]) zur Zeit der

---

122) Darüber, was unter „Stillegung des Betriebes oder einer Betriebsabteilung" zu verstehen ist, wann die Kündigung durch eine Teilstillegung „erforderlich wird" und was für Gründe zur fristlosen Kündigung berechtigen, siehe oben Anm. 51 bis 53.

123) Das ist indirekt schon aus § 57 AOG. zu folgern. Siehe auch oben IV b 3.

124) Das oben Anm. 40 Gesagte gilt mit der Maßgabe, daß hier Hausgewerbetreibende keinesfalls mitgezählt werden, siehe Anm. 125.

125) Hausgewerbetreibende werden trotz der Einschaltung des Vertrauensrats durch § 56 Abs. 2 AOG. nicht mitberücksichtigt; denn da dies nach § 5 Abs. 2 jedenfalls nur bei Betrieben denkbar wäre, die tatsächlich einen Vertrauensrat haben, so käme man andernfalls zu dem eigenartigen Ergebnis, daß zwar in diesen, nicht aber auch in kleineren Betrieben Mitzählung zu erfolgen hätte.

126) Ueber die Begriffe „Betrieb" und „Unternehmen" siehe oben I A und B. Ein Wechsel in der Person des Unternehmers schadet nicht, solange nur der Betrieb oder das Unternehmen, die technische Einheit oder die Zweckeinheit als solche erhalten geblieben ist.

Kündigung[127] mindestens ein volles Jahr lang beschäftigt[128] gewesen sein;

3. die Kündigung muß unbillig hart und darf nicht durch die Verhältnisse des Betriebes bedingt sein; § 56 Abs. 1 AOG.

Zu 1: Hierin liegt eine Verbesserung des Schutzes, verglichen mit dem regelmäßigen Kündigungsschutz des BRG.; denn dieser griff nur Platz, wenn der Betrieb einen Gruppenrat oder doch einen Betriebsrat hatte, was bei weniger als 20 Arbeitnehmern nicht der Fall war.

Zu 2: Der Kündigungsschutz des BRG. war nicht an eine Mindestbeschäftigungszeit geknüpft. Ihre Einführung durch das AOG. war notwendig im Hinblick auf das Vertrauensverhältnis innerhalb der Betriebsgemeinschaft; sie gibt Gelegenheit, während einer angemessenen Frist frei darüber zu entscheiden, ob ein neu angenommener Angestellter oder Arbeiter in die Betriebsgemeinschaft innerlich hineinwächst und dementsprechend als Mitarbeiter im Betriebe behalten werden kann.

Zu 3:

aa) Die beiden Voraussetzungen „unbillig hart" und „nicht durch die Verhältnisse des Betriebes bedingt" lassen sich nicht ganz voneinander trennen. Man darf nämlich, wie noch nachzuweisen sein wird, die Kündigung bezw. Entlassung eines bestimmten Arbeiters (oder Angestellten) nur dann als positiv durch die Verhältnisse des Betriebes bedingt ansehen, wenn die im Betrieb eingetretenen Veränderungen gerade diese Arbeitskraft entbehrlich machen[129]. In einem solchen

---

127) Damit die Kündigungsbeschränkung platzgreift, muß das Jahr bereits z. Zt. des Kündigungsausspruchs vollendet sein. Eine Kündigung mit Wirkung auf den Schluß des Jahres ist stets unantastbar. Entsprechend für das Angestellten-Kündigungsgesetz vom 9. Juli 26, welches hier vergleichsweise herangezogen werden kann, Hueck-(Nipperdey) Bd. I S. 324 mit Anm. 45. — Für das AOG., wie hier: Mansfeld-Pohl Anm. 2 b zu § 56.

128) Kürzere Unterbrechungen der Beschäftigungszeit durch Urlaub, Krankheit oder dergleichen sind belanglos und werden in die Gesamtdauer eingerechnet; entsprechend Hueck-(Nipperdey) Bd. I S. 322 mit Anm. 39 und für das AOG. Mansfeld-Pohl Anm. 2 b zu § 56 in Verbindnng mit Anm. 2 b zu § 8. Ob bei längeren Unterbrechungen, insbesondere solchen, bei denen der Arbeitsvertrag aufgehoben war, wenigstens die Beschäftigungsdauer vor und nach der Unterbrechung zusammengerechnet werden darf (so für das Angestelltenkündigungsgesetz Hueck eod. S. 322 mit Anm. 41), erscheint bei der relativen Kürze der vom AOG. geforderten Gesamtdauer recht zweifelhaft. Mansfeld-Pohl (a. a. O.) nehmen für das AOG. an, daß in solchen Fällen nach der Unterbrechung eine neue Frist zu laufen beginnt, lehnen also die Zusammenrechnung ab. Dem wird zuzustimmen sein.

Keinesfalls schadet es, wenn der Beschäftigte für einen Teil des Jahres Arbeiter und für den anderen Angestellter gewesen ist.

129) Z. B. weil der Arbeiter eigens zur Bedienung einer bestimmten Maschine eingestellt war, die wegen einer Aenderung des Herstellungsprozesses nicht mehr gebraucht wird, und weil eine angemessene andere Arbeit, welche ihm übertragen werden könnte, nicht vorhanden ist.

Falle wird man die Kündigung aber auch, wenn schon bisweilen als hart oder gar als sehr hart, so doch niemals als unbillig hart bezeichnen dürfen. Demnach wird eine „unbillig harte" Kündigung stets zugleich „nicht durch die Verhältnisse des Betriebes bedingt" sein. Umgekehrt ist allerdings eine Kündigung, welche nicht aus betrieblichen Rücksichten geboten erscheint, nicht schon bloß um dessentwillen unbillig, sondern damit sie das ist, dürfen auch keine sonstigen Umstände vorliegen, welche das Vorhandensein einer Unbilligkeit bei der Kündigung ausschließen.

Hier kommt zunächst ein die Kündigung rechtfertigendes „Verhalten" des Angestellten oder Arbeiters in Betracht, aber nicht, wie es freilich früher nach der Fassung des § 84 Abs. 1 Ziff. 4 BRG. den Anschein haben konnte, dieses allein, sondern unter Umständen auch ein ganzer Inbegriff von zahlreichen, sorgfältig gegeneinander abzuwägenden Momenten.

Müssen z. B. wegen dauernden Auftragsrückganges aus einer größeren Zahl mit denselben Verrichtungen betrauter Arbeiter oder Angestellter nur einige (oder nur einer) entlassen werden, so sind die Entlassungen gerade der Arbeitskräfte A, B usw. nur dann nicht unbillig hart, wenn A und B bei gerechter Abwägung ihrer Leistungen einerseits und ihres Lebensalters, Familienstandes sowie ihrer allgemeinen wirtschaftlichen Verhältnisse usw. anderseits am ehesten als zu Entlassende in Betracht kommen. Gerade hier zeigt sich, daß in Fällen, in denen erst noch eine Auswahl unter gleichartigen Arbeitskräften getroffen werden muß, die Entlassung der Ausgewählten nicht einfach als „durch die Verhältnisse des Betriebes bedingt" angesehen werden darf, da die Auswahl sonst ganz willkürlich vorgenommen werden könnte.

Die Sachlage läßt sich unter dem Bilde zweier sich schneidender Kreise veranschaulichen. Der eine von ihnen umfaßt alle Kündigungen, die nicht durch die Verhältnisse des Betriebes, der andere sämtliche Kündigungen, die nicht durch sonstige beachtliche Umstände bedingt sind. Die „unbillig harten" Kündigungen liegen alsdann in dem von beiden Kreisen zugleich überdeckten Bezirk. Der Zusatz „und nicht durch die Verhältnisse des Betriebes bedingt" im Gesetzestext hat daher den Charakter einer authentischen Erläuterung und besagt, daß eine Kündigung, um unbillig hart zu sein, unter anderem jedenfalls nicht so gelagert sein darf, daß sie schon allein um der betrieblichen Verhältnisse willen notwendig gerade den Gekündigten treffen muß.

bb) Aus den Erfordernissen zu 3 und aus der Tatsache, daß mit der Klage Widerruf der Kündigung begehrt wird, folgt, daß diese Klage nicht mit Erfolg gegen eine fristlose Kündigung als solche gerichtet werden kann; denn wenn der Unternehmer nach den Umständen des Falles zu einer fristlosen Kündigung berechtigt ist, so ist die Kündigung entweder durch die Verhältnisse des Betriebes bedingt oder sie ist aus sonstigen Gründen nicht unbillig hart. Ist aber die fristlose Kündigung ungerechtfertigt, so vermag sie als fristlose den Arbeitsvertrag überhaupt nicht zur Auflösung zu bringen, bedarf also als solche keines Widerrufs [130]). Wegen dessen, was sich daraus für den Schutz bei fristlosen Kündigungen ergibt, siehe unten e.

b) Prozeßvoraussetzung in Betrieben mit Vertrauensrat.

Zu den materiellen Voraussetzungen der Widerrufsklage, welche stets vorliegen müssen, tritt bei Betrieben, die einen Vertrauensrat haben, noch eine sogenannte Prozeßvoraussetzung: der Gekündigte muß entweder seiner Klage eine Bescheinigung des Vertrauensrats beifügen, derzufolge die Frage der Weiterbeschäftigung im Vertrauensrat erfolglos beraten worden ist, oder er muß nachweisen, daß er binnen fünf Tagen nach Zugang der Kündigung den Vertrauensrat angerufen, dieser aber die Bescheinigung innerhalb von fünf Tagen nach dem Anruf nicht erteilt hat; § 56 Abs. 2 AOG. [131]).

Hierbei darf die zweite Alternative nicht wörtlich so verstanden werden, als ob dem Kläger, der sich nicht im Besitz einer Bescheinigung befindet, über den von ihm zu führenden Nachweis der rechtzeitigen Anrufung des Vertrauensrats hinaus noch ein exakter Beweis dafür aufgebürdet würde, daß er trotz der Anrufung keine Bescheinigung erhalten hat — so allerdings anscheinend Mansfeld-Pohl [131a]) —, ein Beweis, der unter Umständen recht unbequem wäre und dessen Ueberwälzung auf den Kläger eine wohl kaum ganz stichhaltig zu begründende Durchbrechung der allgemeinen Regeln über die Verteilung der Beweislast darstellen würde. Sobald vielmehr die Anrufung feststeht, kann man davon ausgehen, daß der Kläger, wenn ihm eine Bescheinigung erteilt worden wäre, diese auch vorlegen

---

130) Unter der Herrschaft des BRG. war es streitig, ob eine „Kündigungseinspruchsklage" auch gegen die fristlose Kündigung als solche gerichtet werden konnte. Durch § 61 AOG. ist die Frage für die Widerrufsklage verneinend entschieden.

131) Das Fehlen dieser Prozeßvoraussetzung muß das Gericht von amtswegen berücksichtigen; wird es aber von ihm übersehen und ergeht infolgedessen dennoch ein Urteil in der Sache, so ist dieses nicht etwa nichtig, sondern kann lediglich mit den gewöhnlichen Rechtsmitteln angefochten werden.

131 a) Siehe Anm. 3 zu § 56 AOG. (S. 504).

würde, weil das ja für ihn viel einfacher wäre, als selbst der Nachweis der rechtzeitigen Anrufung des Vertrauensrats für sich allein[132]. Die praktische Bedeutung der Fünftagefrist *nach dem Anruf* liegt vielmehr darin, daß die Klage erst nach ihrem Ablauf erhoben werden kann, es sei denn, daß der Kläger die Bescheinigung schon früher tatsächlich erhält.

Auch in der Gestaltung, die das AOG. der Prozeßvoraussetzung gegeben hat, liegt eine *Verbesserung* des Schutzes im Vergleich zu früher; denn wenn der Vertrauensrat davon Abstand nimmt, beim Unternehmer die Zurücknahme der Kündigung anzuregen oder eine sonstige Verständigung zwischen ihm und dem Gekündigten zu versuchen, so vermag der Vertrauensrat niemals zu hindern, daß das Gericht auf die Widerrufsklage hin prüft, ob sie materiell begründet ist; war dagegen in dem obligatorischen Vorverfahren des BRG. der Gruppenrat (oder der Betriebsrat) der Meinung gewesen, im konkreten Fall müsse es nach dem BRG. bei der Kündigung verbleiben, so hatte der Arbeitnehmer nicht mehr das Recht zur gerichtlichen Klage. Erhob er sie gleichwohl, so mußte sie ohne Prüfung der materiellen Rechtslage als *unzulässig* abgewiesen werden.

c) Frist für die Erhebung der Klage; Zuständigkeit.

Die Klage muß binnen *zwei Wochen nach Zugang der Kündigung* erhoben werden, und zwar beim *Arbeitsgericht* (§ 56 Abs. 1).

---

132) Theoretisch gibt es allerdings noch die dritte Möglichkeit, daß der Kläger vom Vertrauensrat eine „Bescheinigung“ *positiven* Inhalts erhalten hat, nämlich eine Mitteilung, aus der hervorgeht, daß der Unternehmer zum Widerruf der Kündigung bereit ist. Dann wäre aber nicht recht einzusehen, weshalb er diese „Bescheinigung“ verschweigt und Klage erhebt. Man müßte schon annehmen, daß er ganz ungewöhnlich mißtrauisch wäre oder, wenn die Kündigungsfrist so kurz wäre, daß der Rechtsstreit voraussichtlich über ihren Ablauf hinaus andauern würde, allenfalls auch, daß es ihm in Wirklichkeit nicht darauf ankäme, vom Unternehmer den Widerruf zu erlangen, sondern allein darauf, ihn unter Ausnutzung der in § 60 AOG. (unten g 3, bb) unter Umständen gegebenen Möglichkeit bloß zur Zahlung von *Lohn* für einige Zeit nach Beendigung des Arbeitsvertrages zu zwingen. Dieser Fall dürfte also praktisch zum mindesten zu den größten Seltenheiten gehören. Im übrigen läge er kaum wesentlich anders, als wenn der Vertrauensrat nur *wegen* der erklärten *Widerrufsbereitschaft* des Unternehmers *keinerlei* schriftliche Mitteilung an den Kläger hätte ergehen lassen. Unter solchen Umständen — wie auch sonst — kann der *Beklagte*, wenn er vor Urteilsverkündung und bevor der Kläger eine neue Stelle angenommen hat, den Widerruf ausspricht, erreichen, daß der Rechtsstreit *in der Hauptsache für erledigt erklärt wird*. Ist der beklagte Unternehmer selbst der Führer des Betriebes und gehört er deshalb dem Vertrauensrat an, so wird das Gericht sogar unter Umständen schon in jener Mitteilung des Vertrauensrats den *Vollzug* der Widerrufserklärung erblicken können.

d) Inhalt des Urteils.

Soweit der Kläger nicht mit seiner Klage abgewiesen wird, wird der Unternehmer zum Widerruf der Kündigung verurteilt. Geschieht letzteres, so ist zugleich von Amts wegen im Urteil eine Entschädigung für den Fall festzusetzen, daß der Unternehmer den Widerruf ablehnt. Diese Entschädigung ist nach der Dauer des Arbeitsverhältnisses unter angemessener Berücksichtigung der wirtschaftlichen Lage des Gekündigten und der Leistungsfähigkeit des Betriebes festzusetzen; sie darf vier Zwölftel des letzten Jahresarbeitsverdienstes — früher sechs Zwölftel, § 87 Abs. 1 BRG. — nicht übersteigen; §§ 57 Abs. 1, 58 AOG.

e) Behandlung fristloser Kündigungen.

Gegenüber der fristlosen Kündigung als solcher hat, wie früher schon festgestellt wurde, keine Widerrufsklage statt; denn sobald die fristlose Kündigung gerechtfertigt ist, fehlen gewisse materielle Voraussetzungen für die Widerrufsklage; war aber der Unternehmer nicht zu einer fristlosen Kündigung berechtigt, so ist diese unwirksam und bedarf des Widerrufs nicht.

Nun steckt aber in der fristlosen Kündigung regelmäßig zugleich eine ordentliche, befristete Kündigung für den Fall, daß der Unternehmer nicht zur sofortigen Lösung des Arbeitsvertrages befugt sein sollte. Deshalb sieht das Gesetz vor, daß der Arbeiter oder Angestellte in demselben Prozeß, in dem er die Unwirksamkeit einer fristlosen Kündigung geltend macht, bis zum Schluß der mündlichen Verhandlung erster Instanz den Widerruf der implicite mit ausgesprochenen ordentlichen Kündigung verlangen kann, sobald für letztere die materiellen Voraussetzungen einer Widerrufsklage (oben a) vorliegen; § 61 Abs. 1 Satz 1 und 2. Eine besondere Prozeßvoraussetzung (Bescheinigung des Vertrauensrats über erfolglose Beratung oder Nachweis der fruchtlosen Anrufung desselben, oben b) besteht hier in keinem Fall; § 61 Abs. 1 Satz 4. Ferner gilt die Frist für die Widerrufsklage als gewahrt, wenn die Klage wegen Unwirksamkeit der fristlosen Kündigung binnen dieser Frist erhoben war; Satz 3 eod.

Der Inhalt des Urteils nach Stellung des Antrags auf Widerruf der ordentlichen Kündigung kann hier von dreifacher Art sein: Findet das Gericht, daß der Unternehmer berechtigt war, fristlos zu kündigen, so kommt ein Widerruf auch für eine ordentliche Kündigung nicht in Frage, und der

Kläger ist mit seinem gesamten Begehren abzuweisen. Sieht aber das Gericht die Kündigung als fristlose für unwirksam an und gibt insoweit dem Klagebegehren statt, so ist damit noch nicht anerkannt, daß auch die materiellen Voraussetzungen für einen Widerruf der ordentlichen Kündigung wirklich vorliegen. In letzterer Richtung bleibt also immer noch eine Abweisung des Antrages ebensowohl wie eine Verurteilung des Unternehmers möglich. Wird freilich dem Unternehmer zugleich der Widerruf der ordentlichen Kündigung auferlegt, so ist auch hier für den Fall seiner Ablehnung eine Entschädigung für den Gekündigten im Urteil festzusetzen.

f) Ausschluß der Widerrufsklage.

Die Klage auf Widerruf der — unmittelbar oder in einer fristlosen Entlassung implicite ausgesprochenen — ordentlichen Kündigung ist ausgeschlossen, wenn der Unternehmer kraft Gesetzes oder kraft einer Tarifordnung zu der Kündigung verpflichtet war (§ 62 AOG.).

Dagegen enthält das AOG. im Gegensatz zum BRG. (§ 85) keine ausdrücklichen Vorschriften, nach denen es auch dann bei der Entlassung ein für allemal sein Bewenden haben müßte, wenn sie durch gänzliche oder teilweise Stillegung des Betriebes erforderlich wird oder wenn sie in einem „Tendenzbetriebe" (§ 67 BRG.) durch die Eigenart seiner Bestrebungen bedingt ist. Steht aber in derartigen Fällen von selbst (ohne daß es erst noch einer Auswahl bedürfte) fest, wer zu entlassen ist, dann ist die Kündigung in dem oben erörterten strengen Sinne „durch die Verhältnisse des Betriebes bedingt" und es fehlt deshalb an einer materiellen Voraussetzung der Widerrufsklage.

g) Rechtsfolgen eines Urteils, das zu Ungunsten des Unternehmers lautet.

1. Wahlrecht des Unternehmers.

aa) Ein Urteil, das auf Widerruf der Kündigung lautet oder mit darauf lautet, läßt nach dem Gesagten dem Unternehmer die Wahl zwischen diesem Widerruf und der Zahlung einer Entschädigung an den Gekündigten; doch liegt nicht etwa eine „Wahlschuld" in dem Sinne vor, daß zunächst beide Leistungen geschuldet würden[133]) und daß sich die Schuld erst durch die Wahlerklärung des Unternehmers auf eine von ihnen konzentrierte,

133) Diese an die Definition der Wahlschuld in der gemeinrechtlichen Theorie „duae res in obligatione, una in solutione" angelehnte Formulierung ist nicht korrekt, aber für die oben beabsichtigte Grenzziehung ausreichend. Genauer Enneccerus-(Kipp-Wolff) Lehrbuch des Bürgerlichen Rechts, Bd. I 2, 9./11. Aufl. 1915, § 241.

sondern der Unternehmer ist an sich nur zum Widerruf der Kündigung verpflichtet, kann sich aber kraft einer facultas alternativa, einer „Lösungsbefugnis“, auch durch Zahlung der Entschädigung von seiner Verbindlichkeit befreien[134]).

bb) Der Unternehmer muß sein Wahlrecht grundsätzlich binnen drei Tagen nach Zustellung des Urteils ausüben, § 57 Abs. 2 Satz 1 AOG., und zwar ist die unter dem BRG. bestehende Streitfrage, ob die Wahl schon nach dem Urteil erster Instanz getroffen werden müsse, so die herrschende Lehre, oder ob die Frist, falls Berufung möglich, erst mit Zustellung des Urteils der Berufungsinstanz beginne, heute für den Regelfall im Sinne der herrschenden Lehre entschieden[135]). Dabei ist aber das Bedenken ausgeräumt, welches früher mit Recht geltend gemacht wurde, daß nämlich den Parteien die Berufung offenstehe, daß diese aber für den Unternehmer sinnlos werde, wenn er schon nach dem Urteil erster Instanz eine für ihn in bestimmtem Sinne endgültige Situation geschaffen habe[136]). Das Gesetz verleiht nämlich der vom Unternehmer getroffenen Wahl durch folgende ausdrückliche Vorschriften einen nur vorläufigen Charakter:

α) Der Unternehmer wird dadurch, daß er den Widerruf[137]) der Kündigung wählt, nicht gehindert, gegen das Urteil Berufung einzulegen; § 57 Abs. 2 Satz 4.

---

134) Die Frage war schon unter dem BRG. streitig, als das Urteil auf „Weiterbeschäftigung“ und für den Fall ihrer Ablehnung auf Entschädigung lautete. Die Sachlage ist ähnlich wie bei §§ 510 b ZPO. und 61 Abs. 4 ArbGG. Diese Vorschriften machen aus der auf eine Leistung gerichteten Verbindlichkeit nicht etwa nachträglich eine Wahlschuld, sondern ermöglichen es lediglich, von vornherein die Entschädigung festzusetzen, der der Beklagte verfällt, wenn er die von ihm geschuldete Handlung nicht vornimmt (vgl. Sydow-Busch, 12. Aufl. 1910 Anm. 1 zu § 510 b ZPO.). Nur erfolgt nach § 57 Abs. 1 AOG. die Festsetzung der Entschädigung nicht bloß auf Antrag, sondern von Amts wegen.

Im Ergebnis für das frühere Recht entsprechend, wie oben: Mansfeld, Anm. 4 zu § 87 BRG.; Kaskel (3. Aufl.) S. 168; Kaskel-Dersch S. 228. A. M. z. B. Hueck-(Nipperdey) Bd. I S. 374: facultas alternativa in umgekehrter Richtung (geschuldet wird die Entschädigung, die Befreiung von der Verbindlichkeit kann aber auch durch „Weiterbeschäftigung“ erfolgen). Auch als Wahlschuld ist das Verhältnis angesehen worden. — Für das AOG. wie oben: Mansfeld-Pohl, Anm. 3 zu § 57 (S. 512).

Praktische Tragweite der Frage: Spricht das Urteil die Verpflichtung zum Widerruf aus, setzt aber hilfsweise eine niedrigere Entschädigung fest, als der Kläger ausdrücklich verlangt hat, so treffen den Unternehmer bei der im Text vertretenen Auffassung gleichwohl die gesamten Kosten (vgl. Kaskel-Dersch S. 227 f. Anm. 7 a. E.).

135) Das folgt zwingend aus § 57 Abs. 2 Satz 1 AOG.; denn da Revision hier nach § 66 Abs. 8 nicht zulässig ist, ist das Urteil der Berufungsinstanz stets von vornherein endgültig vollstreckbar.

136) So zutreffend für das bisherige Recht Mansfeld, Anm. 4 zu § 87 BRG.

137) Auch die Wahl der Entschädigung schließt die Einlegung der Berufung nicht aus. In diesem Falle besteht, wenn die Berufung durchdringt, ein Rückforderungsrecht. Da aber der Unternehmer gewöhnlich nicht im Zweifel darüber

β) Wird auf die Berufung die Klage abgewiesen, so verliert mit diesem Zeitpunkt der Widerruf[137]) der Kündigung seine Wirkung; eod. Satz 5.

γ) Wird in dem in der Berufungsinstanz ergehenden Urteil die Entschädigung anderweit festgesetzt, so läuft die Dreitagefrist von der Zustellung des Berufungsurteils von neuem; § 57 Abs. 3. Letzteres kann auch eintreten, wenn der Gekündigte, nachdem der Unternehmer die Entschädigung gewählt hat, zwecks Erhöhung derselben von dem Rechtsmittel Gebrauch gemacht hat.

cc) Das zu bb Gesagte gilt nicht, wenn der Unternehmer glaubhaft gemacht hat, daß die Vollstreckung ihm einen nicht zu ersetzenden Nachteil bringen würde, und wenn infolgedessen auf seinen Antrag die vorläufige Vollstreckbarkeit des Urteils erster Instanz ausgeschlossen worden ist (§§ 57 Abs. 2 Satz 1 AOG., 62 Abs. 1 Satz 2 AGG.). Unter dieser Voraussetzung beginnt die Dreitagefrist, wenn der Unternehmer auch in der Berufungsinstanz verurteilt wird, mit Erlaß des Berufungsurteils, wenn er aber die Berufungsfrist versäumt, mit deren Ablauf[137a]).

dd) Die Wahlerklärung ist binnen der Dreitagefrist dem Gekündigten gegenüber mündlich oder schriftlich abzugeben. Bei schriftlicher Erklärung genügt es, wenn der Brief vor Ablauf der Frist zur Post gegeben ist. Ist die Frist versäumt, so gilt kraft unwiderleglicher Vermutung[138]) die Entschädigung als gewählt (deshalb bei schriftlicher Erklärung Einschreibebrief ratsam); § 57 Abs. 2 Satz 1 bis 3 AOG.

ee) Eine vollstreckbare Ausfertigung des der Klage stattgebenden Urteils wird dem Gekündigten nur erteilt, wenn er nachweist, daß der Unternehmer den Widerruf der Kündigung abgelehnt oder sich binnen der Dreitagefrist nicht erklärt hat. Der Nachweis kann auch durch Versicherung an Eidesstatt geführt werden; § 66 Abs. 7 AOG. Aehnlich früher der heute durch § 66 Abs. 1 AOG. aufgehobene (und in der Neufassung des Arbeitsgerichtsgesetzes durch eine dem heutigen Rechtszustand entsprechende Vorschrift ersetzte) § 63 AGG. alter Fassung, der insoweit auch dann galt, wenn nicht die Betriebsvertretung, sondern der „Arbeitnehmer" die Klage erhoben hatte.

2. Lohnanspruch und Entschädigungsanspruch.

aa) Kommt es mangels einer rechtzeitigen Erklärung oder kraft ausdrücklichen Entschlusses des Unternehmers zur Zahlung

---

sein kann, daß dieses Recht nur schwer oder gar nicht zu realisieren wäre, so wird er, wenn er Berufung einlegen will, in aller Regel den vorläufigen Widerruf vorziehen.

137a) Mansfeld-Pohl Anm. 3 zu § 57 AOG. (S. 514).

138) Vgl. Mansfeld Anm. 4 zu § 87 BRG. und für das heutige Recht Mansfeld-Pohl a. a. O.

der im Urteil festgesetzten Entschädigung, so kann der Arbeiter oder Angestellte Lohnansprüche für die Zeit nach dem Termin, zu dem die Kündigung wirksam wurde, nicht mehr erheben.

bb) Anderseits ist aber die Lohnforderung für die Zeit bis zur Beendigung des Arbeitsvertrages von der Entschädigungszahlung unabhängig. Das ist praktisch wichtig besonders für den fristlos Entlassenen, der die Unwirksamkeit der fristlosen Kündigung mit Erfolg geltend gemacht hat und außerdem mit der Widerrufsklage gegen die Kündigung als ordentliche durchgedrungen ist (vgl. oben). Auch sein Vertrag kommt ja, wenn der Unternehmer die Entschädigung wählt, zum Ablauf, jedoch erst zu dem Termin, auf den die Kündigung in letzterer Gestalt wirkt. Infolgedessen behält der Entlassene jedenfalls bis dahin seinen Lohnanspruch (wenn ihm auch nach § 615 Satz 2 BGB. darauf angerechnet werden kann, was er inzwischen anderweitig verdient oder aus Böswilligkeit nicht verdient hat). Diese Folgerung aus der nach dem AOG. hinsichtlich fristloser Kündigungen gegebenen Rechtslage wird in § 61 Abs. 2 ausdrücklich gezogen [139]) [140]).

3. Besonderer Lohnanspruch bei Wahl des Widerrufs; Grenzen der Verpflichtung des vormals Gekündigten, die Arbeit wiederaufzunehmen.

aa) Wählt der Unternehmer den Widerruf der Kündigung, so muß er im Normalfalle den Lohn für die Zeit zwischen Entlassung und Weiterbeschäftigung zahlen [141]), allerdings gleichfalls unter Anrechnung dessen, was der Arbeiter oder Angestellte inzwischen anderweitig verdient oder zu verdienen böswillig unterlassen hat, und ferner unter Anrechnung der öffentlichrechtlichen Leistungen, die der vormals Gekündigte in der Zwischenzeit aus Mitteln der Arbeitslosenhilfe

---

139) Auch damit ist eine unter der Herrschaft des BRG. bestehende Streitfrage aus der Welt geschafft. Das Reichsgericht, das den „Einspruch“ gegen die fristlose Kündigung als solche zuließ, hat nämlich den Standpunkt vertreten, daß ein zu Unrecht fristlos Entlassener, der mit der Kündigungseinspruchsklage durchgedrungen sei, den oben festgestellten Lohnanspruch nicht mehr habe (Entsch. des RG. in Zivils. Bd. 105 S. 132). Diese Auffassung ist schon seinerzeit lebhaft bekämpft worden; siehe die Kritik bei Kaskel-Dersch S. 241 mit weiteren Angaben.

140) Das ist aber nicht so zu verstehen, als ob der Gekündigte auf Grund der Verurteilung des Unternehmers zum Widerruf und hilfsweise zur Entschädigung auch wegen der Lohnforderung vollstrecken lassen könnte; zu diesem Zwecke bedarf er vielmehr heute ebenso, wie früher, eines Titels, welcher unmittelbar zur Zahlung der Lohnsumme verurteilt.

141) Auch wegen dieser Lohnforderung kann nur auf Grund eines eigens darauf lautenden Titels vollstreckt werden; siehe unsere Anm. 140 und für früher Mansfeld, Anm. 3 zu § 88 BRG., für heute Mansfeld-Pohl Anm. 3 zu § 59 AOG.

oder der öffentlichen Fürsorge erhalten hat (§ 59 AOG. in Verbindung mit § 615 Satz 2 BGB.), während dieser zur Wiederaufnahme der Arbeit verpflichtet ist, ohne daß es etwa seiner Zustimmung zu der vom Unternehmer getroffenen Wahl bedürfte [142]).

bb) Letzteres gilt aber ausnahmsweise dann nicht, wenn der vormals Gekündigte inzwischen einen neuen Dienstvertrag abgeschlossen hat und die alte Stelle nicht wieder antreten will oder mangels sofortiger Lösbarkeit des neuen Vertrages nicht rechtzeitig wieder antreten kann. In diesem Falle kann er dem alten Unternehmer unverzüglich, nachdem ihm dieser den Widerruf der Kündigung erklärt hat, spätestens aber innerhalb von 3 Tagen danach, erklären, er verweigere die Weiterbeschäftigung. (Er wird, da das Verweigerungsrecht nach Ablauf der Frist erlischt, praktisch so verfahren müssen, wenn er nicht auf Grund besonderer Vereinbarung mit dem neuen Dienstberechtigten diesem mit sofortiger Wirkung kündigen kann; denn dem neuen Dienstberechtigten gegenüber ist ihm ein besonderes gesetzliches Kündigungsrecht nicht verliehen und er läuft demzufolge sonst Gefahr, nach Ablauf der drei Tage zwei Berechtigten gleichzeitig zum Dienst verpflichtet zu sein und dem einen oder anderen von ihnen schadensersatzpflichtig zu werden [143]).) Bringt er seinen Willen schriftlich zum Ausdruck, so genügt es, wenn sein Brief innerhalb der Frist zur Post gegeben ist.

Kommt es zu einer solchen Erklärung des Arbeiters oder Angestellten, so hat er nur Anspruch auf Lohn für die Zeit zwischen der Entlassung und dem Tage des Eintritts in das neue Dienstverhältnis [141]) [144]), wobei für den Unternehmer die soeben erwähnten beiden Anrechnungsmöglichkeiten gleichfalls gelten (§ 60 AOG.). Die im Urteil festgesetzte Entschädigung kann der Arbeiter oder Angestellte nicht fordern.

Sowohl im Falle aa als auch im Falle bb muß übrigens der Unternehmer angerechnete Leistungen der Arbeitslosenhilfe oder der öffentlichen Fürsorge der leistenden Stelle zurückerstatten (§§ 59 a. E., 60 a. E. AOG.).

---

142) Ebenso für das frühere Recht Hueck-(Nipperdey) Bd. I S. 382.

143) Ein Recht zur fristlosen Kündigung steht im Falle der Versäumung der Dreitagefrist dem alten Dienstberechtigten gegenüber auch solchen Beschäftigten, die an sich aus jedem wichtigen Grunde fristlos kündigen können, im Hinblick auf die besondere Regelung im Gesetz sicherlich nicht zu; und dem Beschäftigten dem neuen Dienstberechtigten gegenüber ein solches Kündigungsrecht zu gewähren, erschiene bei Würdigung der gesamten Sachlage, die der Beschäftigte selbst verschuldet hat, außerordentlich bedenklich.

144) Nach § 89 BRG. ging der Anspruch auf den Lohn für die Zeit zwischen Entlassung und Urteilsfällung. Die neue Regelung wird der Sachlage besser gerecht.

C. Kündigungsbeschränkung in öffentlichen Verwaltungen und Betrieben.

a) Zugunsten von Vertrauensmännern.

Im Gegensatz zum AOG. enthält das „Gesetz zur Ordnung der Arbeit in öffentlichen Verwaltungen und Betrieben" kein eigentliches Kündigungsverbot zugunsten von Vertrauensmännern. Die Beschränkung besteht hier, wie früher schon einmal gesagt wurde, darin, daß das Dienstverhältnis des Vertrauensmanns, außer wenn ein Grund zur fristlosen Kündigung vorliegt, nur mit Zustimmung des Sondertreuhänders für den öffentlichen Dienst, wenn aber ein solcher im Einzelfalle nicht bestellt ist, mit Zustimmung des „zuständigen" Treuhänders der Arbeit gekündigt werden kann (§§ 12 Abs. 1, 21). Selbst eine Stillegung des öffentlichen Betriebes entbindet aber nicht von der Pflicht, die Zustimmung nachzusuchen.

b) Kündigungsbeschränkung zugunsten von Angestellten oder Arbeitern, welche nicht dem Vertrauensrat angehören.

Zugunsten derartiger Arbeitskräfte finden nach § 22 Satz 1 im Regelfalle die Bestimmungen des AOG. (oben B) entsprechende Anwendung. Der Reichsarbeitsminister ist aber ermächtigt, im Einvernehmen mit dem zuständigen Reichsminister — bei der Reichsbank mit dem Präsidenten des Reichsbankdirektoriums — Verwaltungen und Betriebe oder Gruppen von ihnen durch Verordnung von der Anwendung der Bestimmungen des AOG. auszunehmen, wenn für ihre Angehörigen ein mindestens gleichwertiger Kündigungsschutz durch Dienst- oder Tarifordnungen gesichert erscheint; §§ 22 Satz 2, 24.

XXIV. Beschränkung von Massenentlassungen im Geltungsbereich des AOG.

a) Sachlicher Geltungsbereich der Regelung.

Die im AOG. enthaltene Beschränkung von Massenentlassungen gilt im Gegensatz zu derjenigen in der Betriebsstilllegungsverordnung für Betriebe schlechthin ohne Unterschied des Betriebszweckes (vgl. § 20 Abs. 1 AOG.). Es werden heute also unter anderem auch Handelsbetriebe, Banken, Betriebe von Versicherungsunternehmungen sowie land- und forstwirtschaftliche Betriebe erfaßt. Ferner ist nach der neuen Ordnung nicht mehr notwendig, daß der Betrieb in der Regel mindestens zwanzig Beschäftigte hat.

Ausgenommen sind dagegen, weil nach § 63 nicht unter das AOG. fallend, alle Betriebe der öffentlichen Hand (vgl.

oben I C a), also anders, als früher, auch Kommunalbetriebe. Auch hat nicht etwa das „Gesetz zur Ordnung der Arbeit in öffentlichen Verwaltungen und Betrieben" für sein Geltungsgebiet eine entsprechende Regelung eingeführt.

b) Voraussetzungen des Schutzes.

1. Die Entlassungsbeschränkung tritt in Kraft, wenn

aa) in Betrieben mit in der Regel weniger als einhundert Beschäftigten innerhalb von vier Wochen mehr als neun Beschäftigte,

bb) in Betrieben mit in der Regel mindestens einhundert Beschäftigten zehn vom Hundert der im Betriebe regelmäßig Beschäftigten oder aber mehr als fünfzig Beschäftigte innerhalb von vier Wochen entlassen werden; § 20 Abs. 1.

Der prinzipiell erforderte Hundertsatz ist also nicht mehr 5, sondern 10%, wie früher wird aber die Schutzbestimmung nur angewandt, wenn mindestens zehn, und auf der anderen Seite stets angewandt, wenn mehr als fünfzig Beschäftigte zur Entlassung kommen sollen.

Eine „Entlassung" liegt aber nur vor, wenn zur Beendigung des Arbeitsvertrages eine Kündigung erforderlich ist und diese vom Unternehmer ausgesprochen wird, nicht, wenn der Beschäftigte kündigt, und ebensowenig, wenn der Vertrag von vornherein nur auf eine bestimmte Zeit abgeschlossen war oder wenn es sich um eine Einstellung zur Probe handelt, die nicht in ein endgültiges Beschäftigungsverhältnis überführt wird[145]).

Kraft positiver Vorschrift (§ 20 Abs. 2 letzter Satz) bleibt außerdem das Recht zur fristlosen Entlassung[146]) unberührt. Soweit eine solche Entlassung an sich stattfinden darf, ist sie also weder behindert, noch wird sie mitgerechnet.

2. Auf die Ursache der Massenentlassung kommt es prinzipiell nicht mehr an. Sie braucht keineswegs in der gänzlichen oder teilweisen Stillegung einer Betriebsanlage zu bestehen. Ausnahmen: in Betrieben, die regelmäßig in einer bestimmten Jahreszeit verstärkt arbeiten (Saisonbetriebe) oder regelmäßig nicht mehr als drei Monate im Jahre arbeiten (Kampagne-

145) Ebenso für das frühere Recht Hueck-(Nipperdey) Bd. I S. 352, IV 1 und für das heutige Recht Mansfeld-Pohl Anm. 2 zu § 20 AOG. (S. 274f.).

146) Unzulässig bleibt es gegebenenfalls, auf Grund einer Vereinbarung, derzufolge der Arbeitsvertrag jederzeit durch ordentliche Kündigung mit sofortiger Wirkung gelöst werden kann, also auf Grund einer sog. „Entfristung" zur sofortigen Entlassung zu schreiten; wohl aber darf sich der Unternehmer heute auch auf einen wirksam vertraglich abgemachten (so auch Mansfeld-Pohl Anm. 3 zu § 20 AOG., S. 278) oder auf einen durch Betriebsordnung normierten Grund zur fristlosen Kündigung berufen.

betriebe), finden die hier in Rede stehenden Vorschriften auf solche Entlassungen keine Anwendung, die durch das Aufhören der „Saison“ oder der „Kampagne“[147]) bedingt sind; § 20 Abs. 4[148]).

c) Wirkung des Schutzes.

1. Die Wirkung des Schutzes besteht in einer zeitweisen Verunmöglichung der Vertragsauflösung. Entläßt nämlich der Unternehmer innerhalb von vier Wochen Beschäftigte in der zu b 1 genannten Anzahl, so muß er — von den unter b 2 erwähnten Ausnahmefällen abgesehen — dem Treuhänder der Arbeit vorher schriftlich Anzeige erstatten (§ 20 Abs. 1 AOG.). Innerhalb einer Sperrfrist von vier Wochen nach Eingang dieser Anzeige beim Treuhänder bedürfen die Entlassungen der Genehmigung des Treuhänders. Werden sie ohne die Genehmigung vorgenommen, so bleiben sie bis zum Ablauf der Sperrfrist unwirksam, d. h. der Unternehmer muß bis dahin die Löhne oder Gehälter weiterzahlen. Spricht der Treuhänder die Genehmigung während der Sperrfrist aus, so sind die Entlassungen von ihrer Erteilung[149]) oder von dem ausdrücklich bezeichneten noch innerhalb der Sperrfrist liegenden späteren Zeitpunkt an wirksam. Der Treuhänder der Arbeit kann freilich der Genehmigung auch rückwirkende Kraft verleihen (wichtig für den Fall, daß die Entlassungen innerhalb der vier Wochen unerwarteter Weise die zahlenmäßige Grenze überschritten haben und daß die Anzeige infolgedessen ohne Verschulden verspätet erfolgt!); er kann jedoch auf der anderen Seite sogar die Sperrfrist bis auf eine Gesamtdauer von (höchstens) zwei Monaten nach Erstattung der Anzeige verlängern. § 20 Abs. 2 Satz 1 und 2.

2. Unterbleibt die Anzeige, so können die Entlassungen bis zu dem Zeitpunkt keine Wirksamkeit erlangen, und die Arbeitsvergütung fällt bis zu dem Zeitpunkt weiter an, zu dem auf die Nachholung der Anzeige hin die gesetz-

147) Andere Momente, wie z. B. plötzliche Konjunkturverschlechterungen, berühren dagegen auch in den genannten Betrieben die Geltung der Vorschriften nicht. Ebenso Mansfeld-Pohl Anm. 5 zu § 20 AOG.

148) Diese Befreiung von den Vorschriften bei solchen Entlassungen, die „durch die Eigenart des Betriebes bedingt“ sind, gilt heute kraft Gesetzes nur noch für Saison- und Kampagnebetriebe, nicht mehr für andere Betriebe. Sofern auch bei letzteren gelegentlich die Entlassungen durch ihre Eigenart bedingt erscheinen, wird aber der Treuhänder unter Umständen Veranlassung haben, die Durchführung vor Ablauf der Sperrfrist zu genehmigen. Dasselbe ist zu sagen, wenn unvorhersehbare Ereignisse die Massenentlassung erforderlich machen, in welchem Falle sie heute gleichfalls nicht mehr schon kraft Gesetzes unbehindert ist.

149) Der Wortlaut des Gesetzes zeigt, daß die Genehmigung nach dem AOG., anders als dies nach der Betriebsstillegungsverordnung meist angenommen wurde, nicht von selbst rückwirkende Kraft hat.

liche oder die verlängerte Sperrfrist abgelaufen ist oder für den das Wirksamwerden der Entlassungen zufolge der nachträglichen Anzeige durch den Treuhänder genehmigt wurde[150]).

3. Die Entlassungsbeschränkung gilt für alle zu entlassenden Beschäftigten, nicht bloß für denjenigen Teil, der jenseits der zahlenmäßigen Grenze liegt[151]). Mit dem Ablauf der Sperrfrist oder dem Wirksamwerden der Genehmigung hört sie auf; die besonderen Kündigungsbeschränkungen gegenüber etwa zum Betriebe gehörigen Schwerbeschädigten oder gegenüber Frauen vor und nach der Niederkunft werden jedoch durch ihr Dahinfallen nicht berührt. Dagegen kommt der Kündigungsschutz des AOG. nach dem in Ziffer XXIII Gesagten für Vertrauensmänner dann in Fortfall, wenn die Entlassung mit einer Stillegung des Betriebes oder einer Teilstillegung im Zusammenhange steht, welche ihr Ausscheiden erforderlich macht, und bei sonstigen Beschäftigten dann, wenn ihre Entlassung, was hier häufig zutreffen wird, „durch die Verhältnisse des Betriebes bedingt ist".

Auch die Pflicht zur Einhaltung der gesetzlichen[152]) oder vertraglichen Kündigungsfristen bleibt trotz Ablaufs der Sperrfrist (oder trotz Wirksamwerdens der Entlassungsgenehmigung) bestehen. Anderseits können die Kündigungsfristen während der Sperrfrist nicht nur laufen, sondern auch beginnen. Beschäftigte beispielsweise, die mit vierzehntägiger Kündigung eingestellt sind, brauchen nicht etwa noch zwei Wochen über das Ende der Sperrfrist hinaus entlohnt zu werden, sondern ihr Arbeitsverhältnis ist mit deren Ablauf gelöst, sofern ihnen nur 14 Tage vorher gekündigt worden ist[153]).

4. Soweit schließlich die Entlassungen nicht innerhalb von vier Wochen nach dem Ablauf der Sperrfrist oder dem vom Treuhänder genehmigten Termin[154]) durchgeführt werden, gilt

150) Auch das ergibt sich heute klar aus der Fassung des Gesetzes (§ 20 Abs. 2 Satz 1 sagt: „anzuzeigen ist", nicht: angezeigt ist!). Früher war die Dauer der Entlassungsbeschränkung in solchen Fällen streitig. Entsprechend, wie im Text: Kaskel (3. Aufl.) S. 175 mit Anm. 5, anders Hueck-(Nipperdey) Bd. I S. 358 mit Anm. 13 und Kaskel-Dersch S. 236 Anm. 6.

151) Schon für das bisherige Recht wohl unbestritten; vgl. Hueck-(Nipperdey) Bd. I S. 357 f.

152) Dazu gehören in diesem Zusammenhange gegebenenfalls auch die verlängerten Kündigungsfristen für langjährige Angestellte nach dem Gesetz vom 9. Juli 26.

153) Urteil des Reichsarbeitsgerichts vom 11. Februar 31, Reichsarbeitsblatt 1931, S. I 79; Hueck-(Nipperdey) Bd. I S. 357; Kaskel-Dersch S. 236 mit Anm. 4. Ebenso für das heutige Recht Mansfeld-Pohl Anm. 3 zu § 20 AOG. (S. 277): nur der „Ablauf" der Kündigungsfrist, nicht auch ihr „Lauf", wird gehemmt.

154) Früher betrug diese sog. „Freifrist" einen Monat und lief stets erst vom Ablauf der Sperrfrist an, vgl. § 1 Abs. 2 Satz 2 der Betriebsstillegungsverordnung.

die Anzeige als nicht erstattet; § 20 Abs. 2 Satz 3. Das hat die Bedeutung, daß, sofern die rückständig gebliebenen Entlassungen später nachgeholt werden und innerhalb eines Zeitraumes von vier Wochen an sich oder zusammen mit anderen Entlassungen die zahlenmäßige Grenze für den Massenentlassungsschutz übersteigen, ein völlig neuer Fall einer Massenentlassung als gegeben angesehen werden muß, der eine neue Anzeige erfordert.

5. Wenn der Unternehmer nicht in der Lage ist, die Beschäftigten bis zum Ablauf der Sperrfrist (oder bis zu dem früheren Zeitpunkt, für welchen der Treuhänder der Arbeit die Durchführung der Entlassungen genehmigt) voll in Arbeit zu behalten, so kann der Treuhänder zulassen, daß der Unternehmer für die Zwischenzeit in seinem Betriebe eine sog. „*Arbeitsstreckung*", d. h. eine Verkürzung der Arbeitszeit einführt, allerdings nur bis zur unteren Grenze von 24 Stunden wöchentlich (§ 20 Abs. 3 Satz 1 und 2).

Also auch eine Arbeitsstreckung kann während der Sperrfrist für eine Massenentlassung oder doch vor dem Wirksamwerden der Entlassungsgenehmigung ohne besondere Erlaubnis des Treuhänders keinesfalls mit dem Erfolge durchgeführt werden, daß die Löhne und Gehälter herabgesetzt werden dürften, und auch mit dieser Erlaubnis muß den Beschäftigten mindestens eine Arbeitsvergütung verbleiben, die einer Wochenarbeitszeit von 24 Stunden entspricht. Es kommt hinzu, daß *auch die Herabsetzung der Vergütung* wegen Verkürzung der Arbeitszeit erst von dem Zeitpunkt an erfolgen darf, mit Wirkung auf den das Arbeitsverhältnis nach den vertraglichen oder gesetzlichen Bestimmungen zwecks Auflösung gekündigt werden könnte.

Zu den vertraglichen Bestimmungen sind hier außer den *besonders vereinbarten* auch etwaige *Betriebsordnungsvorschriften* über die ordentliche Kündigung zu zählen, welche den Vertragsinhalt normieren. Soweit nicht Vertragsbestimmungen in diesem weiteren Sinne eingreifen, brauchen allerdings hier, anders als bei der wirklichen Entlassung, nur die „*allgemeinen*" gesetzlichen Bestimmungen beachtet zu werden (vgl. § 20 Abs. 3 Satz 3). Dazu gehören *nicht*: das Kündigungsverbot für Vertrauensmänner, die Kündigungsbeschränkungen für Schwerbeschädigte und für Frauen vor und nach der Niederkunft und die verlängerten Kündigungsfristen für langjährige Angestellte[155]). Auch diese müssen sich also für

---

155) So die früher im Anschluß an den ähnlich formulierten § 2 Abs. 3 der Betriebsstillegungsverordnung herausgebildete herrschende Lehre; vgl. *Hueck*-(*Nipperdey*) Bd. I S. 359 f. Anm. 19. Auch für kaufmännische, technische oder berg-

die Frist, während deren auf Grund der Erlaubnis des Treuhänders die Arbeit gestreckt werden darf, die Kürzung der Vergütung von dem Zeitpunkt an gefallen lassen, zu dem ihr Vertrag, wenn sie keinen besonderen Schutz genössen, gelöst werden könnte.

d) Massenentlassungen und Vertrauensrat?

Eine Beratung von Massenentlassungen gehört nicht zu den vom Gesetz besonders formulierten Aufgaben des Vertrauensrats (anders früher bei Massenentlassungen aus bestimmten Ursachen § 74 BRG. für den Betriebsrat); doch wird sie sich schon aus der Pflicht, das gegenseitige Vertrauen innerhalb der Betriebsgemeinschaft zu vertiefen, vielfach von selbst ergeben.

---

männische Angestellte kann sie trotz der Länge der allgemeinen gesetzlichen und trotz der Mindestdauer der vertraglichen Kündigungsfristen dann einmal praktische Bedeutung haben, wenn der Treuhänder die Sperrfrist einerseits verlängert, anderseits aber während der Sperrfrist die Arbeitsstreckung gestattet. — Wie im Text für das heutige Recht auch Mansfeld-Pohl Anm. 4 zu § 20 AOG.

Fünfter Teil.

Treuhänder der Arbeit[156]).

Aus dem über den Erlaß von Tarifordnungen und Richtlinien Gesagten ergibt sich bereits, daß man zwischen „Treuhändern" und „Sondertreuhändern" unterscheiden muß. Außerdem kennt das Gesetz noch sog. „Beauftragte" mit begrenztem Aufgabenkreis, welche dem Treuhänder unterstellt sind.

XXV. Der Treuhänder.

a) Rechtsstellung, Bezirk und Sitz.

Die Treuhänder sind Reichsbeamte unter der Dienstaufsicht des Reichsarbeitsministers und sind in ihrer Amtsführung an Richtlinien und Weisungen der Reichsregierung gebunden. Die Bestimmung ihres Sitzes erfolgt durch den Reichsarbeitsminister im Einvernehmen mit dem Reichswirtschaftsminister. Bei der Abgrenzung ihres Bezirkes wirkt außer diesen beiden Ministern auch noch der Reichsminister des Innern mit. Der Bezirk muß nach dem Gesetz ein größeres Wirtschaftsgebiet sein; § 18[157]).

---

156) Ausführungen über die Treuhänder der Arbeit dürfen in einer Darstellung des neuen Arbeitsrechts nicht fehlen. In das System der vorhandenen Lehrbücher fügen sie sich am besten als Anhang zu den das Recht der Gesamtvereinbarungen ersetzenden Ausführungen über die besondere arbeitsrechtliche Rechtssetzung ein. Nur muß dabei hervorgehoben werden, daß das Eingreifen in diese Rechtssetzung zwar eine sehr wichtige, aber keineswegs die einzige Aufgabe der Treuhänder ist.

In den Uebersichten über die Behörden des Arbeitsrechts, welche die Lehrbücher enthalten, sind die Treuhänder außerdem an Stelle der fortfallenden Schlichtungsausschüsse und Schlichter aufzuführen.

157) Die Bezirke und Amtssitze sind durch die I. DurchfVO. vom 1. März 1934 und die VIII. DurchfVO. vom 28. September 1934 festgelegt worden. Danach bleiben die Bezirke bestehen, welche zu der Zeit, als die Treuhänder noch eine vorläufige Einrichtung waren, in der Anlage zu der aufgehobenen Verordnung vom 13. Juni 1933 bezeichnet worden sind. Unter Hinzufügung der Sitze ergibt sich also folgendes Bild:

1. Wirtschaftsgebiet Ostpreußen.
   Bezirk: Provinz Ostpreußen.
   Sitz: Königsberg i. Pr.
2. Wirtschaftsgebiet Schlesien.
   Bezirk: Provinzen Niederschlesien (ohne Kreis Hoyerswerda), Oberschlesien und Kreis Fraustadt.
   Sitz: Breslau.

Fortsetzung der Anm. 157.

3. Wirtschaftsgebiet Brandenburg.
Bezirk: Stadt Berlin, Provinz Brandenburg, Provinz Grenzmark Posen-Westpreußen ohne Kreis Fraustadt, Kreis Hoyerswerda.
Sitz: Berlin.

4. Wirtschaftsgebiet Pommern.
Bezirk: Provinz Pommern.
Sitz: Stettin.

5. Wirtschaftsgebiet Nordmark.
Bezirk: Provinz Schleswig-Holstein, Freistaat Hamburg, Freistaat Mecklenburg-Schwerin, Freistaat Lübeck, Freistaat Mecklenburg-Strelitz, oldenburgischer Landesteil Lübeck, hannoversche Kreise Land Hadeln (Kreissitz in Otterndorf), Stade, Harburg-Wilhelmsburg Stadt und Harburg Land (Kreissitz in Harburg-Wilhelmsburg).
Sitz: Hamburg.

(Ziff. 4 und 5 gemäß der Aenderung in der VIII. DurchfVO.)

6. Wirtschaftsgebiet Niedersachsen.
Bezirk: Provinz Hannover ohne die Kreise Land Hadeln, Stade, Harburg-Wilhelmsburg Stadt und Harburg Land; Freistaat Oldenburg ohne die Landesteile Lübeck und Birkenfeld; Freistaat Bremen, Freistaat Braunschweig.
Sitz: Bremen.
Zweigstelle: Hannover.

7. Wirtschaftsgebiet Westfalen.
Bezirk: Provinz Westfalen, Regierungsbezirk Düsseldorf, Kreise Altenkirchen und Dillenburg, Freistaaten Lippe und Schaumburg-Lippe.
Sitz: Essen.

8. Wirtschaftsgebiet Rheinland.
Bezirk: Rheinprovinz (ohne den Regierungsbezirk Düsseldorf und ohne den Kreis Altenkirchen), vom Kreise Sankt Goarshausen die Orte: Oberlahnstein, Niederlahnstein, Braubach, Friedrichssegen, Nievern und Fachbach, Unterwesterwaldkreis (Kreissitz in Montabaur), oldenburgischer Landesteil Birkenfeld.
Sitz: Köln.

9. Wirtschaftsgebiet Hessen.
Bezirk: Freistaat Hessen, Provinz Hessen-Nassau (ohne die Kreise Dillenburg und Herrschaft Schmalkalden und ohne die im Kreise Sankt Goarshausen gelegenen Orte: Oberlahnstein, Niederlahnstein, Braubach, Friedrichssegen, Nievern und Fachbach sowie ohne den Unterwesterwaldkreis).
Sitz: Frankfurt a. M.

10. Wirtschaftsgebiet Mitteldeutschland.
Bezirk: Provinz Sachsen, Freistaat Thüringen, Freistaat Anhalt, Kreis Herrschaft Schmalkalden.
Sitz: Weimar.
Zweigstelle: Magdeburg.

11. Wirtschaftsgebiet Sachsen.
Bezirk: Freistaat Sachsen.
Sitz: Dresden.

12. Wirtschaftsgebiet Bayern.
Bezirk: Freistaat Bayern (einschl. Landesteil Pfalz).
Sitz: München.

(Schluß der Anm. siehe nächste Seite.)

b) Aufgaben.

Die Treuhänder der Arbeit haben für die Erhaltung des Arbeitsfriedens zu sorgen. Von den zahlreichen und wichtigen Aufgaben, welche ihnen zu diesem Zweck durch § 19 AOG. übertragen werden, haben wir die mit der Betriebsverfassung, den Betriebsordnungen, Tarifordnungen und Richtlinien, mit der sozialen Ehrengerichtsbarkeit und mit Massenentlassungen im Zusammenhang stehenden bereits kennengelernt. Hier sind nur noch Aufgaben nachzutragen, die diesen Rahmen überschreiten. Sie bestehen in

1. der ständigen Unterrichtung der Reichsregierung über die sozialpolitische Entwicklung,
2. sonstigen Aufgaben, welche den Treuhändern vom Reichsarbeitsminister und vom Reichswirtschaftsminister im Rahmen der Gesetze übertragen werden (§ 19 Abs. 1 Ziff. 8 und Abs. 2).

c) Strafrechtliche Sicherung der allgemeinen Anordnungen des Treuhänders.

Wer schriftlichen allgemeinen Anordnungen des Treuhänders der Arbeit, die dieser in Erfüllung der ihm obliegenden Aufgaben erläßt, z. B. einer Tarifordnung, wiederholt vorsätzlich zuwiderhandelt, wird mit Geldstrafe bestraft; in besonders schweren Fällen kann an die Stelle der Geldstrafe oder neben sie Gefängnisstrafe treten. Die Strafverfolgung tritt jedoch nur auf Antrag des Treuhänders ein (§ 22 Abs. 1).

Eine auf Grund dieser Vorschrift erkannte kriminelle Strafe schließt im übrigen eine Bestrafung durch das Ehrengericht nicht aus, wenn die Tat des Verurteilten sich zugleich als eine solche darstellt, welche Gegenstand eines ehrengerichtlichen Verfahrens sein kann (§ 22 Abs. 2), z. B. als hartnäckige Zuwiderhandlung im Sinne des § 36 Abs. 1 Ziff. 3.

d) Beratung des Treuhänders durch Sachverständige.

Das Gesetz kennt verschiedene Sachverständigengremien zur Beratung des Treuhänders, nämlich den Sachverständigenbeirat und Sachverständigenausschüsse.

---

13. Wirtschaftsgebiet Südwestdeutschland.
Bezirk: Freistaat Baden, Freistaat Württemberg, Hohenzollern (preußischer Regierungsbezirk Sigmaringen).
Sitz: Karlsruhe.
Zweigstelle: Stuttgart.

Einzelne kleine Gebietsteile, die innerhalb der vorstehend angeführten Grenzen liegen (Enklaven), werden den Wirtschaftsgebieten zugeteilt, die diese Gebietsteile umschließen, wenn sie in der Aufzählung nicht besonders genannt sind.

1. Der Sachverständigenbeirat.

Der Sachverständigenbeirat muß in jedem Falle gebildet werden und ist eine ständige Einrichtung. Er dient der Beratung des Treuhänders in allgemeinen oder grundsätzlichen Fragen seines Aufgabengebietes (§ 23 Abs. 1 Satz 1).

Die Sachverständigen, aus denen er sich zusammensetzt, müssen vom Treuhänder aus den verschiedenen Wirtschaftszweigen seines Bezirkes berufen werden (eod.). Hinsichtlich der Auswahl der Mitglieder ist bestimmt, daß drei Viertel von ihnen aus Vorschlagslisten der Deutschen Arbeitsfront entnommen werden sollen, § 23 Abs. 1 Satz 2.

Um dies zu ermöglichen, hat der Treuhänder der DAF. bis zum 15. März ein Verzeichnis derjenigen Wirtschaftszweige zu übermitteln, aus denen er die Mitglieder des Beirats zu berufen beabsichtigt. Er kann dabei verschiedene Wirtschaftszweige von minderer Bedeutung zu einer Gruppe zusammenfassen (§ 17 Abs. 1 der II. DurchfVO.). Die DAF. hat für jeden der von dem Treuhänder genannten Wirtschaftszweige und für jede Wirtschaftsgruppe als Sachverständige mindestens je fünf Führer der Betriebe und je fünf Angehörige der Gefolgschaft, welch letztere in erster Linie Vertrauensmänner sein sollen, namhaft zu machen. Insgesamt muß die Vorschlagsliste Führer der Betriebe und Vertrauensmänner in etwa gleicher Zahl enthalten. Die Vorschlagsliste ist dem Treuhänder der Arbeit bis zum 15. April einzureichen; §§ 23 Abs. 1 Satz 2 und 3 AOG., 17 Abs. 2 der II. DurchfVO.

Wirtschaftszweige, für die durch Reichsgesetz eine ständische Gliederung durchgeführt ist, wie z. B. der Reichsnährstand, sind bei der Aufstellung der Vorschlagslisten insofern besonders bevorzugt, als der Treuhänder sie in dem der DAF. übergebenen Verzeichnis nicht mit anderen Wirtschaftszweigen zu einer Gruppe zusammenfassen darf, sondern stets besonders führen muß, ferner insofern, als hier die Sachverständigen von der DAF. im Einvernehmen mit dem Stande vorgeschlagen werden müssen[158]); § 23 Abs. 2 AOG., 17 Abs. 1 und 2 der II. DurchfVO.

Das letzte Viertel der Beiratsmitglieder können die Treuhänder aus sonst geeigneten Persönlichkeiten ihres Bezirks berufen, § 23 Abs. 1 Satz 4 AOG.

Die Gesamtzahl der Mitglieder des Sachverständigenbeirats soll sechzehn nicht übersteigen. Aus der Vorschlagsliste der DAF. sind sowohl Führer der Betriebe als auch Angehörige der Gefolgschaften als Sachverständige zu berufen. Daß der Beirat Führer der Betriebe und Gefolgschaftsangehörige in gleicher Anzahl umfassen soll, ist mit Absicht nicht bindend vorgeschrieben, wenn sich auch eine annähernde Parität im allgemeinen empfehlen wird (amtliche Verlautbarung zur II. DurchfVO.). Für einen durch reichsgesetzliche Regelung errichteten Stand ist wenigstens ein Sachverständiger aus An-

158) Soweit dieses Einvernehmen nicht erzielt wird, sind die Vorschläge der Deutschen Arbeitsfront und des Standes dem Treuhänder der Arbeit zu unterbreiten, § 17 Abs. 2 der II. DurchfVO.

gehörigen des Standes zu entnehmen; § 17 Abs. 3 der II. DurchfVO. [159]).

Die Vorschlagsliste der DAF. hat Gültigkeit jeweils vom 1. Mai bis zum 30. April des nächsten Jahres. Ihre Anforderung durch den Treuhänder und ihre Aufstellung wiederholt sich also von Jahr zu Jahr, und es ist auf diese Weise möglich, die Gesamtzusammensetzung des Beirates alljährlich zu überprüfen. Außerdem kann der Treuhänder einzelne von ihm berufene Sachverständige während des Jahres durch andere in der geltenden Vorschlagsliste namhaft gemachte Persönlichkeiten ersetzen; § 17 Abs. 4 der II. DurchfVO.

2. Sachverständigenausschüsse.

aa) Voraussetzungen der Bildung.

In gewissen Fällen muß der Treuhänder zu seiner Beratung einen Sachverständigenausschuß berufen, und zwar bald als eine ständige Einrichtung und bald ad hoc.

α) Ein ständiger Sachverständigenausschuß muß in der Heimarbeit berufen werden, sobald in einem Gewerbe Heimarbeit in größerem Umfange geleistet wird. Diese Voraussetzung ist kraft authentischer Feststellung stets gegeben, wenn ein Fachausschuß für Hausarbeit in einem Gewerbe bis zum 1. Mai 1934 bestanden hatte und tätig geworden war. Kommen mehrere Gewerbe mit Heimarbeit für die Bildung von Ausschüssen in Frage, so sind diese im allgemeinen für jedes Gewerbe gesondert zu errichten; für verwandte Gewerbezweige kann jedoch ein einziger Sachverständigenausschuß berufen werden; § 8 Abs. 1 Satz 1 und 2 und Abs. 4 der DurchfVO. zum Gesetz über die Heimarbeit vom 23. März 1934. Dieser ständige Ausschuß steht dem Treuhänder in allen Fragen der Heimarbeit des Gewerbes oder der Gruppe verwandter Gewerbe beratend zur Seite (§ 8 Abs. 1 Satz 1 eod.).

(Erstreckte sich jedoch die Tätigkeit eines Fachausschusses für Hausarbeit auf die Bezirke mehrerer Treuhänder und wird vom Reichsarbeitsminister ein Sondertreuhänder für die Heimarbeit in dem in Betracht kommenden Gewerbezweige bestellt, oder wird ein solcher Sondertreuhänder für ein Heimarbeitsgewerbe innerhalb des Bezirkes eines Treuhänders eingesetzt, so hat nicht der Treuhänder, sondern der Sondertreuhänder den Sachverständigenausschuß zu berufen; § 8 Abs. 2 und 3 der DurchfVO. zum Heimarbeitsgesetz.)

β) Ein Sachverständigenausschuß für den einzelnen Fall ist obligatorisch für die Beratung über

αα) den Erlaß einer Tarifordnung nach § 32 Abs. 2 AOG., also auch im Bereich der Heimarbeit, aber nicht nur in diesem;

ββ) den Erlaß von Richtlinien (§ 32 Abs. 1 AOG.);

γγ) die Frage, ob und in welchem Umfange in der Heimarbeit Hausgewerbetreibende mit mehr als zwei fremden Hilfskräften, Zwischenmeister oder sonstige arbeitnehmerähnliche Personen nach § 2 Abs. 2 des Gesetzes über die Heimarbeit den in Heimarbeit Beschäftigten im Sinne von Abs. 1 gleichgestellt werden sollen;

---

159) Wenn über die vorzuschlagenden Sachverständigen eine Einigung zwischen der DAF. und dem Stande nicht erzielt worden ist (vgl. Anm. 158) und wenn es auch dem Treuhänder der Arbeit nicht gelingt, ein Einvernehmen über die zu berufenden Sachverständigen herzustellen, so hat er die Entscheidung des Reichsarbeitsministers herbeizuführen (§ 17 Abs. 3 der II. Durchführungsverordnung).

δδ) die — eine Art Arbeitszeitschutz bezweckende — Regelung über die Verteilung der Arbeitsmengen nach § 10 des Heimarbeitsgesetzes (§ 8 Abs. 1 Satz 3 der DurchfVO.).

(Ist jedoch im sachlichen Bereich eines ständigen Sachverständigenausschusses für Heimarbeit eine der Aufgaben zu *αα*, *γγ* oder *δδ* — Richtlinien gibt es hier ja nicht — zu lösen, so ist dieser auch dabei das beratende Gremium.)

Auch soweit keine von den Voraussetzungen vorliegt, bei denen der Sachverständigenausschuß nach dem soeben Gesagten obligatorisch ist, kann der Treuhänder zu seiner Beratung im Einzelfalle einen solchen berufen; § 23 Abs. 3 AOG.

bb) Zusammensetzung und Mitgliederzahl des Sachverständigenausschusses.

α) Im allgemeinen.

Die Ausschußmitglieder wählt der Treuhänder der Arbeit aus den ihm geeignet erscheinenden Persönlichkeiten seines Wirtschaftsgebietes, ohne an eine Vorschlagsliste gebunden zu sein (siehe § 18 Abs. 2 der II. DurchfVO. zum AOG. nebst amtlicher Verlautbarung). Nur wenn der Gegenstand der Beratung im Sachverständigenausschuß Angelegenheiten eines durch reichsgesetzliche Regelung errichteten Standes betrifft, muß die Auswahl im Einvernehmen mit dem Stande erfolgen; § 18 Abs. 4.

Zu Mitgliedern der Sachverständigenausschüsse sind vornehmlich Personen aus dem jeweils in Betracht kommenden Wirtschaftszweige zu bestimmen (Abs. 2). Die Zahl der Mitglieder des einzelnen Ausschusses soll acht nicht übersteigen. Er soll aus Führern der Betriebe und aus Angehörigen der Gefolgschaften in gleicher Zahl bestehen, hier wird also grundsätzlich Parität verlangt. Die Gefolgschaftsangehörigen sollen in Fragen, die ausschließlich oder überwiegend Arbeiter betreffen, in der größeren Zahl der Gruppe der Arbeiter, in Fragen aber, die allein oder hauptsächlich für Angestellte von Bedeutung sind, vorwiegend der Gruppe der Angestellten entnommen werden; § 18 Abs. 3 eod.

β) In der Heimarbeit im besonderen.

Auch bei einem Sachverständigenausschuß für Heimarbeit ist der Treuhänder der Arbeit nicht auf eine Vorschlagsliste angewiesen, sondern kann solche Persönlichkeiten wählen, welche ihm geeignet erscheinen; doch hat er dabei folgende Bestimmungen aus § 10 Abs. 1 der DurchfVO. zum Gesetz über die Heimarbeit zu beachten: Aus dem Gewerbezweige, in welchem Heimarbeit geleistet wird, sollen Gewerbetreibende, Hausgewerbetreibende und Heimarbeiter im Ausschuß vertreten sein, ferner, wenn in dem Gewerbezweige in größerem Umfange Zwischenmeister tätig sind, auch diese. Weiter ist mindestens ein Vertreter der Gewerbeaufsicht als Sachverständiger beizuziehen. Endlich ist bei der erstmaligen Bildung eines Sachverständigenausschusses für Heimarbeit, wenn ein Fachausschuß für Hausarbeit bestanden hat, dessen Vorsitzender oder stellvertretender Vorsitzender als Sachverständiger zu berufen, wodurch es ermöglicht wird, die großen Fachkenntnisse dieser Persönlichkeiten weiterhin in den Dienst der Sache zu stellen[160]. Auch sonstige Sachkundige können

---

160) Kalckbrenner, Die Neugestaltung des Heimarbeiterrechts, RArbBl. 1934, S. II 124.

berufen werden. — Die Zahl der Mitglieder eines Sachverständigenausschusses für Heimarbeit soll in der Regel sechs nicht übersteigen (§ 10 Abs. 2 eod.).

cc) Amtsdauer der Mitglieder eines ständigen Sachverständigenausschusses für Heimarbeit.

In der Heimarbeit werden die Sachverständigen, welche einem ständigen Ausschuß angehören, vom Treuhänder der Arbeit unter Vorbehalt des Widerrufs auf drei Jahre berufen; § 10 Abs. 3 der DurchfVO. zum Gesetz über die Heimarbeit.

dd) Zuteilung besonderer Aufgaben.

α) Im allgemeinen.

Daß der Treuhänder der Arbeit, wenn er von der Mehrheit eines Vertrauensrats gegen eine Entscheidung des Führers des Betriebes über die Gestaltung der allgemeinen Arbeitsbedingungen angerufen worden ist, die Verhandlung nach § 19 Abs. 3 AOG. einem Sachverständigenausschuß übertragen darf, wurde oben IV b 1 bereits erwähnt. Auch darauf wurde aber bereits aufmerksam gemacht, daß die Entscheidung ihm selbst auch dann vorbehalten bleibt, wenn er von dieser Befugnis Gebrauch gemacht hat.

β) In der Heimarbeit im besonderen.

In der Heimarbeit kann der Treuhänder der Arbeit den Sachverständigenausschuß oder einzelne seiner Mitglieder mit besonderen Aufgaben zur Durchführung des Entgeltschutzes betrauen, aber auch hier nicht mit Entscheidungen, die nach dem Gesetz ihm zustehen (§ 9 der DurchfVO. zum Gesetz über die Heimarbeit).

Zu 1 und 2: Sowohl die für einen Sachverständigenbeirat, als auch die für einen Ausschuß berufenen Sachverständigen sind vor Beginn ihrer Tätigkeit durch den Treuhänder der Arbeit zu vereidigen; §§ 24 Satz 1 AOG., 10 Abs. 3 der DurchfVO. zum Gesetz über die Heimarbeit.

Die Eidesnorm geht dahin, daß der Sachverständige nach bestem Wissen und Gewissen unparteiisch sein Amt ausüben, keine Sonderinteressen verfolgen und nur dem Wohle der Volksgemeinschaft dienen wird; § 24 Satz 2 (siehe auch Satz 3) AOG.

Die Sachverständigen beider Gremien erhalten eine angemessene Entschädigung für den ihnen aus der Wahrnehmung ihrer Tätigkeit erwachsenden Verdienstausfall und Aufwand sowie Ersatz der Fahrkosten entsprechend den für die nichtrichterlichen Beisitzer bei den Arbeitsgerichten geltenden Vorschriften (§§ 19 der II. DurchfVO. zum AOG., 11 der DurchfVO. zum Heimarbeitsgesetz).

XXVI. Der Sondertreuhänder.

A. Der Sondertreuhänder nach dem AOG. (einschließlich des Sondertreuhänders für Heimarbeit).

Der Sondertreuhänder des AOG. ist zuständig zum Erlaß von Richtlinien oder einer Tarifordnung für einen Geltungsbereich, der (nicht nur unwesentlich) über den Bezirk eines Treuhänders hinausgeht, oder aber zur Erledigung bestimmter, ihm vom Reichsarbeitsminister übertragener Aufgaben. In beiden Fällen wird er vom Reichsarbeitsminister bestellt; § 33 Abs. 1 AOG. Auch er ist in seiner Amtsausübung an Richtlinien und Weisungen der Reichsregierung gebunden (§§ 33 Abs. 2, 18 Abs. 2). — Als auf Grund des AOG. eingesetzt sind auch die zur Regelung der Entgeltverhältnisse der Heimarbeit für einzelne Gewerbezweige innerhalb eines Treuhänderbezirkes oder eines größeren Bereichs bestellten Sondertreuhänder anzusehen (zu deren Aufgaben freilich der Erlaß von Richtlinien, da solche in der Heimarbeit schlechthin unzulässig sind, nicht gehört).

Auch ein Sondertreuhänder kann zu seiner Beratung im Einzelfalle und muß stets bei der Erfüllung solcher Aufgaben einen Sachverständigenausschuß berufen, bei denen auch ein Treuhänder dazu verpflichtet wäre (§§ 32 Abs. 1 und 2, 23 Abs. 3, 33 Abs. 2 AOG., 8 Abs. 3 der DurchfVO. zum Gesetz über die Heimarbeit). Für diesen Sachverständigenausschuß gilt das oben XXV d 2 Gesagte mit der Maßgabe, daß die Vereidigung der Mitglieder durch den Sondertreuhänder vorgenommen wird; §§ 24, 33 Abs. 2 AOG. — Einen Beirat hat der Sondertreuhänder nicht.

Die Strafbestimmung für wiederholte, vorsätzliche Verstöße gegen allgemeine, in Erfüllung der Aufgaben des Treuhänders erlassene Anordnungen gilt auch für Anordnungen des Sondertreuhänders (vgl. § 33 Abs. 2), ebenso — da man ihn insoweit schlechthin als „Treuhänder" im Sinne des AOG. wird ansehen dürfen — die Möglichkeit ehrengerichtlicher Bestrafung hartnäckigen Zuwiderhandelns. (Wegen der Ueberwachung der Durchführung von Tarifordnungen und Richtlinien, die der Sondertreuhänder aufgestellt hat, siehe § 33 Abs. 3; oben XII A g).

B. Der Sondertreuhänder für den öffentlichen Dienst.

a) Sondertreuhänder für den öffentlichen Dienst können nach dem „Gesetz zur Ordnung der Arbeit in öffentlichen Verwaltungen und Betrieben" für Gruppen solcher Verwaltungen und Betriebe vom Reichsarbeitsminister im Einvernehmen mit dem Reichsminister der Finanzen und den etwa sonst zuständigen Reichsministern (bei der Reichsbank dem Präsidenten des Reichsbankdirektoriums) bestellt werden; §§ 18 Abs. 1, 24. Sie sind, wie die Treuhänder des AOG., in ihrer Amtsführung an Richtlinien und Weisungen der Reichsregierung gebunden; § 19 Abs. 1 Satz 2.

b) Auch die Befugnisse dieser Sondertreuhänder sind früher im einzelnen besprochen. Da der Kreis der Treuhänderaufgaben bei öffentlichen Verwaltungen und Betrieben aber kleiner ist, als bei privaten Unternehmungen, sei er für erstere hier besonders umschrieben. Die Sondertreuhänder für den öffentlichen Dienst sind in ihrem Wirkungsbereich zuständig

1. für den Erlaß von Richtlinien für den Inhalt von Dienstordnungen und Einzelarbeitsverträgen (§ 18 Abs. 1);
2. für den Erlaß von Tarifordnungen (§ 18 Abs. 2);
3. für Betriebsverfassungsangelegenheiten, nämlich für die Bildung eines auf dem regelmäßigen Wege nicht zustande kommenden Vertrauensrats, die Zustimmung zur Kündigung gegen einen Vertrauensmann oder für dessen Abberufung, für eine notwendig werdende Ergänzung des Vertrauensrats, sofern keine Ersatzmänner mehr vorhanden sind, und für die Entscheidung von Streitfällen über die Bildung und Geschäftsführung des Vertrauensrats (§§ 7 Abs. 2, 12 Abs. 1 und 2, 13, 14);
4. für die Treuhänderaufgaben in der sozialen Ehrengerichtsbarkeit (§ 20 Abs. 1).

In den Fällen zu 1 und 2 sind, worauf gleichfalls schon hingewiesen wurde, nur Sondertreuhänder zuständig, in den Fällen zu 3 und 4 können dagegen, soweit im Einzelfalle kein Sondertreuhänder bestellt ist, dessen Aufgaben durch den „zuständigen" Treuhänder wahrgenommen werden (§ 21).

c) Eine strafrechtliche Sicherung der allgemeinen Anordnungen des Sondertreuhänders gibt es hier nicht, da § 22 AOG. durch das Gesetz, betreffend öffentliche Verwaltungen und Betriebe, nicht für entsprechend anwendbar erklärt wird und da der Sondertreuhänder für den öffentlichen Dienst keineswegs einfach als Treuhänder im Sinne des AOG. angesehen werden kann. Auch eine ehrengerichtliche Bestrafung wegen hartnäckigen Zuwiderhandelns gegen eine schriftliche Anordnung dieses Sondertreuhänders wird man nicht als möglich betrachten können, wenn man nicht etwa § 20 Abs. 1 des Gesetzes, betreffend öffentliche Verwaltungen und Betriebe, — reichlich gewaltsam — dahin auslegen will, daß der Sondertreuhänder nicht nur, wie sonst ein „zuständiger" Treuhänder, bei der Durchführung der sozialen Ehrengerichtsbarkeit mitwirkt, sondern auch gleich einem solchen gewissermaßen die Voraussetzungen für ein ehrengerichtliches Verfahren schaffen kann.

Kriminalstrafe und Ehrenstrafe wegen wiederholten bezw. hartnäckigen Zuwiderhandelns wird man im öffentlichen Dienst auch als entbehrlich ansehen dürfen, da hier mit Gehorsam unbedingt gerechnet werden kann.

d) Der Sondertreuhänder für den öffentlichen Dienst muß zu erlassende Richtlinien oder eine zu erlassende Tarifordnung vorher in einem Sachverständigenausschuß beraten (§§ 18 Abs. 1 und 2, 19 Abs. 2 Satz 1 des Ges., betr. öffentl. Verw. u. Betr.). Die Mitglieder des Ausschusses werden vor Beginn ihrer Amtstätigkeit von dem Sondertreuhänder auf die Eidesnorm des § 24 AOG. (oben XXV am Ende) vereidigt; § 19 Abs. 3 des Ges. betr. öffentl. Verw. u. Betr.

Zusammensetzung: Der Ausschuß wird gebildet aus Sachverständigen, die der Reichsarbeitsminister im Einvernehmen mit den beteiligten Reichsministern — bei der Reichsbank dem Präsidenten des Reichsbankdirektoriums — in erforderlicher Zahl bestellt; vier weitere Sachverständige bestellt der Reichsarbeitsminister aus Vorschlagslisten der DAF., die hier nur geeignete Arbeiter und Angestellte, und zwar Vertrauensmänner, zu enthalten haben. Außerdem bleibt es dem Sondertreuhänder überlassen, zwei weitere Sachverständige hinzuzuziehen (§ 19 Abs. 2 Satz 2 und 3).

Entschädigung: Nicht beamtete Mitglieder der Sachverständigenausschüsse eines Sondertreuhänders für den öffentlichen Dienst erhalten Entschädigung für Verdienstausfall und Aufwand sowie Fahrtkostenersatz entsprechend den für die nichtrichterlichen Beisitzer der Arbeitsgerichte geltenden Vorschriften; beamtete Mitglieder erhalten Reisekostenvergütung nach Maßgabe des Gesetzes über Reisekostenvergütung der Beamten (§ 4 der II. Durchführungsverordnung z. Ges. betr. öffentl. Verw. u. Betr.).

Wie der Sondertreuhänder im Bereich des AOG., so hat auch der Sondertreuhänder für den öffentlichen Dienst keinen Sachverständigenbeirat. Für letzteren Sondertreuhänder besteht aber, anders als für ersteren, auch keine Möglichkeit der Heranziehung eines Sachverständigenausschusses für andere Fragen, als Richtlinien und Tarifordnungen.

XXVII. Der sog. „Beauftragte" des Treuhänders.

„Beauftragte" können dem Treuhänder (nicht auch dem Sondertreuhänder!) nach dem AOG. vom Reichsarbeitsminister unterstellt werden, wenn die Größe und die besonderen wirtschaftlichen Verhältnisse seines Wirtschaftsgebietes es erfordern. Ihr Aufgabenkreis wird vom Reichsarbeitsminister oder vom Treuhänder festgesetzt und ist auf einen bestimmten Unterbezirk, auf bestimmte Gewerbezweige oder bestimmte Aufgaben des Treuhänders begrenzt; § 21 Satz 1. Denkbar ist z. B. auch ein Beauftragter für die Regelung der Entgeltverhältnisse eines Heimarbeitsgewerbes innerhalb des Treuhänderbezirks[161]). Die Beauftragten müssen in ihren Maßnahmen nicht nur etwaige Weisungen des Reichsarbeitsministers, sondern auch solche des Treuhänders, dem sie unterstellt sind, einhalten (§ 21 Satz 2).

161) Ziff. 7 der amtl. Begründung zum Gesetz über die Heimarbeit.

Da sie selbst die Aufgaben des Treuhänders als seine Vertreter und in seinem Auftrage wahrnehmen, gelten ihre Anordnungen als dessen Anordnungen und sind demzufolge gleichfalls nach Maßgabe von §§ 22, 36 Abs. 1 Ziff. 3 AOG. strafrechtlich und ehrenstrafrechtlich gesichert[162]). Auch können die Beauftragten, wie der Treuhänder, nach Bedarf einen Sachverständigenausschuß berufen und müssen es vor Erlaß von Richtlinien oder Tarifordnungen[162]). Als Sachverständigenbeirat zur Beratung in allgemeinen oder grundsätzlichen Fragen dient dagegen auch für sie nur der vom Treuhänder der Arbeit selbst gebildete, da Beiräte mit begrenztem Aufgabenkreis vom Gesetz nicht vorgesehen sind[162]).

162) So Mansfeld-Pohl Anm. zu § 21 AOG.

Sechster Teil.

Sonstige Aenderungen des bisherigen Rechts; ministerielle Verordnungsgewalt.

XXVIII. Gesetzesänderungen.

A. Vorbemerkung.

Die im Schlußabschnitt des AOG. verfügten Aenderungen *sonstiger Gesetze* ergeben sich mit Notwendigkeit aus den im AOG. selbst getroffenen Neuerungen und aus der veränderten Grundeinstellung des Gesetzgebers zu den Fragen des Arbeitslebens. Sie haben zum größten Teil einen der nachstehenden Umstände zur unmittelbaren Ursache: das Verschwinden der alten, klassenkämpferischen Berufsorganisationen, die Beseitigung des Antagonismus zwischen dem Unternehmer und der Belegschaft des Betriebes, den Fortfall der Tarif*verträge* und die Schaffung der *behördlich gesetzten* Tarifordnungen, die Neuordnung der betrieblichen Rechtssetzung oder aber das Moment, daß eine Behörde in Angelegenheiten, die sie kraft ihrer Führerverantwortlichkeit zu regeln hat, wie etwa bei der Ordnung der Dienstaufsicht über die Arbeitsgerichtsbehörden, nicht oder doch nicht im bisherigen Ausmaß gezwungen sein darf, auf nichtbehördliche Stellen Rücksicht zu nehmen.

B. Aenderungen des Arbeitsgerichtsgesetzes.

a) *Zuständigkeit der Arbeitsgerichte.*

1. Die Zuständigkeit der Arbeitsgerichte für Zivilprozesse, an denen auf einer oder beiden Seiten Tarifvertragsparteien oder tarifvertragsfähige Parteien beteiligt waren, für Kündigungseinspruchsklagen, für Streitigkeiten aus der Durchführung der Betriebsverfassung nach dem BRG. sowie für Streitigkeiten über Straffestsetzungen im Betriebe und über Verstöße gegen Einstellungsrichtlinien *entfällt*, soweit es sich nicht um anhängige Verfahren handelt. Mit der gleichen Maßgabe treten die Vorschriften über die Parteifähigkeit der früheren Berufsvereinigungen, der Belegschaft, Arbeiterschaft und Angestelltenschaft, über von der Betriebsvertretung erhobene Einspruchsklagen und über das Beschlußverfahren außer Kraft (§ 66

Abs. 1). Das Beschlußverfahren stand hauptsächlich für Betriebsverfassungsstreitigkeiten offen; hier entscheidet heute nach näherer Maßgabe von § 19 Abs. 1 Ziff. 1 und 2 der Treuhänder der Arbeit.

2. Die Parteien eines Tarifvertrages konnten früher für die Streitigkeiten aus einem (oder aus Vorverhandlungen zu einem) dem Tarifvertrage unterworfenen Arbeits- oder Lehrverhältnis die Zuständigkeit eines einzigen, an sich örtlich unzuständigen Arbeitsgerichtes vereinbaren (§ 48 Abs. 2 AGG. alter Fassung). Nachdem die Tarifverträge beseitigt, die Tarifordnungen aber eingeführt sind, kann heute der Treuhänder der Arbeit kraft seiner Rechtssetzungsgewalt in der Tarifordnung für Streitigkeiten aus tarifunterworfenen Einzelverträgen (oder aus Vorverhandlungen) eine entsprechende Zuständigkeitsregelung treffen; § 66 Abs. 6 AOG.

3. Sodann bringt § 40 des Gesetzes über die Heimarbeit eine Aenderung des § 5 Abs. 1 Satz 2 AGG., welche unter anderem dem neuen Begriff des Zwischenmeisters nach § 3 Abs. 3 des ersteren Gesetzes Rechnung trägt. Deren Streitigkeiten mit ihren Auftraggebern gehörten früher dann vor die Arbeitsgerichte, wenn sie den überwiegenden Teil ihres Verdienstes aus ihrer eigenen Arbeit am Stücke bezogen. Heute ist eigene Arbeit am Stück, falls sie bei einem Zwischenmeister vorkommt, eine seiner Zwischenmeistereigenschaft fremde Funktion. Seine Unterstellung unter die Arbeitsgerichtsbarkeit wird deshalb nicht mehr hiervon abhängig gemacht, sondern greift jedenfalls dann Platz, wenn er zu den nach § 2 Abs. 2 des Gesetzes über die Heimarbeit den in Heimarbeit Beschäftigten gleichgestellten Personen gehört. — Ferner gehören heute im Gegensatz zu früher nicht mehr die Prozesse aller Hausgewerbetreibenden mit ihren Auftraggebern vor die Arbeitsgerichte, sondern ohne weiteres nur die Rechtsstreitigkeiten zwischen Heimarbeitern sowie Hausgewerbetreibenden mit nicht mehr als zwei fremden Hilfskräften und den Unternehmern; diejenigen von Hausgewerbetreibenden aber, welche mit einer größeren Anzahl fremder Hilfskräfte tätig sind, nur dann, wenn auch sie den in Heimarbeit Beschäftigten gleichgestellt sind.

Die „sonstigen" arbeitnehmerähnlichen Personen, die gemäß der neuen Fassung des § 5 Abs. 1 Satz 2 AGG. unter die Arbeitsgerichtsbarkeit fallen, sind nach dem Wortlaut der Bestimmung solche, welche weder in einem Arbeitsvertragsverhältnis stehen, noch mit gewerblicher Heimarbeit beschäftigt sind, aber in wirtschaftlicher Unselbständigkeit im Auftrag und für Rechnung bestimmter anderer Personen Arbeit leisten. Auch sie können nach § 2 Abs. 2 und 3 des Gesetzes über die Heimarbeit den in Heimarbeit Beschäftigten gleichgestellt werden, wenn sie besonders schutzbedürftig sind. Doch ist diese Gleichstellung bei ihnen nicht Voraussetzung für die Zuständigkeit des Arbeitsgerichts in ihren Rechtsstreitigkeiten. (Ob aus diesem Gesichtspunkt auch Zwischenmeister, welche keine Gleichstellung genießen, im Hinblick darauf, daß sie nicht im strengen Sinne „mit gewerblicher Heimarbeit beschäftigt" sind, dem AGG. unterstellt sein können, erscheint äußerst zweifelhaft. Die Frage dürfte u. E. zu verneinen sein.)

b) Aufbau der Arbeitsgerichtsbehörden.

Der Einfluß der ehemaligen Berufsorganisationen auf die Errichtung der Arbeitsgerichte und Landesarbeitsgerichte sowie auf die Regelung ihrer Verwaltung und Dienstaufsicht, ferner ihr in § 17 AGG. früherer Fassung des näheren festgelegter Einfluß auf die Kammerbildung bei den Arbeitsgerichten, endlich ihr Einfluß auf die Regelung der Beisitzerentschädigung im Bereiche der gesamten Arbeitsgerichtsbarkeit ist schon durch den — gemäß § 65 Ziff. 9 AOG. in Kraft gebliebenen — Art. I § 4 des Gesetzes vom 18. Mai 1933 (Reichsgesetzblatt I S. 276) beseitigt worden. Die früher von ihnen bzw. ihren Spitzenverbänden nach §§ 20 Abs. 1, 37 Abs. 2, 43 Abs. 1 AGG. eingereichten Vorschlagslisten für die Beisitzer der Arbeits- und Landesarbeitsgerichte und für die nichtrichterlichen Beisitzer des Reichsarbeitsgerichts werden heute von der Deutschen Arbeitsfront aufgestellt; § 66 Abs. 2 AOG.[163]). Bei der ersten Berufung der Beisitzer der Landesarbeitsgerichte entfällt das — an sich nach § 37 Abs. 1 AGG. geltende — Erfordernis einer dreijährigen Tätigkeit als Beisitzer einer Arbeitsgerichtsbehörde (§ 66 Abs. 5 AOG.).

c) Prozeßvertretung.

Auch auf diesem Gebiete mußten sich aus dem Verschwinden der alten Berufsorganisationen Aenderungen ergeben.

1. In erster Instanz.

aa) Vor den Arbeitsgerichten kann nach wie vor jede prozeßfähige Partei den Rechtsstreit selbst führen.

bb) Als Prozeßbevollmächtigte oder Beistände sind aber zugelassen:

α) allgemein Leiter und Angestellte der von der Deutschen Arbeitsfront getrennt nach Unternehmern einerseits, Arbeitern

163) Sie haben — wie die Vorschlagslisten für den Sachverständigenbeirat des Treuhänders — Führer der Betriebe und Vertrauensmänner in etwa gleicher Zahl zu enthalten. Die Beisitzer aus durch Reichsgesetz ständisch gegliederten Wirtschaftszweigen sind im Einvernehmen mit den Ständen vorzuschlagen (§§ 66 Abs. 2, 23 Abs. 1 Satz 3 und Abs. 2 AOG.).

und Angestellten anderseits einzurichtenden Rechtsberatungsstellen (auch diese sind aber im Falle cc ausgeschlossen);

β) Rechtsanwälte dann, wenn sie im Einzelfalle von seiten der Deutschen Arbeitsfront zur Vertretung einer Partei ermächtigt sind. (Das völlige Verbot der erstinstanzlichen Vertretung durch Anwälte besteht also nicht mehr.)

cc) Im übrigen sind Personen, die die Besorgung fremder Rechtsangelegenheiten vor Gericht geschäftsmäßig betreiben, also Rechtsanwälte und Prozeßagenten, als Prozeßbevollmächtigte oder Beistände ausgeschlossen, und zwar auch dann, wenn sie Leiter oder Angestellte einer Rechtsberatungsstelle (bb α) sind.

dd) Der Reichsarbeitsminister kann im Einvernehmen mit dem Reichswirtschaftsminister und dem Reichsminister der Justiz durch Verordnung andere Stellen (Vereinigungen, Körperschaften) den Rechtsberatungsstellen der Deutschen Arbeitsfront für die Prozeßvertretung ihrer Mitglieder gleichstellen.

2. In zweiter und dritter Instanz.

Vor den Landesarbeitsgerichten und dem Reichsarbeitsgericht besteht Anwaltszwang (und zwar gilt im Gegensatz zu früher auch schon in zweiter Instanz uneingeschränkter Anwaltszwang), doch ohne das „Prinzip der Lokalisierung", d. h. es genügt — insoweit übereinstimmend mit dem bisherigen Rechtszustand —, wenn der Anwalt bei irgendeinem deutschen Gericht zugelassen ist. § 11 AGG. in der Fassung des § 66 Abs. 3 AOG.

d) Instanzenzug bei der Klage auf Widerruf der Kündigung.

Wie früher bei Kündigungseinspruchsklagen (siehe § 72 Abs. 1 Satz 1 AGG. alter Fassung, der den § 2 Abs. 1 Ziff. 4 alter Fassung nicht nennt), so findet heute bei Widerrufsklagen weder eine Revision noch eine Sprungrevision[164]) statt; § 66 Abs. 8 AOG.

C. Aenderungen betreffend die Arbeitszeitverordnungen.

a) Bewertung der Arbeitsbereitschaft.

Für eine Regelung, derzufolge eine Zeit bloßer Arbeitsbereitschaft (wie sie etwa bei Kellnern oder Personenkraftwagenführern eine große Rolle spielt) nicht ihrer vollen Dauer nach als Arbeitszeit gerechnet wird, kommt heute als Rechtsquelle an Stelle des Tarifvertrages die Tarifordnung in Betracht und in Ermangelung einer solchen eine Festsetzung nicht mehr

164) Vgl. für das frühere Recht Hueck-(Nipperdey) Bd. II S. 661.

bloß durch den Reichsarbeitsminister, sondern auch durch den Treuhänder der Arbeit; § 2 der AZVO. von 1923/27 in der Fassung des § 68 Abs. 1 Ziff. 1 AOG., heute § 5 der als „Arbeitszeitordnung" (AZO.) bezeichneten Neufassung vom 26. Juli 1934.

b) Tarifliche Verlängerung der Arbeitszeit.

1. Innerhalb derselben Grenzen, in denen die Arbeitszeit früher durch Tarifvertrag verlängert werden konnte, kann sie heute durch Tarifordnung eine Erweiterung erfahren; § 5 Abs. 1 AZVO. in der Fassung des § 68 Abs. 1 Ziff. 3 AOG., heute § 8 Abs. 1 Satz 1 AZO. (auch § 1 Abs. 2 Satz 1 der Bäckerei-AZVO., Fassung des § 69 Abs. 1 Ziff. 2 AOG.). Ist für eine Gruppe öffentlicher Verwaltungen oder Betriebe eine „gemeinsame Dienstordnung" — oben IX B b — von einem Reichsminister erlassen, so kann auch diese eine entsprechende Verlängerung der Arbeitszeit festsetzen; § 8 Abs. 2 AZO.

2. Die Möglichkeit des Eingreifens der obersten Landesbehörde und unter Umständen des Reichsarbeitsministers, welche § 5 der AZVO. von 1923 in den Absätzen 2 bis 4 bei bestimmten, schweren Unzulänglichkeiten der tarifvertraglichen Regelung mit gutem Grunde gab, konnte heute fortfallen und ist fortgefallen.

c) Behördliche Verlängerung der Arbeitszeit auf Antrag des Unternehmers beim Fehlen eines Tarifes.

Die Rechtsgestaltung ist — abgesehen davon, daß auch hier die Anhörung der Betriebsvertretung bezw. der Berufsorganisationen fortgefallen ist, unten g — im großen und ganzen die gleiche, wie früher. Die Behörde ist aber heute von vornherein nicht mehr durch den Inhalt eines etwaigen, abgelaufenen Tarifes in ihrer Entscheidungsfreiheit eingeengt (anders Abs. 3 des § 6 AZVO. in alter Fassung). Wie aber bisher eine nachträgliche tarifvertragliche Regelung, so tritt jetzt eine spätere Regelung durch Tarifordnung ohne weiteres an die Stelle der sonstigen behördlichen; § 6 AZVO., Fassung des § 68 Abs. 1 Ziff. 3 AOG., heute § 9 AZO.

d) Lohnzuschlag für Ueberstunden in den Fällen des § 6a Abs. 1 Satz 1 AZVO. bisheriger Fassung.

Hier besteht eine Neuerung insofern, als der Normalzuschlag (25%) sich nicht mehr bloß kraft Vereinbarung der Beteiligten oder wegen besonderer Umstände, sondern auch durch eine vom

Reichsarbeitsminister oder dem Treuhänder der Arbeit getroffene Regelung ändern kann; § 6a Abs. 2 AZVO., Fassung des § 68 Abs. 1 Ziff. 4 AOG., heute § 14 Abs. 2 AZO.

e) Keine „bindenden Regelungen" im Sinne des bisherigen § 6a Abs. 3 AZVO. mehr.

Die Vorschrift des § 6a Abs. 3 AZVO., nach der der Schlichter in gewissen Streitigkeiten „zwischen gesamtvertragsfähigen Parteien" [165]) auf Antrag eine „bindende Regelung" treffen konnte, ist fortgefallen (§ 68 Abs. 1 Ziff. 5 AOG.). Diese bindende Regelung hatte große Aehnlichkeit mit einem Schiedsspruch (wenn auch einem bindenden Schiedsspruch). Eine auch nur sinngemäße Uebertragung der Befugnis zu ihrem Erlaß auf den Treuhänder der Arbeit war unnötig angesichts der Machtvollkommenheiten, die das AOG. dem letzteren schon an sich verliehen hat.

(Der des weiteren durch § 68 Abs. 1 Ziff. 5 AOG. aufgehobene bisherige § 6a Abs. 4 AZVO. war nur eine Uebergangsvorschrift und ohnehin längst gegenstandslos geworden.)

f) Arbeitszeit im Bergbau unter Tage an heißen Betriebspunkten.

Eine Regelung der Arbeitszeit im Bergbau unter Tage für Betriebspunkte mit einer Wärme über 28° Celsius durch Tarif ist nicht mehr vorgesehen. Die hier zwingend vorgeschriebene Verkürzung der Arbeitszeit ordnet vielmehr von vornherein die zuständige Bergbehörde an. Weitergehende bergpolizeiliche Bestimmungen bleiben auch in Zukunft unberührt. § 8 Abs. 1 AZVO., Fassung des § 68 Abs. 1 Ziff. 6 AOG., heute § 15 Abs. 4 AZO.

g) Keine „Anhörungen" mehr.

In der AZVO. von 1923/27 (und in der Bäckerei-AZVO.) war der Behörde sowie in den Fällen, in denen der Unternehmer aus eigenem Recht Mehrarbeit anordnen kann, auch diesem vielfach die Pflicht auferlegt, die Berufsorganisationen oder die „gesetzliche Betriebsvertretung" vorher anzuhören. Diese Pflicht ist, wie sich einerseits aus den vollständigen Neufassungen bisher besprochener Vorschriften, andrerseits aus den durch § 68 Abs. 1 Ziff. 2, Ziff. 5 Satz 2 und Ziff. 7 sowie durch § 69 Abs. 1 Ziff. 1 AOG. angeordneten Streichungen ergibt, heute fortgefallen.

Soweit aber die Verlängerung der Arbeitszeit aus eigenem Recht des Unternehmers ein Eingriff in die „allgemeinen" Arbeitsbedingungen ist (was wenigstens im Falle des § 4 AZVO.

---

165) Nämlich bei Streitigkeiten zwischen tariffähigen Parteien oder zwischen dem Unternehmer und der Angestelltenschaft oder Arbeiterschaft des Betriebes, welche das Maß der Vergütung für Ueberstundenarbeit oder für die Arbeitszeit verlängernde Vorbereitungs- und Ergänzungsarbeiten oder die Frage der Anrechnung von bloßer Arbeitsbereitschaft auf die Arbeitszeit betrafen.

bezw. heute der §§ 6, 17 Abs. 2 AZO. — Vorbereitungs- und Ergänzungsarbeiten — zutreffen kann), ist die Maßnahme in Betrieben mit Vertrauensrat in diesem zu beraten.

h) Aenderungen der Arbeiter- und der Angestellten-AZVO.

Von den durch § 68 Abs. 2 AOG. außer Kraft gesetzten Ziffern der Arbeiter-AZVO. von 1918 und Paragraphen der entsprechenden Verordnung für Angestellte aus dem Jahre 1919 sah Ziff. III bezw. § 15 im Verkehrsgewerbe einschließlich der Eisenbahn-, Post- und Telegraphenverwaltung für Ausnahmen von der allgemeinen Arbeitszeitregelung Vereinbarungen „zwischen Betriebsleitungen und den Arbeitnehmerverbänden" vor. — Ziff. IX Satz 2 bezw. § 16 Abs. 1 Satz 3 gab die Möglichkeit, die „Arbeiterausschüsse" bezw. die „Angestelltenausschüsse" bei der Ueberwachung des Arbeitszeitschutzes heranzuziehen. — Ziff. VIII bezw. § 3 endlich verlangte für Beginn und Ende der Arbeitszeit und der Pausen eine Betriebsvereinbarung und ordnete deren Aushang an.

Das Erfordernis des Aushangs ist aber für die nunmehr vom Führer allein getroffene Festsetzung des letzteren Inhalts nach § 68 Abs. 2 AOG. bestehen geblieben, vgl. oben X a. Es ist als § 26 in die AZO. übergegangen.

D. Aenderungen betreffend die Gewerbeordnung, die vorläufige Landarbeitsordnung und das Handelsgesetzbuch.

a) Aenderungen infolge Einführung der Betriebsordnung.

In Konsequenz der Einführung der Betriebsordnung wird die Arbeitsordnung der GO. und der LAO. durch das AOG. beseitigt. Die Außerkraftsetzungen in § 69 Abs. 2 und 4 und die teilweisen Streichungen in § 69 Abs. 3 betreffen, von den unten zu b genannten Ausnahmen abgesehen, Vorschriften, die unmittelbar von der Arbeitsordnung handelten, bezw. solche, die die auf die Arbeitsordnung bezüglichen Bestimmungen mit zitierten.

b) Andere Aenderungen.

1. Der § 152 GO. enthielt in Abs. 1 die Aufhebung der Koalitionsverbote für Gewerbetreibende, gewerbliche Gehilfen, Gesellen oder Fabrikarbeiter, versagte aber in Abs. 2 den Koalitionsabreden den gerichtlichen Schutz. Abs. 2 hatte nach der zutreffenden Rechtsprechung des obersten Gerichtshofes wegen der

in Art. 159 RV. enthaltenen Gewährleistung der Koalitionsfreiheit tatsächlich keine Gültigkeit mehr, und Abs. 1 ist eben durch die RV.-Bestimmung überflüssig geworden. Nunmehr wird der ganze Paragraph durch das AOG. (§ 69 Abs. 2) auch formell außer Kraft gesetzt. — Die Streichung in § 154a GO. (§ 69 Abs. 3 a. E. AOG.) ist eine Folge einerseits hieraus und anderseits aus der Tatsache, daß das sog. „Terrorverbot" des § 153 GO. bereits durch Gesetz vom 22. Mai 1918 aufgehoben ist.

2. Der § 75f HGB. regelte das sog. „geheime Wettbewerbsverbot" bisher unter Bezugnahme auf Abs. 2 des § 152 GO. Trotz dessen tatsächlicher Ungültigkeit ist er in Kraft geblieben und war sinngemäß aus ihm zu ergänzen[166]). § 69 Abs. 5 AOG. macht ihn nunmehr in der Fassung formell von der GO. unabhängig.

E. Allgemeine Gesetzesänderung.

Ueberall, wo in einem Gesetz oder einer Verordnung der Tarifvertrag angeführt wird, tritt an seine Stelle die Tarifordnung; § 69 Abs. 6.

XXIX. Ministerielle Verordnungsgewalt.

A. Durchführungs- und Ergänzungsverordnungen.

Der Reichsarbeitsminister ist ermächtigt, im Einvernehmen mit dem Reichswirtschaftsminister zur Durchführung und Ergänzung des AOG. Rechtsverordnungen und allgemeine Verwaltungsvorschriften zu erlassen und hierbei von bestehenden gesetzlichen Vorschriften abzuweichen; § 64 Abs. 2 AOG. Die gleiche Befugnis ist dem Erstgenannten im Einvernehmen mit dem Reichsminister der Finanzen und dem Reichsminister des Innern zwecks Durchführung und Ergänzung des „Gesetzes zur Ordnung der Arbeit in öffentlichen Verwaltungen und Betrieben" durch dessen § 25 Abs. 2 erteilt.

Endlich kann der Reichsarbeitsminister allein zur Durchführung des Gesetzes über die Heimarbeit nach dessen § 38 Rechtsverordnungen und Verwaltungsvorschriften erlassen und Vorschriften ergänzenden Inhalts treffen, soweit er sie für erforderlich hält, um den Zweck des Gesetzes zu erreichen. (Dabei muß er sich allerdings im Rahmen des geltenden Rechts halten, da das Gesetz die Vollmacht zu Abweichungen nicht aus-

166) Ebenso Hueck-(Nipperdey) Bd. I S. 189 mit Anm. 33.

spricht.) In dieser Ermächtigung geht die schon durch § 67 Abs. 2 Ziff. 2 AOG. erteilte auf, Rechtsverordnungen und Durchführungsvorschriften zu erlassen, um die Ueberleitung der Tätigkeit der Fachausschüsse auf die Treuhänder der Arbeit sicherzustellen.

B. Anpassungsverordnungen.

Andere Gesetze und Verordnungen, welche inhaltlich durch das AOG. betroffen werden, können unter Beseitigung etwaiger Unstimmigkeiten des Gesetzestextes in neuer Fassung im Reichsgesetzblatt bekanntgemacht werden. Im einzelnen gilt folgendes:

a) Im Arbeitsgerichtsgesetz können bei dieser Gelegenheit die Vorschriften über den Ausschluß der Arbeitsgerichtsbarkeit in Anpassung an § 32 Abs. 2 AOG. (oben XII A b 1) sowie ferner die Vorschriften über die Beisitzerausschüsse (§§ 29, 38 AGG.) neu geregelt werden; § 66 Abs. 9 AOG.

Zuständig für die Aenderungen und die Bekanntmachung der neuen Fassung ist der Reichsarbeitsminister gemeinsam mit dem Reichsminister der Justiz.

Die Bekanntmachung der neuen Fassung des Arbeitsgerichtsgesetzes ist inzwischen unter dem 10. April 1934 erfolgt[167]). Die Neuregelung des Ausschlusses der Arbeitsgerichtsbarkeit entspricht dem oben a. a. O. Gesagten. Die Vorschriften über die Beisitzerausschüsse bei Arbeitsgerichten mit mehr als einer Kammer und bei den Landesarbeitsgerichten sind dahin geändert, daß diese nicht mehr gebildet werden müssen, sondern nur gebildet werden können. Auch werden die Ausschußmitglieder nicht mehr von den Beisitzern, die bei dem betreffenden Gerichte herangezogen werden können, gewählt, sondern vom Landgerichtspräsidenten berufen. Die frühere Mindestmitgliederzahl von 3 Unternehmern und 3 Arbeitern oder Angestellten ist heute die fest bestimmte Mitgliederzahl.

b) In die neue Fassung der Verordnung über die Arbeitszeit können die einschlägigen Vorschriften der Gewerbeordnung mit aufgenommen werden (§ 68 Abs. 3).

Auch diese Neufassung ist bereits durch den Reichsarbeitsminister im Einvernehmen mit dem Reichswirtschaftsminister, dem Reichsminister der Finanzen und dem Reichsminister des Innern[168]) bekanntgemacht, und zwar unter der Bezeichnung „Arbeitszeitordnung" (AZO.) mit einer begleitenden „Verordnung über die neue Fassung der Arbeitszeitverordnung" vom 26. Juli 1934[169]). Einzelheiten:

1. In der AZO. sind aus der GO. nicht nur deren Bestimmungen über die Arbeitszeit, sondern auch die Vorschriften, welche Beschäftigungsverbote für Jugendliche oder Frauen aussprechen oder zulassen, daneben aber alle bisher noch geltenden Bestimmungen der Arb. AZVO. und der Angest. AZVO. unter nur geringfügigen inhaltlichen Aende-

---

167) RGBl. I S. 319, RArbBl. S. I 104.

168) Siehe dazu die Ausführungen in Teil I der amtlichen „Erläuterungen zur Neufassung der Arbeitszeitverordnung" (RArbBl. 1934 S. I 215) über die verschiedenen gesetzlichen Grundlagen der Bekanntmachung.

169) RGBl. I S. 803, RArbBl. S. I 207.

rungen [170]) mit der AZVO. von 1923/27 zu einem Ganzen vereinigt. Lediglich § 8 der Angest.AZVO. (Sonntagsruhe für alle Angestellten und Ausnahmen davon) ist statt dessen dem § 105 b GO. als neuer Abs. 5 angefügt worden; Ziff. 3 der Begleitverordnung.

2. Durch Einbeziehung in die AZO. fallen nach Ziff. 2 eod. in der Gewerbeordnung folgende Vorschriften weg:

§§ 120 f., 135, § 136 Abs. 1 bis 3, §§ 137, 137 a, 138, 138 a, 139 139 a, 139 c, 139 d, 139 e, 139 f, § 154 Abs. 1 Nr. 4, 5 und 6, § 154 a Abs. 2.

3. Verordnungen, die auf Grund der AZVO. bisheriger Fassung oder auf Grund unter 2 genannter GO.-Bestimmungen erlassen sind, bleiben jedoch in Kraft, solange sie nicht durch neue Ausführungsverordnungen geändert oder aufgehoben werden; Ziff. 4 der Begleitverordnung.

c) Endlich enthält § 69 Abs. 7 noch eine Generalklausel für sonstige, vom AOG. inhaltlich betroffenen Gesetze und Verordnungen. Zuständig zur Beseitigung von Unstimmigkeiten und zur Bekanntmachung der Neuredaktion ist hier der Reichsarbeitsminister im Einvernehmen mit dem Reichswirtschaftsminister.

d) Die Ermächtigung für den Reichsarbeitsminister in § 67 Abs. 2 Ziff. 1 AOG., das Hausarbeitsgesetz unter Beseitigung von Unstimmigkeiten neu bekanntzumachen, ist durch den Erlaß des Gesetzes über die Heimarbeit und die Außerkraftsetzung des Hausarbeitsgesetzes gegenstandslos geworden.

---

170) Siehe dazu Teil I der in Anm. 168 genannten „Erläuterungen“, a. a. O. S. I 214 f.

Anhang: Texte.

Gesetz zur Ordnung der nationalen Arbeit

Vom 20. Januar 1934.

(Reichsgesetzbl. I S. 45).

Die Reichsregierung hat das folgende Gesetz beschlossen, das hiermit verkündet wird:

Erster Abschnitt.

Führer des Betriebes und Vertrauensrat

§ 1. Im Betriebe arbeiten der Unternehmer als Führer des Betriebes, die Angestellten und Arbeiter als Gefolgschaft gemeinsam zur Förderung der Betriebszwecke und zum gemeinen Nutzen von Volk und Staat.

§ 2. (1) Der Führer des Betriebes entscheidet der Gefolgschaft gegenüber in allen betrieblichen Angelegenheiten, soweit sie durch dieses Gesetz geregelt werden.

(2) Er hat für das Wohl der Gefolgschaft zu sorgen. Diese hat ihm die in der Betriebsgemeinschaft begründete Treue zu halten.

§ 3. (1) Bei juristischen Personen und Personengesamtheiten sind die gesetzlichen Vertreter Führer des Betriebes.

(2) Der Unternehmer oder bei juristischen Personen und Personengesamtheiten die gesetzlichen Vertreter können eine an der Betriebsleitung verantwortlich beteiligte Person mit ihrer Stellvertretung betrauen; dies muß geschehen, wenn sie den Betrieb nicht selbst leiten. In Angelegenheiten von geringerer Bedeutung können sie auch eine andere Person beauftragen.

(3) Wird dem Führer des Betriebes die Befähigung zum Führer gemäß § 38 durch das Ehrengericht rechtskräftig aberkannt, so ist ein anderer Führer des Betriebes zu bestellen.

§ 4. (1) Als Betriebe im Sinne dieses Gesetzes gelten auch Verwaltungen.

(2) Nebenbetriebe und Betriebsbestandteile, die mit dem Hauptbetrieb durch gemeinsame Leitung verbunden sind, gelten nur dann als selbständige Betriebe, wenn sie räumlich weit von dem Hauptbetrieb getrennt sind.

(3) Die Vorschriften dieses Gesetzes, mit Ausnahme der §§ 32 und 33, finden auf Schiffe der See-, Binnen- und Luftschiffahrt und ihre Besatzung keine Anwendung.

§ 5. (1) Dem Führer des Betriebes mit in der Regel mindestens zwanzig Beschäftigten treten aus der Gefolgschaft Vertrauensmänner beratend zur Seite. Sie bilden mit ihm und unter seiner Leitung den Vertrauensrat des Betriebes.

(2) Zur Gefolgschaft im Sinne der Bestimmungen über den Vertrauensrat gehören auch die Hausgewerbetreibenden, die in der Hauptsache für den gleichen Betrieb allein oder mit ihren Familienangehörigen arbeiten.

§ 6. (1) Der Vertrauensrat hat die Pflicht, das gegenseitige Vertrauen innerhalb der Betriebsgemeinschaft zu vertiefen.

(2) Der Vertrauensrat hat die Aufgabe, alle Maßnahmen zu beraten, die der Verbesserung der Arbeitsleistung, der Gestaltung und Durchführung der allgemeinen Arbeitsbedingungen, insbesondere der Betriebsordnung, der Durchführung und Verbesserung des Betriebsschutzes, der Stärkung der Verbundenheit aller Betriebsangehörigen untereinander und mit dem Betriebe und dem Wohle aller Glieder der Gemeinschaft dienen. Er hat ferner auf eine Beilegung aller Streitigkeiten innerhalb der Betriebsgemeinschaft hinzuwirken. Er ist vor der Festsetzung von Bußen auf Grund der Betriebsordnung zu hören.

(3) Der Vertrauensrat kann einzelne seiner Aufgaben bestimmten Vertrauensmännern zur Wahrnehmung übertragen.

§ 7. (1) Die Zahl der Vertrauensmänner beträgt
in Betrieben mit 20 bis 49 Beschäftigten . . zwei,
in Betrieben mit 50 bis 99 Beschäftigten . . drei,
in Betrieben mit 100 bis 199 Beschäftigten . . vier,
in Betrieben mit 200 bis 399 Beschäftigten . . fünf.

(2) Ihre Zahl erhöht sich für je dreihundert weitere Beschäftigte um einen Vertrauensmann und beträgt höchstens zehn.

(3) In gleicher Zahl sind Stellvertreter vorzusehen.

(4) Bei der Auswahl der Vertrauensmänner sind Angestellte, Arbeiter und Hausgewerbetreibende angemessen zu berücksichtigen.

§ 8. Vertrauensmann soll nur sein, wer das fünfundzwanzigste Lebensjahr vollendet hat, mindestens ein Jahr dem Betriebe oder dem Unternehmen angehört und mindestens zwei Jahre im gleichen oder verwandten Berufs- oder Gewerbezweige tätig gewesen ist. Er muß die bürgerlichen Ehrenrechte besitzen, der Deutschen Arbeitsfront angehören, durch vorbildliche menschliche Eigenschaften ausgezeichnet sein und die Gewähr bieten, daß er jederzeit rückhaltlos für den nationalen Staat eintritt. Von der Voraussetzung einer einjährigen Betriebsangehörigkeit kann bei der ersten Ernennung von Vertrauensmännern, die nach dem Inkrafttreten dieses Gesetzes erfolgt, abgesehen werden.

§ 9. (1) Der Führer des Betriebes stellt im Einvernehmen mit dem Obmann der Nationalsozialistischen Betriebszellen-Organisation im März jeden Jahres eine Liste der Vertrauensmänner und deren Stellvertreter auf. Die Gefolgschaft hat zu der Liste alsbald durch geheime Abstimmung Stellung zu nehmen.

(2) Kommt zwischen dem Führer des Betriebes und dem Obmann der Nationalsozialistischen Betriebszellen-Organisation eine Einigung über die vorzuschlagenden Vertrauensmänner und deren Stellvertreter oder kommt ein Vertrauensrat aus einem anderen Grunde nicht zustande, billigt insbesondere die Gefolgschaft die Liste nicht, so kann der Treuhänder der Arbeit Vertrauensmänner und Stellvertreter in der erforderlichen Anzahl berufen.

§ 10. (1) Die Mitglieder des Vertrauensrates legen vor der Gefolgschaft am Tage der nationalen Arbeit (1. Mai) das feierliche Gelöbnis ab, in ihrer Amtsführung nur dem Wohle des Betriebes und der Gemeinschaft aller Volksgenossen unter Zurückstellung eigennütziger Interessen zu dienen und in ihrer Lebensführung und Diensterfüllung den Betriebsangehörigen Vorbild zu sein.

(2) Treten in einem Betriebe die Voraussetzungen für die Errichtung eines Vertrauensrates erst nach dem im § 9 Abs. 1 vorgesehenen Zeitpunkt ein, so ist die Berufung der Vertrauensmänner (§ 9) und die Verpflichtung des Vertrauensrates alsbald durchzuführen.

§ 11. Das Amt des Vertrauensrates beginnt nach der Verpflichtung — regelmäßig am 1. Mai — und endet jeweils am 30. April.

§ 12. Der Vertrauensrat ist nach Bedarf von dem Führer des Betriebes einzuberufen. Die Einberufung muß erfolgen, wenn die Hälfte der Vertrauensmänner es beantragt.

§ 13. (1) Das Amt der Vertrauensmänner ist ein Ehrenamt, für dessen Wahrnehmung ein Entgelt nicht gewährt werden darf. Für den durch die Erfüllung der Aufgaben notwendigen Ausfall von Arbeitszeit ist der übliche Lohn zu zahlen. Notwendige Aufwendungen sind von der Betriebsleitung zu erstatten.

(2) Die notwendigen Einrichtungen und Geschäftsbedürfnisse für eine ordnungsmäßige Erfüllung der dem Vertrauensrat obliegenden Aufgaben sind von der Betriebsleitung zur Verfügung zu stellen. Der Führer des Betriebes ist verpflichtet, den Vertrauensmännern die zur Erfüllung ihrer Aufgaben notwendigen Auskünfte zu erteilen.

§ 14. (1) Das Amt eines Vertrauensmannes erlischt, abgesehen von der freiwilligen Amtsniederlegung, mit dem Ausscheiden aus dem Betriebe. Die Kündigung des Dienstverhältnisses eines Vertrauensmannes ist unzulässig, es sei denn, daß sie infolge Stillegung des Betriebes oder einer Betriebsabteilung erforderlich wird oder aus einem Grunde erfolgt, der zur Kündigung des Dienstverhältnisses ohne Einhaltung einer Kündigungsfrist berechtigt.

(2) Der Treuhänder der Arbeit kann einen Vertrauensmann wegen sachlicher oder persönlicher Ungeeignetheit abberufen. Das Amt eines abberufenen Vertrauensmannes erlischt mit der schriftlichen Mitteilung der Entscheidung des Treuhänders an den Vertrauensrat.

(3) Das Amt eines Vertrauensmannes erlischt ferner mit der Rechtskraft einer auf die Strafen des § 38 Nr. 2 bis 5 erkennenden Entscheidung des Ehrengerichts.

§ 15. An die Stelle von ausscheidenden oder zeitweilig verhinderten Vertrauensmännern treten die Stellvertreter als Ersatzmänner in der sich aus der Vorschlagsliste ergebenden Reihenfolge. Sind Ersatzmänner nicht mehr vorhanden, so werden für den Rest der Amtszeit des Vertrauensrates neue Vertrauensmänner vom Treuhänder der Arbeit berufen.

§ 16. Gegen Entscheidungen des Führers des Betriebes über die Gestaltung der allgemeinen Arbeitsbedingungen, insbesondere der Betriebsordnung (§ 6 Abs. 2), kann die Mehrheit des Vertrauensrates des Betriebes den Treuhänder der Arbeit unverzüglich schriftlich anrufen, wenn die Entscheidungen mit den wirtschaftlichen oder sozialen Verhältnissen des Betriebes nicht vereinbar erscheinen. Die Wirksamkeit der von dem Führer des Betriebes getroffenen Entscheidung wird durch die Anrufung nicht gehemmt.

§ 17. Befinden sich mehrere wirtschaftlich oder technisch gleichartige oder nach dem Betriebszweck zusammengehörige Betriebe in der Hand eines Unternehmers, so muß dieser oder, wenn er nicht selbst das Unternehmen leitet, der von ihm bestellte Führer des Unternehmens zu seiner Beratung in sozialen Angelegenheiten aus den Vertrauensräten der einzelnen Betriebe einen Beirat berufen.

Zweiter Abschnitt.

Treuhänder der Arbeit

§ 18. (1) Für größere Wirtschaftsgebiete, deren Abgrenzung der Reichsarbeitsminister im Einvernehmen mit dem Reichswirtschaftsminister und dem Reichsminister des Innern bestimmt, werden Treuhänder der Arbeit ernannt. Sie sind Reichsbeamte und unterstehen der Dienstaufsicht des Reichsarbeitsministers. Ihren Sitz bestimmt der Reichsarbeitsminister im Einvernehmen mit dem Reichswirtschaftsminister.

(2) Die Treuhänder der Arbeit sind an Richtlinien und Weisungen der Reichsregierung gebunden.

§ 19. (1) Die Treuhänder der Arbeit haben für die Erhaltung des Arbeitsfriedens zu sorgen. Zur Erfüllung dieser Aufgabe haben sie:

1. über die Bildung und Geschäftsführung der Vertrauensräte zu wachen und in Streitfällen zu entscheiden;

2. gemäß §§ 9 Abs. 2, 14 Abs. 2 und 15 Vertrauensmänner der Betriebe zu berufen und abzuberufen;
3. auf Anrufung des Vertrauensrates gemäß § 16 zu entscheiden; sie können unter Aufhebung der Entscheidung des Führers des Betriebes die erforderliche Regelung selbst treffen;
4. bei beabsichtigten Entlassungen gemäß § 20 zu entscheiden;
5. die Durchführung der Bestimmungen über die Betriebsordnung (§§ 26 ff.) zu überwachen;
6. unter den Voraussetzungen des § 32 Richtlinien und Tarifordnungen festzusetzen und ihre Durchführung zu überwachen;
7. bei der Durchführung der sozialen Ehrengerichtsbarkeit gemäß §§ 35 ff. mitzuwirken;
8. die Reichsregierung nach näherer Anweisung des Reichsarbeitsministers und des Reichswirtschaftsministers ständig über die sozialpolitische Entwicklung zu unterrichten.

(2) Der Reichsarbeitsminister und der Reichswirtschaftsminister können im Rahmen der Gesetze den Treuhändern der Arbeit weitere Aufgaben übertragen.

(3) Die Treuhänder der Arbeit können die Verhandlung in Angelegenheiten des Abs. 1 Ziffer 3 einem Sachverständigenausschuß (§ 23 Abs. 3) übertragen. Die Entscheidung bleibt dem Treuhänder der Arbeit überlassen.

§ 20. (1) Der Unternehmer eines Betriebes ist verpflichtet, dem Treuhänder der Arbeit schriftlich Anzeige zu erstatten, bevor er

a) in Betrieben mit in der Regel weniger als einhundert Beschäftigten mehr als neun Beschäftigte,
b) in Betrieben mit in der Regel mindestens einhundert Beschäftigten zehn vom Hundert der im Betrieb regelmäßig Beschäftigten oder aber mehr als fünfzig Beschäftigte innerhalb von vier Wochen entläßt.

(2) Entlassungen, deren Bevorstehen nach Abs. 1 anzuzeigen ist, werden vor Ablauf von vier Wochen nach Eingang der Anzeige beim Treuhänder der Arbeit nur mit dessen Genehmigung wirksam; der Treuhänder der Arbeit kann die Genehmigung auch mit rückwirkender Kraft erteilen. Er kann auch anordnen, daß die Entlassungen nicht vor Ablauf von längstens zwei Monaten nach Erstattung der Anzeige wirksam werden. Soweit die Entlassungen nicht innerhalb von vier Wochen nach dem Zeitpunkt durchgeführt werden, von dem an sie nach Satz 1 oder 2 wirksam sind, gilt die Anzeige als nicht erstattet. Das Recht zur fristlosen Entlassung bleibt unberührt.

(3) Ist der Unternehmer nicht in der Lage, die Beschäftigten bis zu dem in Abs. 2 bezeichneten Zeitpunkt voll in Arbeit zu behalten, so kann der Treuhänder zulassen, daß der Unternehmer für die Zwischenzeit in seinem Betriebe eine Verkürzung der Arbeitszeit (Streckung der Arbeit) einführt. Hierbei darf jedoch die Wochenarbeitszeit eines Beschäftigten nicht unter vierundzwanzig Stunden herabgesetzt werden. Der Unternehmer ist im Falle der Arbeitsstreckung berechtigt, Lohn oder Gehalt der mit verkürzter Arbeitszeit Beschäftigten entsprechend zu kürzen; die Kürzung wird jedoch erst von dem Zeitpunkt an wirksam, in dem das Arbeitsverhältnis nach den allgemeinen gesetzlichen oder den vertraglichen Bestimmungen enden würde.

(4) In Betrieben, die regelmäßig in einer bestimmten Jahreszeit verstärkt arbeiten (Saisonbetriebe) oder regelmäßig nicht mehr als drei Monate im Jahre arbeiten (Kampagnebetriebe), finden die Vorschriften der Absätze 1 bis 3 auf Entlassungen, die durch diese Eigenart des Betriebs bedingt sind, keine Anwendung.

§ 21. Der Reichsarbeitsminister kann dem Treuhänder der Arbeit, sofern es die Größe und die besonderen wirtschaftlichen Verhältnisse seines Wirtschaftsgebietes erfordern, Beauftragte unterstellen, denen vom Reichsarbeitsminister oder vom Treuhänder der Arbeit die diesem obliegenden Aufgaben für einen bestimmten Bezirk oder hinsichtlich bestimmter Gewerbezweige oder bestimmte Aufgaben ganz oder teilweise übertragen werden können. Die Beauftragten sind an Weisungen des Reichsarbeitsministers und des Treuhänders gebunden.

§ 22. (1) Wer schriftlichen allgemeinen Anordnungen des Treuhänders der Arbeit, die dieser in Erfüllung der ihm obliegenden Aufgaben erläßt, wiederholt vorsätzlich zuwiderhandelt, wird mit Geldstrafe bestraft; in besonders schweren Fällen kann an die Stelle der Geldstrafe oder neben sie Gefängnisstrafe treten. Die Strafverfolgung tritt nur auf Antrag des Treuhänders der Arbeit ein.

(2) Die Verfolgung der mit öffentlicher Strafe bedrohten Handlung als Verletzung der sozialen Ehre wird durch die Verurteilung zu öffentlicher Strafe nicht ausgeschlossen.

§ 23. (1) Die Treuhänder der Arbeit berufen zu ihrer Beratung in allgemeinen oder grundsätzlichen Fragen ihres Aufgabengebietes einen Sachverständigenbeirat aus den verschiedenen Wirtschaftszweigen ihres Gebietes. Die Sachverständigen sollen zu drei Vierteln aus Vorschlagslisten der Deutschen Arbeitsfront entnommen werden, die in erster Linie geeignete Angehörige der Vertrauensräte der Betriebe des Treuhänderbezirks unter Berücksichtigung der verschiedenen Berufsgruppen und Wirtschaftszweige in größerer Zahl in Vorschlag zu bringen hat. Führer der Betriebe und Vertrauensmänner sind in etwa gleicher Zahl in die Liste aufzunehmen. Ein Viertel der erforderlichen Sachverständigen können die Treuhänder aus sonst geeigneten Persönlichkeiten ihres Bezirks berufen.

(2) Soweit durch Gesetze der Reichsregierung eine ständische Gliederung der Wirtschaft durchgeführt ist, hat die Deutsche Arbeitsfront die von ihr zu benennenden Sachverständigen im Einvernehmen mit den Ständen vorzuschlagen.

(3) Die Treuhänder der Arbeit können ferner zu ihrer Beratung im Einzelfalle einen Sachverständigenausschuß berufen.

§ 24. Vor Beginn ihrer Tätigkeit sind die Sachverständigen durch den Treuhänder der Arbeit zu vereidigen. Sie haben zu schwören, daß sie nach bestem Wissen und Gewissen unparteiisch das Amt eines Sachverständigen ausüben, keine Sonderinteressen verfolgen und nur dem Wohle der Volksgemeinschaft dienen werden. Für die Abnahme des Eides gilt § 481 der Zivilprozeßordnung (Reichsgesetzbl. 1933 I S. 821) entsprechend.

§ 25. Die Treuhänder und die sonstigen deutschen Behörden sind innerhalb ihrer Zuständigkeit verpflichtet, bei Vollziehung dieses Gesetzes einander Amtshilfe zu leisten.

Dritter Abschnitt.

Betriebsordnung und Tarifordnung.

§ 26. In jedem Betriebe, in dem in der Regel mindestens zwanzig Angestellte und Arbeiter beschäftigt sind, ist vom Führer des Betriebes eine Betriebsordnung für die Gefolgschaft des Betriebes (§ 1) schriftlich zu erlassen.

§ 27. (1) In die Betriebsordnung sind folgende Arbeitsbedingungen aufzunehmen:

1. Anfang und Ende der regelmäßigen täglichen Arbeitszeit und der Pausen;
2. Zeit und Art der Gewährung des Arbeitsentgelts;
3. die Grundsätze für die Berechnung der Akkord- oder Gedingearbeit, soweit im Betriebe im Akkord oder Gedinge gearbeitet wird;
4. Bestimmungen über die Art, Höhe und Einziehung von Bußen, wenn solche vorgesehen werden;

5. die Gründe, aus denen die Kündigung des Arbeitsverhältnisses ohne Einhaltung einer Kündigungsfrist erfolgen darf, soweit es nicht bei den gesetzlichen Gründen bewenden soll;
6. die Verwendung der durch rechtswidrige Auflösung des Arbeitsverhältnisses verwirkten Entgeltbeträge, soweit die Verwirkung im Rahmen der gesetzlichen Bestimmungen in der Betriebsordnung oder im Arbeitsvertrag vorgesehen ist.

(2) Soweit in anderen Gesetzen oder Verordnungen Vorschriften über den zwingenden Inhalt der Arbeitsordnung enthalten sind, die über die Vorschriften des Abs. 1 hinausgehen, behalten sie ihre Gültigkeit.

(3) In die Betriebsordnung können neben den gesetzlich vorgeschriebenen Bestimmungen auch Bestimmungen über die Höhe des Arbeitsentgelts und über sonstige Arbeitsbedingungen aufgenommen werden, ferner weitere Bestimmungen über die Ordnung des Betriebes, das Verhalten der Beschäftigten im Betriebe und über die Verhütung von Unfällen.

§ 28. (1) Die Verhängung von Bußen gegen die Beschäftigten ist nur wegen Verstoßes gegen die Ordnung oder die Sicherheit des Betriebes zulässig. Bußen in Geld dürfen die Hälfte des durchschnittlichen Tagesarbeitsverdienstes nicht übersteigen; für erhebliche, bestimmt zu bezeichnende Verstöße können jedoch Bußen bis zum vollen Betrage des durchschnittlichen Tagesarbeitsverdienstes vorgesehen werden. Die Verwendung der Bußen bestimmt der Reichsarbeitsminister.

(2) Die Verhängung von Bußen erfolgt durch den Führer des Betriebes oder eine von ihm beauftragte Person nach Beratung im Vertrauensrat (§ 6), wenn ein solcher vorhanden ist.

(3) Die Vorschriften der Absätze 1 und 2 gelten auch für die Verhängung von im Arbeitsvertrag vereinbarten Bußen in Betrieben, für die eine Betriebsordnung nicht vorgeschrieben ist.

(4) In Betrieben, für die eine Betriebsordnung vorgeschrieben ist, können die gesetzlich vorgesehenen Gründe, aus denen die Kündigung des Arbeitsverhältnisses ohne Einhaltung einer Kündigungsfrist zulässig ist, nicht durch Arbeitsvertrag ausgedehnt oder vermehrt werden.

§ 29. Soweit in der Betriebsordnung der Arbeitsentgelt für Arbeiter oder Angestellte festgesetzt wird, sind Mindestsätze mit der Maßgabe aufzunehmen, daß für die seinen Leistungen entsprechende Vergütung des einzelnen Betriebsangehörigen Raum bleibt. Auch im übrigen ist auf die Möglichkeit einer angemessenen Belohnung besonderer Leistungen Bedacht zu nehmen.

§ 30. Die Bestimmungen der Betriebsordnung sind für die Betriebsangehörigen als Mindestbedingungen rechtsverbindlich.

§ 31. (1) Ein Abdruck der Betriebsordnung und einer für den Betrieb etwa geltenden Tariforordnung ist in jeder Betriebsabteilung an geeigneter, den Angehörigen des Betriebes zugänglicher Stelle auszuhängen.

(2) Die Betriebsordnung tritt, soweit nicht in ihr ein anderer Zeitpunkt festgesetzt ist, am Tage nach ihrem Aushang in Kraft. Auf Verlangen ist den im Betriebe Beschäftigten ein Abdruck der Betriebsordnung auszuhändigen.

§ 32. (1) Der Treuhänder der Arbeit kann nach Beratung in einem Sachverständigenausschuß (§ 23 Abs. 3) Richtlinien für den Inhalt von Betriebsordnungen und Einzelarbeitsverträgen festsetzen.

(2) Ist zum Schutze der Beschäftigten einer Gruppe von Betrieben innerhalb des dem Treuhänder der Arbeit zugewiesenen Bezirks die Festsetzung von Mindestbedingungen zur Regelung der Arbeitsverhältnisse zwingend geboten, so kann der Treuhänder nach Beratung in einem Sachverständigenausschuß (§ 23 Abs. 3) eine Tariforordnung schriftlich erlassen; der § 29 gilt entsprechend. Die Bestimmungen der Tariforordnung sind für die von ihr erfaßten Arbeitsverhältnisse als Mindestbedingungen rechtsverbindlich. Entgegenstehende Bestimmungen in Betriebsordnungen sind nichtig. Der Treuhänder der Arbeit

kann in der Tarifordnung die Arbeitsgerichtsbarkeit für bürgerliche Rechtsstreitigkeiten aus einem Arbeits- oder Lehrverhältnis, das sich nach der Tarifordnung bestimmt, in dem gleichen Umfange ausschließen, wie dies nach dem Arbeitsgerichtsgesetz den Tarifvertragsparteien möglich war.

(3) Die Richtlinien und die Tarifordnungen sind vom Treuhänder der Arbeit bekanntzumachen.

§ 33. (1) Ist der Erlaß von Richtlinien nach § 32 Abs. 1 oder einer Tarifordnung für einen Geltungsbereich, der nicht nur unwesentlich über den Bezirk eines Treuhänders hinausgeht, geboten, so bestimmt der Reichsarbeitsminister für die Regelung einen Sondertreuhänder der Arbeit. Ferner kann der Reichsarbeitsminister Sondertreuhänder zur Erledigung bestimmter Aufgaben bestellen.

(2) Auf den Sondertreuhänder der Arbeit finden die §§ 18 Abs. 2, 22, 23 Abs. 3, 24, 25 und 32 entsprechende Anwendung.

(3) Die Treuhänder der Arbeit haben die Durchführung der von einem Sondertreuhänder erlassenen Richtlinien und Tarifordnungen innerhalb ihres Bezirks zu überwachen, sofern nicht in besonderen Fällen der Reichsarbeitsminister den Sondertreuhänder auch mit dieser Aufgabe betraut.

§ 34. Für Hausgewerbetreibende, die in der Regel allein oder mit ihren Familienangehörigen und nicht mehr als zwei fremden Hilfskräften arbeiten, gelten im Verhältnis zu ihren Auftraggebern die Bestimmungen des § 32 Abs. 2 und 3 und des § 33 entsprechend. Diesen Hausgewerbetreibenden kann der Reichsarbeitsminister oder der Treuhänder der Arbeit sonstige Hausgewerbetreibende, Zwischenmeister und andere arbeitnehmerähnliche Personen ihrer wirtschaftlichen Unselbständigkeit wegen gleichstellen.

Vierter Abschnitt.

Soziale Ehrengerichtsbarkeit.

§ 35. Jeder Angehörige einer Betriebsgemeinschaft trägt die Verantwortung für die gewissenhafte Erfüllung der ihm nach seiner Stellung innerhalb der Betriebsgemeinschaft obliegenden Pflichten. Er hat sich durch sein Verhalten der Achtung würdig zu erweisen, die sich aus seiner Stellung in der Betriebsgemeinschaft ergibt. Insbesondere hat er im steten Bewußtsein seiner Verantwortung seine volle Kraft dem Dienst des Betriebes zu widmen und sich dem gemeinen Wohle unterzuordnen.

§ 36. (1) Gröbliche Verletzungen der durch die Betriebsgemeinschaft begründeten sozialen Pflichten werden als Verstöße gegen die soziale Ehre von den Ehrengerichten gesühnt. Derartige Verstöße liegen vor, wenn

1. Unternehmer, Führer des Betriebes oder sonstige Aufsichtspersonen unter Mißbrauch ihrer Machtstellung im Betriebe böswillig die Arbeitskraft der Angehörigen der Gefolgschaft ausnutzen oder ihre Ehre kränken;
2. Angehörige der Gefolgschaft den Arbeitsfrieden im Betriebe durch böswillige Verhetzung der Gefolgschaft gefährden, sich insbesondere als Vertrauensmänner bewußt unzulässige Eingriffe in die Betriebsführung anmaßen oder den Gemeinschaftsgeist innerhalb der Betriebsgemeinschaft fortgesetzt böswillig stören;
3. Angehörige der Betriebsgemeinschaft wiederholt leichtfertig unbegründete Beschwerden oder Anträge an den Treuhänder der Arbeit richten oder seinen schriftlichen Anordnungen hartnäckig zuwiderhandeln;
4. Mitglieder des Vertrauensrates vertrauliche Angaben, Betriebs- oder Geschäftsgeheimnisse, die ihnen bei Erfüllung ihrer Aufgaben bekanntgeworden und als solche bezeichnet worden sind, unbefugt offenbaren.

(2) Beamte und Soldaten unterliegen nicht der sozialen Ehrengerichtsbarkeit.

§ 37. Die ehrengerichtliche Verfolgung der im § 36 bezeichneten Verletzungen der sozialen Ehre verjährt in einem Jahre. Die Verjährung beginnt mit dem Tage, an welchem die Ehrverletzung begangen ist.

§ 38. Die ehrengerichtlichen Strafen sind:

1. Warnung,
2. Verweis,
3. Ordnungsstrafe in Geld bis zu zehntausend Reichsmark,
4. Aberkennung der Befähigung, Führer des Betriebes zu sein (§§ 1 bis 3) oder das Amt eines Vertrauensmannes auszuüben (§§ 5 ff.),
5. Entfernung vom bisherigen Arbeitsplatz; das Ehrengericht kann dabei eine von der gesetzlichen oder vereinbarten Kündigungsfrist abweichende Frist vorschreiben.

§ 39. (1) Ist gegen einen Angehörigen eines Betriebes wegen einer strafbaren Handlung die öffentliche Klage erhoben, so ist das ehrengerichtliche Verfahren wegen der gleichen Tatsachen auszusetzen.

(2) Ist im Strafverfahren auf Freisprechung erkannt, so findet wegen der Tatsachen, die in diesem Verfahren zur Erörterung gekommen sind, ein ehrengerichtliches Verfahren nur insofern statt, als diese Tatsachen an sich und unabhängig von dem Tatbestand einer im Strafgesetz vorgesehenen Handlung die ehrengerichtliche Bestrafung begründen.

(3) Ist im Strafverfahren eine Verurteilung erfolgt, so hat der Vorsitzende des Ehrengerichts zu entscheiden, ob das ehrengerichtliche Verfahren durchzuführen ist.

§ 40. Insoweit sich nicht aus den nachfolgenden Bestimmungen Abweichungen ergeben, finden auf das ehrengerichtliche Verfahren die Vorschriften der Strafprozeßordnung über das Verfahren in den zur Zuständigkeit der Landgerichte gehörigen Strafsachen und die Vorschriften der §§ 155 Nr. II, 176, 184 bis 198 des Gerichtsverfassungsgesetzes entsprechende Anwendung. Eine Mitwirkung der Staatsanwaltschaft findet nicht statt.

§ 41. (1) Ueber Verletzungen der sozialen Ehre entscheidet auf Antrag des Treuhänders der Arbeit ein Ehrengericht, das für jeden Bezirk eines Treuhänders der Arbeit zu errichten ist.

(2) Das Ehrengericht besteht aus einem vom Reichsminister der Justiz im Einvernehmen mit dem Reichsarbeitsminister zu ernennenden richterlichen Beamten als Vorsitzenden und einem Führer eines Betriebes und einem Vertrauensmann als Beisitzern. Führer des Betriebes und Vertrauensmänner sind durch den Vorsitzenden des Ehrengerichts aus Vorschlagslisten zu entnehmen, die die Deutsche Arbeitsfront nach Maßgabe des § 23 aufstellt; sie sind nach der Reihenfolge der Liste zu entnehmen, doch sollen tunlichst Personen ausgewählt werden, die dem gleichen Gewerbezweig wie der Angeschuldigte angehören.

§ 42. Die Beisitzer sind vor ihrer Dienstleistung durch den Vorsitzenden auf die gewissenhafte Erfüllung der Obliegenheiten ihres Amtes eidlich zu verpflichten.

§ 43. Anzeigen wegen Verletzung der sozialen Ehre durch Angehörige eines Betriebes sind schriftlich unter Angabe der Beweismittel bei dem Treuhänder der Arbeit anzubringen, in dessen Bezirk der Betrieb seinen Sitz hat. Sobald der Treuhänder der Arbeit durch eine Anzeige oder auf anderem Wege von einer gröblichen Verletzung der sozialen Ehre Kenntnis erhält, hat er den Sachverhalt zu erforschen, dabei insbesondere auch den Beschuldigten zu hören und sich über die Anrufung des Ehrengerichts zu entschließen. Dem Antrag auf Einleitung des ehrengerichtlichen Verfahrens hat der Treuhänder das Ergebnis der von ihm angestellten Ermittlungen beizufügen.

§ 44. Der Vorsitzende des Ehrengerichts hat erforderliche weitere Ermittlungen selbst vorzunehmen oder anzuordnen.

§ 45. Der Vorsitzende des Ehrengerichts kann den Antrag auf Einleitung des ehrengerichtlichen Verfahrens als unbegründet zurückweisen. Bei Zurückweisung seines Antrages kann der Treuhänder der Arbeit binnen einer Woche nach der Zustellung des die Zurückweisung aussprechenden Beschlusses Hauptverhandlung vor dem Ehrengericht beantragen.

§ 46. (1) Hält der Vorsitzende des Ehrengerichts den Antrag des Treuhänders für begründet, so kann er auf Warnung, Verweis oder Ordnungsstrafe in Geld bis zu einhundert Reichsmark erkennen. Gegen diese Entscheidung können der Beschuldigte und der Treuhänder der Arbeit binnen einer Woche nach der Zustellung der Entscheidung beim Ehrengericht schriftlich oder zu Protokoll der Geschäftsstelle Einspruch erheben.

(2) Bei rechtzeitigem Einspruch wird zur Hauptverhandlung vor dem Ehrengericht geschritten, sofern nicht bis zu ihrem Beginne der Einspruch zurückgenommen wird.

§ 47. (1) Entscheidet der Vorsitzende des Ehrengerichts nicht selbst (§ 46 Abs. 1 Satz 1), so hat er Termin zur mündlichen Verhandlung vor dem Ehrengericht anzuberaumen.

(2) Das Ehrengericht entscheidet auf Grund des Ergebnisses einer mündlichen öffentlichen Verhandlung nach freiem Ermessen. Es kann auf Antrag und von Amts wegen Zeugen und Sachverständige eidlich vernehmen sowie die Herbeischaffung anderer Beweismittel anordnen. Die Oeffentlichkeit der Verhandlung kann von dem Vorsitzenden des Ehrengerichts ausgeschlossen werden.

§ 48. (1) Der Treuhänder der Arbeit hat das Recht, der Hauptverhandlung beizuwohnen und Anträge zu stellen.

(2) Der Angeklagte kann sich in der Hauptverhandlung durch einen mit schriftlicher Vollmacht versehenen Verteidiger vertreten lassen.

§ 49. (1) Gegen Urteile des Ehrengerichts ist die Einlegung der Berufung durch den Treuhänder der Arbeit in jedem Falle, durch den Angeklagten nur dann zulässig, wenn auf Ordnungsstrafe in Geld über einhundert Reichsmark oder auf eine der Strafen des § 38 Nr. 4 und 5 erkannt ist. Ueber die Berufung entscheidet der Reichsehrengerichtshof.

(2) Die Berufung ist binnen zwei Wochen nach Zustellung des Urteils beim Ehrengericht schriftlich oder zu Protokoll der Geschäftsstelle einzulegen. Sie hat aufschiebende Wirkung.

§ 50. Der Reichsehrengerichtshof hat seinen Sitz in Berlin. Er entscheidet in der Besetzung von zwei von dem Reichsminister der Justiz im Einvernehmen mit dem Reichsarbeitsminister zu ernennenden höheren richterlichen Beamten, von denen einer als Vorsitzender, der andere als Beisitzer zu bestellen ist, ferner von je einem Führer des Betriebes und einem Vertrauensmann und einer von der Reichsregierung zu bestimmenden Person als Beisitzern. Der § 41 Abs. 2 Satz 2 findet entsprechende Anwendung.

§ 51. (1) Der Reichsehrengerichtshof hat die Entscheidung des Ehrengerichts in vollem Umfange nachzuprüfen; er ist an dessen Feststellungen nicht gebunden und kann die angefochtene Entscheidung nach freiem Ermessen abändern.

(2) Für das Verfahren vor dem Reichsehrengerichtshof gelten die §§ 42, 44, 47 Abs. 2 und 48 entsprechend.

§ 52. Der Treuhänder der Arbeit kann seinen Antrag an das Ehrengericht bis zur Entscheidung durch den Vorsitzenden des Ehrengerichts oder bis zur Verkündung des Urteils erster Instanz zurücknehmen.

§ 53. (1) Die aus Ordnungsstrafen in Geld eingehenden Beträge sind an die Reichskasse abzuführen, soweit der Reichsarbeitsminister nicht etwas anderes bestimmt.

(2) Die Vollstreckung der eine Ordnungsstrafe in Geld aussprechenden Entscheidung erfolgt durch den Treuhänder der Arbeit auf Grund einer von dem Urkundsbeamten des erkennenden Gerichts erteilten, mit der Bescheinigung der Vollstreckbarkeit versehenen beglaubigten Abschrift der Entscheidungsformel nach den Vorschriften über die Vollstreckung der Urteile in bürgerlichen Rechtsstreitigkeiten.

§ 54. Ist auf Aberkennung der Fähigkeit, Führer des Betriebes oder Vertrauensmann zu sein, oder auf Entfernung vom bisherigen Arbeitsplatz erkannt worden, so hat der Treuhänder der Arbeit die Durchführung des Urteils zu überwachen.

§ 55. (1) Die sachlichen und persönlichen Kosten der Ehrengerichte sowie des Reichsehrengerichtshofs trägt das Reich.

(2) Die Kosten des Verfahrens können ganz oder zum Teil dem Verurteilten auferlegt werden.

Fünfter Abschnitt.

Kündigungsschutz.

§ 56. (1) Wird einem Angestellten oder Arbeiter nach einjähriger Beschäftigung in dem gleichen Betrieb oder dem gleichen Unternehmen gekündigt, so kann er, wenn es sich um einen Betrieb mit in der Regel mindestens zehn Beschäftigten handelt, binnen zwei Wochen nach Zugang der Kündigung beim Arbeitsgericht mit dem Antrag auf Widerruf der Kündigung klagen, wenn diese unbillig hart und nicht durch die Verhältnisse des Betriebes bedingt ist.

(2) Der Klage ist, wenn in dem Betrieb ein Vertrauensrat errichtet ist, eine Bescheinigung des Vertrauensrates beizufügen, aus der sich ergibt, daß die Frage der Weiterbeschäftigung im Vertrauensrat erfolglos beraten worden ist. Von der Beibringung der Bescheinigung kann abgesehen werden, wenn der Gekündigte nachweist, daß er binnen fünf Tagen nach Zugang der Kündigung den Vertrauensrat angerufen, dieser aber die Bescheinigung innerhalb von fünf Tagen nach dem Anruf nicht erteilt hat.

§ 57. (1) Erkennt das Gericht auf Widerruf der Kündigung, so ist im Urteil von Amts wegen eine Entschädigung für den Fall festzusetzen, daß der Unternehmer den Widerruf ablehnt.

(2) Der Unternehmer hat, sofern nicht die vorläufige Vollstreckbarkeit des Urteils nach § 62 Abs. 1 Satz 2 des Arbeitsgerichtsgesetzes ausgeschlossen ist, binnen drei Tagen nach Zustellung des Urteils dem Gekündigten zu erklären, ob er den Widerruf der Kündigung oder die Entschädigung wählt. Erklärt er sich nicht innerhalb der Frist, so gilt die Entschädigung als gewählt. Die Frist wird durch einen vor ihrem Ablauf zur Post gegebenen Brief gewahrt. Der Unternehmer wird dadurch, daß er den Widerruf der Kündigung wählt, nicht gehindert, gegen das Urteil Berufung einzulegen. Wird auf die Berufung die Klage abgewiesen, so verliert mit diesem Zeitpunkt der Widerruf der Kündigung seine Wirkung.

(3) Wird in dem in der Berufungsinstanz ergehenden Urteil die Entschädigung anderweit festgesetzt, so läuft die in Abs. 2 bestimmte Frist von der Zustellung des Berufungsurteils von neuem.

§ 58. Bei der Festsetzung der Entschädigung ist sowohl auf die wirtschaftliche Lage des Gekündigten als auch auf die wirtschaftliche Leistungsfähigkeit des Betriebes angemessen Rücksicht zu nehmen. Die Entschädigung bemißt sich nach der Dauer des Arbeitsverhältnisses; sie darf vier Zwölftel des letzten Jahresarbeitsverdienstes nicht übersteigen.

§ 59. Bei Widerruf der Kündigung ist der Unternehmer verpflichtet, dem Gekündigten für die Zeit zwischen der Entlassung und der Weiterbeschäftigung Lohn oder Gehalt zu gewähren. § 615 Satz 2 des Bürgerlichen Gesetzbuches findet entsprechende Anwendung. Der Unternehmer kann ferner öffentlich-rechtliche Leistungen, die der Gekündigte aus Mitteln der Arbeitslosenhilfe oder der öffentlichen Fürsorge in der Zwischenzeit erhalten hat, zur Anrechnung bringen und muß diese Beträge der leistenden Stelle zurückerstatten.

§ 60. Der Gekündigte ist berechtigt, falls er inzwischen einen neuen Dienstvertrag abgeschlossen hat, die Weiterbeschäftigung bei dem früheren Unternehmer zu verweigern. Er hat hierüber unverzüglich nach Empfang der im § 57 Abs. 2 und 3 vorgesehenen Erklärung des Unternehmers, spätestens aber drei Tage danach, dem Unternehmer mündlich oder durch Aufgabe zur Post eine Erklärung abzugeben. Erklärt er sich nicht, so erlischt das Recht der Verweigerung. Macht er von seinem Verweigerungsrecht Gebrauch, so ist ihm Lohn oder Gehalt nur für die Zeit zwischen der Entlassung und dem Tage des Eintritts in das neue Dienstverhältnis zu gewähren. § 59 Satz 2 und 3 findet entsprechende Anwendung.

§ 61. (1) Ein Arbeiter oder Angestellter, dem ohne Einhaltung der Kündigungsfrist gekündigt ist, kann in dem Verfahren, in dem er die Unwirksamkeit dieser Kündigung geltend macht, gleichzeitig für den Fall, daß die Kündigung als für den nächsten zulässigen Kündigungszeitpunkt wirksam angesehen wird, den Widerruf dieser Kündigung gemäß § 56 beantragen. Der Antrag ist nur bis zum Schluß der mündlichen Verhandlung erster Instanz zulässig. Die im § 56 Abs. 1 bestimmte Frist gilt als gewahrt, wenn die Klage binnen zweier Wochen nach der Kündigung erhoben war. Die Vorschrift des § 56 Abs. 2 findet in diesem Falle keine Anwendung.

(2) Wird im Falle des Abs. 1 dem Antrage auf Widerruf der Kündigung stattgegeben, so wird durch die gemäß § 57 festgesetzte Entschädigung der Lohnanspruch für die Zeit bis zum Wirksamwerden der Kündigung nicht berührt.

§ 62. Die §§ 56 bis 61 finden keine Anwendung bei Kündigungen auf Grund einer Verpflichtung, die auf Gesetz oder Tarifordnung beruht.

Sechster Abschnitt.

Arbeit im öffentlichen Dienst.

§ 63. Auf Angestellte und Arbeiter in den Verwaltungen und Betrieben des Reichs, der Länder, der Reichsbank, der Deutschen Reichsbahn-Gesellschaft, des Unternehmens „Reichsautobahnen", der Gemeinden (Gemeindeverbände) und anderer Körperschaften, Stiftungen und Anstalten des öffentlichen Rechts finden die Vorschriften des Ersten bis Fünften Abschnittes dieses Gesetzes keine Anwendung. Insoweit erfolgt eine Regelung durch besonderes Gesetz.

Siebenter Abschnitt.

Schluß- und Uebergangsvorschriften.

§ 64. (1) Das Gesetz zur Ordnung der nationalen Arbeit tritt, soweit es sich um Maßnahmen zu seiner Durchführung und die Schluß- und Uebergangsvorschriften der §§ 64, 70 und 72 handelt, mit dem Tage der Verkündung, soweit es sich um die Vorschrift des § 73 handelt, mit dem 1. April 1934 in Kraft. Im übrigen tritt es samt den in den §§ 65 bis 69 vorgesehenen Aenderungen von Gesetzen und Verordnungen mit dem 1. Mai 1934 in Kraft, soweit der Reichsarbeitsminister im Einvernehmen mit dem Reichswirtschaftsminister keinen anderen Zeitpunkt bestimmt.

(2) Der Reichsarbeitsminister ist ermächtigt, im Einvernehmen mit dem Reichswirtschaftsminister, soweit der Sechste Abschnitt in Frage kommt, auch

im Einvernehmen mit dem Reichsminister der Finanzen und dem Reichsminister des Innern zur Durchführung und Ergänzung dieses Gesetzes Rechtsverordnungen und allgemeine Verwaltungsvorschriften zu erlassen und hierbei von bestehenden gesetzlichen Vorschriften abzuweichen.

§ 65. Folgende Gesetze und Verordnungen treten außer Kraft:

1. das Betriebsrätegesetz samt den auf Grund dieses Gesetzes erlassenen Verordnungen und Bestimmungen,
2. das Gesetz über die Betriebsbilanz und die Betriebsgewinn- und -verlustrechnung vom 5. Februar 1921 (Reichsgesetzbl. S. 159),
3. das Gesetz über die Entsendung von Betriebsratsmitgliedern in den Aufsichtsrat vom 15. Februar 1922 (Reichsgesetzbl. S. 209) nebst Wahlordnung,
4. das Gesetz über Betriebsvertretungen und über wirtschaftliche Vereinigungen vom 4. April 1933 (Reichsgesetzbl. I S. 161), mit Ausnahme der Artikel III und V, samt den zu den aufgehobenen Vorschriften erlassenen Verordnungen,
5. das Gesetz zur Aenderung des Gesetzes über Betriebsvertretungen und über wirtschaftliche Vereinigungen vom 26. September 1933 (Reichsgesetzbl. I S. 667),
6. die Tarifvertragsverordnung samt den auf Grund dieser Verordnung erlassenen Bestimmungen,
7. die Verordnung über das Schlichtungswesen vom 30. Oktober 1923 (Reichsgesetzbl. I S. 1043) und die Zweite Verordnung zur Ausführung der Verordnung über das Schlichtungswesen vom 29. Dezember 1923 (Reichsgesetzbl. 1924 I S. 9),
8. das Gesetz über Treuhänder der Arbeit vom 19. Mai 1933 (Reichsgesetzbl. I S. 285) mit Durchführungsverordnung vom 13. Juni 1933 (Reichsgesetzbl. I S. 368) und das Gesetz über die Uebertragung der Restaufgaben der Schlichter auf die Treuhänder der Arbeit vom 20. Juli 1933 (Reichsgesetzbl. I S. 520),
9. das Gesetz über die Beisitzer der Arbeitsgerichts- und Schlichtungsbehörden und der Fachausschüsse für Hausarbeit vom 18. Mai 1933 (Reichsgesetzbl. I S. 276) mit Ausnahme des Artikels I § 4,
10. die Verordnung, betreffend Maßnahmen gegenüber Betriebsabbrüchen und -stillegungen, vom 8. November 1920 (Reichsgesetzbl. S. 1901) in der Fassung der Verordnung über Betriebsstillegungen und Arbeitsstreckung vom 15. Oktober 1923 (Reichsgesetzbl. I S. 983) samt den auf Grund der Verordnung erlassenen Bestimmungen,
11. die Verordnung, betreffend die Stillegung von Betrieben, welche die Bevölkerung mit Gas, Wasser, Elektrizität versorgen, vom 10. November 1920 (Reichsgesetzbl. S. 1865).

§ 66. (1) Die Zuständigkeit der Arbeitsgerichte für die in § 2 Abs. 1 Nr. 1, 4 und 5 des Arbeitsgerichtsgesetzes aufgeführten bürgerlichen Rechtsstreitigkeiten und Fälle entfällt, soweit es sich nicht um anhängige Verfahren handelt. Mit dieser Maßgabe treten die Vorschriften des § 10 des Arbeitsgerichtsgesetzes über die Parteifähigkeit, der §§ 63 und 71 des Arbeitsgerichtsgesetzes über das Verfahren in besonderen Fällen und der §§ 80 bis 90 des Arbeitsgerichtsgesetzes über das Beschlußverfahren außer Kraft.

(2) In den Vorschriften des Arbeitsgerichtsgesetzes über die Berufung der Beisitzer tritt an die Stelle der wirtschaftlichen Vereinigungen von Arbeitgebern oder von Arbeitnehmern oder der Verbände solcher Vereinigungen (Spitzenverbände) die Deutsche Arbeitsfront; die Vorschriften des § 23 Abs. 1 Satz 3 und des Abs. 2 dieses Gesetzes gelten entsprechend.

(3) Der § 11 des Arbeitsgerichtsgesetzes erhält folgende Fassung:

„Vor den Arbeitsgerichten sind als Prozeßbevollmächtigte oder Beistände zugelassen Leiter und Angestellte der von der Deutschen

Arbeitsfront getrennt nach Unternehmern einerseits, Arbeitern und Angestellten andererseits einzurichtenden Rechtsberatungsstellen, soweit diese Personen nicht neben derartigen Vertretungen die Besorgung fremder Rechtsangelegenheiten vor Gericht geschäftsmäßig betreiben, sowie Rechtsanwälte, die im Einzelfalle von seiten der Deutschen Arbeitsfront zur Vertretung einer Partei ermächtigt sind. Im übrigen sind Personen, die die Besorgung fremder Rechtsangelegenheiten vor Gericht geschäftsmäßig betreiben, als Prozeßbevollmächtigte oder Beistände ausgeschlossen.

Vor den Landesarbeitsgerichten und dem Reichsarbeitsgericht müssen sich die Parteien durch Rechtsanwälte als Prozeßbevollmächtigte vertreten lassen; zur Vertretung berechtigt ist jeder bei einem deutschen Gericht zugelassene Anwalt.

Der Reichsarbeitsminister kann im Einvernehmen mit dem Reichswirtschaftsminister und dem Reichsminister der Justiz durch Verordnung andere Stellen (Vereinigungen, Körperschaften) den in Abs. 1 bezeichneten Rechtsberatungsstellen der Deutschen Arbeitsfront für die Prozeßvertretung ihrer Mitglieder gleichstellen."

(4) Für die beim Inkrafttreten der Vorschrift des Abs. 3 vor den Landesarbeitsgerichten anhängigen Verfahren bleiben die nach den bisherigen Vorschriften als Prozeßbevollmächtigte zugelassenen Vertreter auch weiterhin zugelassen.

(5) Bei der ersten Berufung der Beisitzer der Landesarbeitsgerichte auf Grund dieses Gesetzes entfällt das Erfordernis einer dreijährigen Tätigkeit als Beisitzer einer Arbeitsgerichtsbehörde.

(6) Für die in § 48 Abs. 2 des Arbeitsgerichtsgesetzes genannten Streitigkeiten kann der Treuhänder der Arbeit in einer Tarifordnung die Zuständigkeit eines an sich örtlich unzuständigen Arbeitsgerichts bestimmen.

(7) In den Fällen der §§ 56 ff. dieses Gesetzes wird die vollstreckbare Ausfertigung eines der Klage stattgebenden Urteils dem Gekündigten nur erteilt, wenn er nachweist, daß der Unternehmer den Widerruf der Kündigung abgelehnt oder sich binnen der im § 57 Abs. 2 und 3 dieses Gesetzes festgesetzten Fristen nicht erklärt hat. Der Nachweis kann auch durch Versicherung an Eides Statt geführt werden.

(8) In den Fällen der §§ 56 ff. dieses Gesetzes findet eine Revision an das Reichsarbeitsgericht nicht statt.

(9) Der Reichsarbeitsminister und der Reichsminister der Justiz werden ermächtigt, das Arbeitsgerichtsgesetz unter Vornahme der Aenderungen, die sich aus diesem Gesetz und früheren Gesetzen und Verordnungen ergeben, in neuer Fassung im Reichsgesetzblatt bekanntzumachen und dabei etwaige Unstimmigkeiten des Gesetzestextes zu beseitigen; sie können hierbei auch die Vorschriften über die Beisitzerausschüsse (§§ 29, 38) und unter Anpassung an die Vorschriften des § 32 Abs. 2 dieses Gesetzes den Ausschluß der Arbeitsgerichtsbarkeit (IV. Teil des Arbeitsgerichtsgesetzes) neu regeln.

§ 67. (1) Die Vorschriften der §§ 18 bis 48 des Hausarbeitgesetzes vom 27. Juni 1923 (Reichsgesetzbl. I S. 472 und 730) in der Fassung des Gesetzes über Lohnschutz in der Heimarbeit vom 8. Juni 1933 (Reichsgesetzbl. I S. 347) über die Errichtung und Aufgaben von Fachausschüssen und die Verordnung über Fachausschüsse für Hausarbeit vom 28. November 1924 (Reichsgesetzbl. I S. 757) treten außer Kraft.

(2) Der Reichsarbeitsminister wird ermächtigt,

1. das Hausarbeitgesetz vom 27. Juni 1923 in der Fassung des Gesetzes über Lohnschutz in der Heimarbeit vom 8. Juni 1933 unter Vornahme der Aenderungen, die sich aus diesem Gesetz ergeben, in neuer Fassung im Reichsgesetzblatt bekanntzumachen und dabei etwaige Unstimmigkeiten des Gesetzestextes zu beseitigen;

2. Rechtsverordnungen und Durchführungsvorschriften zu erlassen, um die Ueberleitung der Tätigkeit der Fachausschüsse auf die Treuhänder der Arbeit sicherzustellen.

§ 68. (1) Die Verordnung über die Arbeitszeit in der Fassung der Bekanntmachung vom 14. April 1927 (Reichsgesetzbl. I S. 110) wird wie folgt geändert:

1. Der § 2 erhält folgende Fassung:
„Für Gewerbezweige oder Gruppen von Arbeitnehmern, bei denen regelmäßig und in erheblichem Umfang Arbeitsbereitschaft vorliegt, kann durch eine Tarifordnung oder, soweit eine solche nicht besteht oder doch Arbeitsverhältnisse dieser Art nicht berücksichtigt, durch den Reichsarbeitsminister oder den Treuhänder der Arbeit eine vom § 1 Satz 2 und 3 abweichende Regelung getroffen werden."
2. In den §§ 3 und 4 sind die Worte „nach Anhörung der gesetzlichen Betriebsvertretung" zu streichen.
3. Die §§ 5 und 6 erhalten folgende Fassung:

„§ 5. Wird durch Tarifordnung die Arbeitszeit über die im § 1 Satz 2 und 3 festgesetzten Grenzen ausgedehnt, so gelten für die Beschäftigung der Arbeitnehmer, für die die Tarifordnung verbindlich ist, deren Bestimmungen an Stelle der Vorschriften des § 1.

Die Ausnahmen der §§ 3, 4 und 10 gelten auch neben Tarifordnungen.

§ 6. Soweit die Arbeitszeit nicht in einer Tarifordnung geregelt ist, kann auf Antrag des Unternehmers für einzelne Betriebe oder Betriebsabteilungen eine vom § 1 Satz 2 und 3 abweichende Regelung der Arbeitszeit durch den zuständigen Gewerbeaufsichtsbeamten oder Bergaufsichtsbeamten widerruflich zugelassen werden, sofern sie aus betriebstechnischen Gründen, insbesondere bei Betriebsunterbrechungen durch Naturereignisse, Unglücksfälle oder andere unvermeidliche Störungen, oder aus allgemein wirtschaftlichen Gründen geboten ist. Für den Bereich mehrerer Gewerbeaufsichtsämter oder Bergaufsichtsämter sowie für ganze Gewerbezweige oder Berufe steht die gleiche Befugnis der obersten Landesbehörde, für Fälle, die sich auf mehrere Länder erstrecken, dem Reichsarbeitsminister zu. Gegen den Bescheid ist, soweit er nicht von einer obersten Reichs- oder Landesbehörde erlassen ist, jederzeit die Beschwerde an die vorgesetzte Behörde zulässig, die endgültig entscheidet. Die Beschwerde hat keine aufschiebende Wirkung.

Wird nachträglich eine Regelung in einer Tarifordnung getroffen, so tritt diese ohne weiteres an die Stelle der behördlichen."

4. Der § 6a Abs. 2 erhält folgende Fassung:
„Als angemessene Vergütung gilt, wenn nicht die Beteiligten eine andere Regelung vereinbaren oder besondere Umstände eine solche rechtfertigen oder der Reichsarbeitsminister oder der Treuhänder der Arbeit eine abweichende Regelung treffen, ein Zuschlag von fünfundzwanzig vom Hundert."
5. Im § 6a fallen die Abs. 3 und 4 weg. In dem bisherigen Abs. 5 sind die Worte „nach Anhörung der wirtschaftlichen Vereinigungen der Arbeitgeber und der Arbeitnehmer" zu streichen.
6. Der § 8 Abs. 1 erhält folgende Fassung:
„Im Bergbau unter Tage ist für Betriebspunkte mit einer Wärme über 28 Grad Celsius durch die zuständige Bergbehörde eine Verkürzung der Arbeitszeit anzuordnen. Weitergehende bergpolizeiliche Bestimmungen bleiben unberührt."
7. In den §§ 9 Abs. 1 und 15 Abs. 1 sind die Worte „nach Anhörung der wirtschaftlichen Vereinigungen der Arbeitgeber und Arbeitnehmer" zu streichen.

(2) Die Ziffern III, VIII und IX Satz 2 der Anordnung über die Regelung der Arbeitszeit gewerblicher Arbeiter vom 25. November 1918 (Reichsgesetzbl. S. 1334) und 17. Dezember 1918 (Reichsgesetzbl. S. 1436) und die §§ 3, 15 und 16 Abs. 1 Satz 3 der Verordnung über die Regelung der Arbeitszeit der Angestellten vom 18. März 1919 (Reichsgesetzbl. S. 315) treten mit der Maßgabe außer Kraft, daß Anfang und Ende der regelmäßigen täglichen Arbeitszeit und der Pausen in allen Betrieben durch Aushang bekanntzumachen sind.

(3) Der Reichsarbeitsminister wird ermächtigt, im Einvernehmen mit dem Reichswirtschaftsminister die Verordnung über die Arbeitszeit unter Vornahme der Aenderungen, die sich aus diesem Gesetz ergeben, und unter Einbeziehung der Vorschriften der Gewerbeordnung über die Arbeitszeit in neuer Fassung im Reichsgesetzblatt bekanntzumachen und dabei etwaige Unstimmigkeiten des Gesetzestextes zu beseitigen.

§ 69. (1) Die Verordnung über die Arbeitszeit in den Bäckereien und Konditoreien in der Fassung des Gesetzes vom 16. Juli 1927 (Reichsgesetzbl. I S. 183) wird wie folgt geändert:

1. Im § 1 Abs. 1 sind die Worte „nach Anhörung der gesetzlichen Betriebsvertretung" zu streichen.
2. Der § 1 Abs. 2 Satz 1 erhält folgende Fassung: „In den im Abs. 1 genannten Betrieben kann durch eine Tarifordnung oder, wenn eine solche nicht besteht, durch den Reichsarbeitsminister eine vom § 1 Abs. 1 abweichende Regelung getroffen werden."

(2) Die §§ 134 a bis 134 f, der § 139 k, der § 147 Abs. 1 Nr. 5, der § 148 Abs. 1 Nr. 11 und 12, der § 150 Abs. 1 Nr. 5 und der § 152 der Gewerbeordnung treten außer Kraft.

(3) Im § 133 h der Gewerbeordnung ist an Stelle von „der §§ 134 bis 134 h" zu setzen „des § 134"; im § 149 Abs. 1 Nr. 7 der Gewerbeordnung ist „§ 134 e Abs. 2", im § 154 a der Gewerbeordnung „152 und 153" zu streichen.

(4) Der § 13 der Verordnung, betreffend eine vorläufige Landarbeitsordnung, tritt außer Kraft.

(5) Der § 75 f des Handelsgesetzbuchs erhält folgende Fassung:

„Im Falle einer Vereinbarung, durch die sich ein Prinzipal einem anderen Prinzipal gegenüber verpflichtet, einen Handlungsgehilfen, der bei diesem im Dienst ist oder gewesen ist, nicht oder nur unter bestimmten Voraussetzungen anzustellen, steht beiden Teilen der Rücktritt frei. Aus der Vereinbarung findet weder Klage noch Einrede statt."

(6) Soweit in einem Gesetz oder einer Verordnung der Tarifvertrag angeführt wird, tritt an seine Stelle die Tarifordnung.

(7) Der Reichsarbeitsminister wird ermächtigt, im Einvernehmen mit dem Reichswirtschaftsminister weitere Aenderungen von Gesetzen und Verordnungen, die sich aus diesem Gesetz ergeben, durch Verordnung vorzunehmen und dabei etwaige Unstimmigkeiten des Gesetzestextes zu beseitigen; er kann auch die geänderten Gesetze und Verordnungen in neuer Fassung im Reichsgesetzblatt bekanntmachen.

§ 70. Das Anstellungsverhältnis der bisherigen Treuhänder der Arbeit endet vorbehaltlich der Wiederernennung nach § 18 dieses Gesetzes mit dem 31. März 1934.

§ 71. Soweit in Betrieben, in denen nach diesem Gesetz eine Betriebsordnung zu erlassen ist, eine Arbeitsordnung nicht vorhanden ist oder die vorhandene Arbeitsordnung nicht den Vorschriften dieses Gesetzes entspricht, ist eine Betriebsordnung spätestens bis zum 1. Juli 1934 vom Führer des Betriebes zu erlassen. Bis zum Inkrafttreten einer Betriebsordnung gilt die bisherige Arbeitsordnung als Betriebsordnung weiter.

(Frist bis zum 1. Oktober 1934 verlängert; siehe unten VII. DurchfVO.)

§ 72. (1) Die am 1. Dezember 1933 geltenden oder nach diesem Tag in Kraft getretenen Tarifverträge bleiben bis zum 30. April 1934 in Kraft, soweit nicht der Treuhänder der Arbeit Aenderungen vornimmt oder ihren früheren Ablauf anordnet.

(2) Die am 30. April 1934 noch laufenden Tarifverträge und Mindestentgeltfestsetzungen der Fachausschüsse für Hausarbeit treten mit dem Ablauf dieses Tages außer Kraft, soweit nicht der Treuhänder der Arbeit oder der Reichsarbeitsminister ihre Weiterdauer als Tarifordnung anordnet; die Vorschrift des § 33 Abs. 3 gilt entsprechend.

(Anordnungen des Reichsarbeitsministers, betr. Weiterdauer: siehe unten Anordnung vom 28. 3./25. 9. 34 sowie § 14 Abs. 1 der DurchfVO. zum Heimarbeitsges.)

§ 73. (1) Im § 25 des Reichsbeamtengesetzes ist hinter dem Wort „Marine", und vor den Worten „die Vorsteher der diplomatischen Missionen" einzuschalten: „die Treuhänder der Arbeit,".

(2) Die dem Besoldungsgesetze vom 16. Dezember 1927 (Reichsgesetzbl. I S. 349) als Anlage 1 beigefügte Besoldungsordnung A, Aufsteigende Gehälter, wird wie folgt geändert:

In der Besoldungsgruppe 1 ist bei „Reichsarbeitsministerium" am Schluß hinzuzufügen: „Treuhänder der Arbeit".

Berlin, den 20. Januar 1934.

Der Reichskanzler
Adolf Hitler.
Der Reichsarbeitsminister
Franz Seldte.
Der Reichswirtschaftsminister
Dr. Schmitt.
Der Reichsminister der Justiz
Dr. Gürtner.
Der Reichsminister der Finanzen
Graf Schwerin v. Krosigk.
Der Reichsminister des Innern
Frick.

Erste Verordnung zur Durchführung des Gesetzes zur Ordnung der nationalen Arbeit.

Vom 1. März 1934.

(Reichsgesetzbl. I S. 174).

Auf Grund des Gesetzes zur Ordnung der nationalen Arbeit vom 20. Januar 1934, § 18 Abs. 1 und § 64 Abs. 2 (Reichsgesetzbl. I S. 45 ff.), wird im Einvernehmen mit dem Reichswirtschaftsminister und dem Reichsminister des Innern verordnet:

§ 1. Wirtschaftsgebiete im Sinne des Gesetzes zur Ordnung der nationalen Arbeit sind die in der Anlage zur Durchführungsverordnung zum Gesetz über Treuhänder der Arbeit vom 13. Juni 1933 (Reichsgesetzbl. I S. 368, 369) bezeichneten Bezirke.

(Aufstellung der Treuhänderbezirke: systematische Darstellung Anm. 157.)

§ 2. Als Sitze der Treuhänder der Arbeit werden für die nachgenannten Wirtschaftsgebiete folgende Orte bestimmt:

Ostpreußen:	Königsberg i. Pr.,
Schlesien:	Breslau,
Brandenburg:	Berlin,
Pommern:	Stettin,
Nordmark:	Hamburg,
Niedersachsen:	Bremen,
Zweigstelle:	Hannover,
Westfalen:	Essen,
Rheinland:	Köln,
Hessen:	Frankfurt a. M.,
Mitteldeutschland:	Weimar,
Zweigstelle:	Magdeburg,
Sachsen:	Dresden,
Bayern:	München,
Südwestdeutschland:	Karlsruhe,
Zweigstelle:	Stuttgart.

Berlin, den 1. März 1934.

Der Reichsarbeitsminister
Franz Seldte.

Zweite Verordnung zur Durchführung des Gesetzes zur Ordnung der nationalen Arbeit.

Vom 10. März 1934.

(Reichsgesetzbl. I S. 187).

Auf Grund des § 64 Abs. 2 des Gesetzes zur Ordnung der nationalen Arbeit wird im Einvernehmen mit dem Reichswirtschaftsminister verordnet:

Artikel I

Auswahl der Vertrauensmänner.

§ 1. Die der Gefolgschaft zur Stellungnahme vorzulegende Liste der Vertrauensmänner und deren Stellvertreter (§ 9 Abs. 1 des Gesetzes) ist von dem Führer des Betriebes im Einvernehmen mit dem Betriebszellen-Obmann des Betriebes aufzustellen. Kommt zwischen diesen beiden Personen ein Einvernehmen nicht zustande, so kann der Treuhänder der Arbeit Vertrauensmänner und Stellvertreter in der erforderlichen Anzahl berufen.

Artikel II

Abstimmung über die Liste der Vertrauensmänner.

§ 2. An der Abstimmung über die Liste der Vertrauensmänner und ihrer Stellvertreter (§ 9 Abs. 1 Satz 2 des Gesetzes) kann jedes Mitglied der Gefolgschaft teilnehmen, das mindestens einundzwanzig Jahre alt und im Besitz der bürgerlichen Ehrenrechte ist.

§ 3. (1) Der Führer des Betriebes hat die Abstimmung zu leiten. Er kann seinen Stellvertreter (§ 3 Abs. 2 Satz 1 des Gesetzes) als Abstimmungsleiter bestellen.

(2) Der Abstimmungsleiter beruft zu seiner Unterstützung die beiden Mitglieder der Gefolgschaft, die am längsten im Betriebe tätig sind. Ihnen ist Einblick in alle die Abstimmung betreffenden Vorgänge zu geben.

§ 4. Der Abstimmungsleiter hat eine Liste der Abstimmungsberechtigten (Abstimmungsliste) aufzustellen.

§ 5. (1) In einem Aushang hat der Abstimmungsleiter spätestens zwei Wochen vor dem ersten Abstimmungstage die Liste der Vertrauensmänner und der Stellvertreter bekanntzumachen und anzugeben, wo die Abstimmungsliste zur Einsicht ausliegt, wo die Abstimmungsberechtigten den Stimmzettel und den Abstimmungsumschlag empfangen und wann und wo sie den Zettel in dem Umschlag abgeben können. Die Abstimmung soll, soweit nicht zwingende Gründe entgegenstehen, außerhalb der regelmäßigen Arbeitszeit stattfinden.

(2) Die Berichtigung der Abstimmungsliste kann nur innerhalb einer Ausschlußfrist von einer Woche seit dem ersten Tage des Aushangs bei der Abstimmungsleitung beantragt werden. Hierauf ist in dem Aushang hinzuweisen.

§ 6. Ueber den Antrag auf Berichtigung der Abstimmungsliste hat der Abstimmungsleiter unverzüglich zu entscheiden.

§ 7. Der Stimmzettel hat unter fortlaufender Nummer die Namen der als Vertrauensmänner und als Stellvertreter vorgeschlagenen Personen zu enthalten.

§ 8. Die Abstimmung ist geheim. Sie erfolgt durch Abgabe des Stimmzettels. Die Abgabe des unveränderten Stimmzettels gilt als Zustimmung, die Abgabe des durchstrichenen Stimmzettels als Ablehnung. Die Abstimmungsberechtigten können auch einzelne der als Vertrauensmänner und als Stellvertreter vorgeschlagenen Personen durch Streichung der Namen auf dem Stimmzettel ablehnen. Stimmzettel, die in anderer Weise geändert oder die unterschrieben oder mit einem Kennzeichen versehen sind, sind ungültig.

§ 9. Der Abstimmende hat seinen Stimmzettel in einem Abstimmungsumschlag an einem für die Stimmabgabe festgesetzten Tage unter Nennung seines Namens bei der von dem Abstimmungsleiter bezeichneten Stelle abzugeben. Der Abstimmungsumschlag ist in Gegenwart des Abstimmenden in einen verschlossenen Kasten zu stecken und die Stimmabgabe in der Abstimmungsliste zu vermerken.

§ 10. (1) Innerhalb von drei Tagen nach Abschluß der Stimmabgabe hat der Abstimmungsleiter das Ergebnis der Abstimmung in Gegenwart der von ihm nach § 3 Abs. 2 berufenen Mitglieder der Gefolgschaft festzustellen. Es ist zu ermitteln, welche der aufgestellten Personen eine Mehrheit der abgegebenen Stimmen erhalten haben. Aus diesen Personen werden in der Reihenfolge der Liste, ohne Rücksicht auf die Zahl der auf den einzelnen entfallenden Stimmen, die Vertrauensmänner in der nach § 7 erforderlichen Zahl, sodann die Stellvertreter entnommen. Haben von den als Vertrauensmänner aufgestellten Personen bei der Abstimmung nicht so viel Personen eine Mehrheit erhalten, daß aus ihnen die erforderliche Zahl von Vertrauensmännern entnommen werden kann, so sind die übrigen Vertrauensmänner aus den als Stellvertreter aufgestellten Personen, die eine Mehrheit erhalten haben, zu entnehmen.

(2) Das Ergebnis ist den aufgestellten Vertrauensmännern und den Stellvertretern schriftlich mitzuteilen und durch Aushang bekanntzumachen.

§ 11. (1) Ergibt sich bei der Abstimmung für keine der als Vertrauensmänner und Stellvertreter aufgestellten Personen eine Mehrheit, so kann der Treuhänder der Arbeit die Vertrauensmänner und die Stellvertreter in der erforderlichen Anzahl berufen.

(2) Ergibt sich bei der Abstimmung eine Mehrheit nur für eine kleinere Zahl von Personen, als nach § 7 Vertrauensmänner zu bestellen sind, so kann der Treuhänder der Arbeit die übrigen Vertrauensmänner und die Stellvertreter berufen.

§ 12. (1) Der Führer des Betriebes hat die zur Durchführung der Abstimmung nötigen Einrichtungen, insbesondere auch die Stimmzettel und Abstimmungsumschläge, zur Verfügung zu stellen.

(2) Notwendige Versäumnis von Arbeitszeit infolge der Abstimmung darf eine Minderung des Arbeitsentgelts der Gefolgschaft nicht zur Folge haben.

§ 13. Sind bei dem Abstimmungsverfahren Vorschriften des Gesetzes oder dieser Verordnung derart verletzt worden, daß das Abstimmungsergebnis dadurch beeinträchtigt werden konnte, so kann jeder Angehörige des Betriebes spätestens zwei Wochen nach Bekanntgabe des Ergebnisses die Entscheidung des Treuhänders der Arbeit anrufen. Dieser kann die Wiederholung der Abstimmung anordnen, die aufgestellten Vertrauensmänner bestätigen oder gemäß § 9 Abs. 2 des Gesetzes andere Vertrauensmänner berufen.

§ 14. Steht die Berücksichtigung der Angestellten oder die Berücksichtigung der Arbeiter im Vertrauensrat in einem offenbaren Mißverhältnis zur Zusammensetzung der Gefolgschaft, so kann auf Antrag des Führers des Betriebes der Treuhänder zur Beseitigung dieses Mißverhältnisses einzelne Vertrauensmänner abberufen und durch andere Vertrauensmänner ersetzen.

Artikel III.

Anrufung des Treuhänders der Arbeit gemäß § 16 des Gesetzes.

§ 15. Eine Anrufung des Treuhänders der Arbeit gegen Entscheidungen des Führers des Betriebes über die Gestaltung der allgemeinen Arbeitsbedingungen, insbesondere der Betriebsordnung, ist erst zulässig, nachdem die Beschwerdepunkte vorher im Vertrauensrat erörtert worden sind. In der gemäß § 12 Satz 2 des Gesetzes vom Führer des Betriebes einzuberufenden Sitzung des Vertrauensrates sind die Beschwerdepunkte im einzelnen von den Beschwerdeführern zu begründen. Will der Führer des Betriebes den Wünschen der Beschwerdeführer nicht Rechnung tragen, so hat er die Gründe, die ihn für die Aufrechterhaltung seiner Entscheidung bestimmen, dem Vertrauensrat darzulegen. Er hat sodann festzustellen, ob die Mehrheit der anwesenden Mitglieder des Vertrauensrates die Anrufung des Treuhänders der Arbeit wünscht. Ergibt sich eine Mehrheit des Vertrauensrates für die Anrufung des Treuhänders der Arbeit, so können die Beschwerdeführer nunmehr ihre schriftlich zu begründende Beschwerde dem Führer des Betriebes einreichen, der sie binnen drei Tagen dem Treuhänder der Arbeit weiterzugeben hat. Er kann dabei zu den einzelnen Beschwerdepunkten Stellung nehmen.

Artikel IV.

Anzeigepflichtige Entlassungen.

§ 16. (1) Bei der Feststellung, ob die Voraussetzungen der Anzeigepflicht gemäß § 20 Abs. 1 des Gesetzes vorliegen, bleiben Entlassungen, die vor dem 1. Mai 1934 bereits durchgeführt sind, außer Betracht.

(2) Soweit Entlassungen, deren Bevorstehen nach § 20 Abs. 1 des Gesetzes dem Treuhänder der Arbeit anzuzeigen ist, in der Zeit vom 1. bis 29. Mai 1934 durchgeführt werden sollen, kann die Anzeige bereits vor dem 1. Mai 1934 mit den im § 20 Abs. 2 und 3 bezeichneten Folgen dem Treuhänder der Arbeit erstattet werden.

Artikel V.

Sachverständigenbeirat und Sachverständigenausschüsse.

Sachverständigenbeirat.

§ 17. (1) Der Treuhänder der Arbeit stellt ein Verzeichnis derjenigen Wirtschaftszweige auf, aus denen er die Mitglieder des Sachverständigenbeirats zu berufen beabsichtigt. Er kann dabei verschiedene Wirtschaftszweige, für die ihm nach ihrer Bedeutung innerhalb des Wirtschaftsgebietes die Bestellung eines gemeinsamen Sachverständigen ausreichend erscheint, zu einer Gruppe zusammenfassen. Wirtschaftszweige, für die durch Reichsgesetz eine ständische Gliederung durchgeführt ist, sind besonders zu berücksichtigen. Das Verzeichnis ist bis zum 15. März der Deutschen Arbeitsfront zwecks Aufstellung der Vorschlagslisten für die Sachverständigen zu übermitteln.

(2) Die Deutsche Arbeitsfront hat für die in dem Verzeichnis des Treuhänders der Arbeit bezeichneten Wirtschaftszweige und Wirtschaftsgruppen als Sachverständige mindestens je fünf Führer der Betriebe und je fünf Angehörige der Gefolgschaft, die in erster Linie Vertrauensmänner sein sollen, namhaft zu machen, soweit nicht der Treuhänder der Arbeit aus besonderen Gründen die Benennung einer größeren Anzahl fordert. Die Namen der vorgeschlagenen Sachverständigen sind getrennt nach den Wirtschaftszweigen in alphabetischer Reihenfolge unter Mitteilung der Anschrift aufzuführen. Für einen durch reichsgesetzliche Regelung errichteten Stand sind die Sachverständigen von der Deutschen Arbeitsfront im Einvernehmen mit dem Stande vorzuschlagen. Soweit dieses Einvernehmen nicht erzielt wird, sind die Vorschläge der Deutschen Arbeitsfront und des Standes dem Treuhänder der Arbeit vorzulegen. Die Vorschlagsliste ist dem Treuhänder der Arbeit bis zum 15. April einzureichen.

(3) Die Zahl der Mitglieder des Sachverständigenbeirats soll sechzehn nicht übersteigen. Der Treuhänder der Arbeit hat bei der Zusammensetzung des Sachverständigenbeirats die verschiedenen Wirtschaftszweige entsprechend ihrer wirtschaftlichen Bedeutung in dem betreffenden Wirtschaftsgebiete zu berücksichtigen. Aus der Vorschlagsliste sind sowohl Führer der Betriebe als auch Angehörige der Gefolgschaften als Sachverständige zu berufen. Für einen durch reichsgesetzliche Regelung errichteten Stand ist wenigstens ein Sachverständiger aus Angehörigen des Standes zu entnehmen. Ist über die vorzuschlagenden Sachverständigen eine Einigung zwischen der Deutschen Arbeitsfront und dem Stande nicht erzielt worden und gelingt es auch dem Treuhänder der Arbeit nicht, ein Einvernehmen über die zu berufenden Sachverständigen herzustellen, so hat er die Entscheidung des Reichsarbeitsministers herbeizuführen.

(4) Die Vorschlagsliste hat Gültigkeit für die Dauer eines Jahres (1. Mai bis 30. April). Der Treuhänder der Arbeit kann einzelne von ihm berufene Sachverständige durch andere in der Vorschlagsliste namhaft gemachte Persönlichkeiten ersetzen; soweit er dabei Sachverständige berufen will, über die das erforderliche Einvernehmen zwischen der Deutschen Arbeitsfront und einem Stande nicht erzielt ist, finden die Vorschriften des Abs. 3 letzter Satz entsprechende Anwendung.

Sachverständigenausschüsse.

§ 18. (1) Ueber die Bildung von Sachverständigenausschüssen entscheidet, abgesehen von den Fällen des § 32, der Treuhänder der Arbeit.

(2) Die Sachverständigen bestimmt der Treuhänder der Arbeit aus den ihm geeignet erscheinenden Persönlichkeiten seines Wirtschaftsgebietes. Zu Mitgliedern der Sachverständigenausschüsse sind vornehmlich Sachverständige der jeweils in Betracht kommenden Wirtschaftszweige zu bestimmen. Sofern es im Einzelfalle erwünscht ist, können auch Angehörige verwandter Wirtschaftszweige als Sachverständige hinzugezogen werden.

(3) Die Zahl der Mitglieder der Sachverständigenausschüsse soll acht nicht übersteigen. Die Sachverständigenausschüsse sollen in gleicher Zahl aus Führern der Betriebe und aus Angehörigen der Gefolgschaften bestehen. Die Angehörigen der Gefolgschaften sollen in Fragen, die ausschließlich oder überwiegend die Gruppe der Arbeiter betreffen, in der größeren Zahl aus der Gruppe der Arbeiter, in Fragen, die ausschließlich oder überwiegend die Gruppe der Angestellten betreffen, in der größeren Zahl aus der Gruppe der Angestellten entnommen werden.

(4) Betrifft der Gegenstand der Beratung im Sachverständigenausschuß Angelegenheiten eines durch reichsgesetzliche Regelung errichteten Standes, so sind die Sachverständigen von dem Treuhänder der Arbeit im Einvernehmen mit dem Stande zu bestimmen.

Aufwandsentschädigungen.

§ 19. Die Mitglieder des Sachverständigenbeirats und der Sachverständigenausschüsse erhalten eine angemessene Entschädigung für den ihnen aus der Wahrnehmung ihrer Tätigkeit erwachsenden Verdienstausfall und Aufwand, sowie Ersatz der Fahrkosten entsprechend den für die nichtrichterlichen Beisitzer bei den Arbeitsgerichten geltenden Vorschriften.

Artikel VI.

Verwendung von Bußen.

§ 20. Bußen in Geld (§ 28 Abs. 1 und 3 des Gesetzes) sind zum Besten der Nationalsozialistischen Gemeinschaft „Kraft durch Freude" zu verwenden.

Artikel VII.

Bekanntmachung von Tarifordnungen und Richtlinien für den Inhalt von Betriebsordnungen und Einzelarbeitsverträgen. Einsendung von Betriebsordnungen.

§ 21. Die Treuhänder der Arbeit haben unverzüglich zwecks Bekanntmachung die von ihnen nach § 32 Abs. 1 und 2 und § 33 Abs. 1 und 2 des Gesetzes erlassenen Richtlinien und Tarifordnungen sowie ihre Aenderungen dem Reichsarbeitsminister in doppelter Ausfertigung zu übersenden und ihre Aufhebung mitzuteilen. Ebenso haben sie die Anordnungen nach § 72 Abs. 2 des Gesetzes über die Weiterdauer von Tarifverträgen als Tarifordnungen in doppelter Ausfertigung nebst einem Abdruck des Tarifvertrags dem Reichsarbeitsminister einzureichen.

§ 22. Die Bekanntmachung der Richtlinien und Tarifordnungen, ihrer Aenderung und Aufhebung sowie der Anordnungen nach § 72 Abs. 2 des Gesetzes erfolgt im Reichsarbeitsblatt.

§ 23. (1) Bei dem Reichsarbeitsministerium wird ein Register der Richtlinien und Tarifordnungen (Tarifregister) geführt. In das Tarifregister sind vom Tarifregisterführer der Erlaß von Richtlinien, Tarifordnungen und Anordnungen nach § 72 Abs. 2 des Gesetzes unter näherer Angabe des beruflichen und räumlichen Geltungsbereichs der Regelung, der Erlaß von Aenderungen und die Aufhebung von Richtlinien und Tarifordnungen unter Hinweis auf die Bekanntmachung im Reichsarbeitsblatt einzutragen. Je eine Ausfertigung der Richtlinien und Tarifordnungen sowie ihrer Aenderungen ist in eine beim Tarifregister anzulegende Sammlung (Tarifsammlung) aufzunehmen, ebenso je eine Ausfertigung einer Anordnung nach § 72 Abs. 2 des Gesetzes nebst einem Abdruck des Tarifvertrags.

(2) Die Einsichtnahme in das Tarifregister und die Tarifsammlung ist während der regelmäßigen Dienststunden des Reichsarbeitsministeriums jedem gestattet. Auf Verlangen wird eine schriftliche Auskunft über die Eintragungen in das Tarifregister kostenlos erteilt.

§ 24. Zu dem Tarifregister werden in der Form von Karteien ein Ortsverzeichnis und ein Berufsverzeichnis geführt. In der Ortskartei sind die räumlichen Bezirke, für die Richtlinien oder Tarifordnungen erlassen sind, in der Berufskartei die Berufsgruppen, die von den Richtlinien oder Tarifordnungen betroffen werden, jeweils unter Hinweis auf die Registerblätter, auf denen diese Richtlinien und Tarifordnungen eingetragen sind, in alphabetischer Reihenfolge aufzuführen.

§ 25. Die Treuhänder der Arbeit erteilen auf Verlangen kostenlos Auskunft über die von ihnen erlassenen Richtlinien, Tarifordnungen und Anordnungen nach § 72 Abs. 2 des Gesetzes.

§ 26. (1) Ist in Betrieben mit in der Regel mindestens fünfzig Beschäftigten die Höhe des Arbeitsentgeltes durch Betriebsordnung geregelt, so hat der Führer des Betriebes zwei Abdrucke der Betriebsordnung dem Statistischen Reichsamt (Abteilung für Sozialstatistik) einzusenden.

(2) Der Führer des Betriebes ist verpflichtet, dem Statistischen Reichsamt auch in sonstigen Fällen auf Verlangen einen Abdruck der Betriebsordnung zu übersenden. Auch dem Treuhänder der Arbeit ist auf Verlangen vom Führer des Betriebes ein Abdruck der Betriebsordnung einzureichen.

Berlin, den 10. März 1934.

Der Reichsarbeitsminister
Franz Seldte.

Dritte Verordnung zur Durchführung des Gesetzes zur Ordnung der nationalen Arbeit. (Bildung und Verfahren der Ehrengerichte).

Vom 28. März 1934.

(Reichsgesetzbl. I S. 255.)

Auf Grund des § 64 Abs. 2 des Gesetzes zur Ordnung der nationalen Arbeit wird im Einvernehmen mit dem Reichswirtschaftsminister folgendes verordnet:

I. Allgemeine Vorschriften.

§ 1. (1) Der Reichsarbeitsminister bestimmt im Einvernehmen mit dem Reichsminister der Justiz den Sitz der Ehrengerichte.

(2) Die Aufgaben der Geschäftsstelle des Ehrengerichts werden von der Geschäftsstelle des Arbeitsgerichts am Sitze des Ehrengerichts, die Aufgaben der Geschäftsstelle des Reichsehrengerichtshofs von der Geschäftsstelle des Landesarbeitsgerichts in Berlin wahrgenommen.

(Sitz der Ehrengerichte: system. Darstellung S. 78 in Verb. mit Anm. 157.)

§ 2. Für die Vorsitzenden der Ehrengerichte und des Reichsehrengerichtshofs sowie für den richterlichen Beisitzer des Reichsehrengerichtshofs bestellt der Reichsminister der Justiz im Einvernehmen mit dem Reichsarbeitsminister die erforderliche Anzahl von Stellvertretern.

§ 3. (1) Die Beisitzer für das Ehrengericht werden wie folgt berufen:

(2) Der Vorsitzende des Ehrengerichts stellt ein Verzeichnis derjenigen Wirtschaftszweige auf, aus denen er die Beisitzer des Ehrengerichts (§ 41 Abs. 2 des Gesetzes) zu berufen beabsichtigt. Er kann dabei verschiedene Wirtschaftszweige zu einer Gruppe zusammenfassen. Wirtschaftszweige, für die durch Reichsgesetz eine ständische Gliederung durchgeführt ist, sind besonders zu berücksichtigen. Das Verzeichnis ist erstmalig bis zum 20. April 1934, im übrigen bis zum 15. März des Jahres, in dem das Amt der Beisitzer endet, der Deutschen Arbeitsfront zur Aufstellung der Vorschlagslisten für die Beisitzer des Ehrengerichts zu übermitteln.

(3) Die Deutsche Arbeitsfront hat für die in dem Verzeichnis bezeichneten Wirtschaftszweige und Wirtschaftsgruppen als Beisitzer mindestens je drei Führer der Betriebe und je drei Vertrauensmänner namhaft zu machen,

soweit nicht der Vorsitzende des Ehrengerichts aus besonderen Gründen die Benennung einer größeren Anzahl fordert. Die Namen der vorgeschlagenen Beisitzer sind getrennt nach den Wirtschaftszweigen unter Mitteilung der Anschrift aufzuführen. Für einen durch reichsgesetzliche Regelung errichteten Stand sind die Beisitzer von der Deutschen Arbeitsfront im Einvernehmen mit dem betreffenden Stand vorzuschlagen. Soweit dieses Einvernehmen nicht erzielt wird, sind die Vorschläge der Deutschen Arbeitsfront und des betreffenden Standes dem Vorsitzenden des Ehrengerichts vorzulegen. Gelingt es auch diesem nicht, ein Einvernehmen über die vorzuschlagenden Beisitzer herzustellen, so hat er die Entscheidung des Reichsarbeitsministers herbeizuführen.

§ 4. Aus der Vorschlagsliste der Deutschen Arbeitsfront werden die Beisitzer des Ehrengerichts für jeden Wirtschaftszweig oder jede Wirtschaftsgruppe gesondert von dem Vorsitzenden des Ehrengerichts auf die Dauer von drei Jahren berufen.

§ 5. Als Beisitzer sind Männer oder Frauen zu berufen, die Reichsangehörige sind und das 25. Lebensjahr vollendet haben. Es sollen nur Personen berufen werden, die im Bezirke des Ehrengerichts seit mindestens einem Jahre als Führer des Betriebs, als Stellvertreter eines solchen oder als Angehörige der Gefolgschaft tätig sind; bei der erstmaligen Berufung von Beisitzern sollen nur Personen, die eine entsprechende Stellung bekleidet haben, berufen werden.

(2) Unfähig zu dem Amte eines Beisitzers sind Personen, die rechtskräftig mit einer ehrengerichtlichen Strafe aus § 38 des Gesetzes bestraft sind, ferner Personen, denen die bürgerlichen Ehrenrechte oder die Fähigkeit zur Bekleidung öffentlicher Aemter aberkannt sind, oder gegen die das Hauptverfahren wegen eines Verbrechens oder Vergehens eröffnet ist, das die Aberkennung zur Folge haben kann, und Personen, die infolge gerichtlicher Anordnung in der Verfügung über ihr Vermögen beschränkt sind.

(3) Wird das Fehlen einer Voraussetzung für die Berufung nachträglich bekannt oder fällt eine Voraussetzung nachträglich fort, so enthebt der Vorsitzende des Ehrengerichts den Beisitzer seines Amtes. Vor der Entscheidung ist der Beisitzer zu hören. Die Entscheidung ist endgültig.

§ 6. (1) Die Uebernahme des Beisitzeramtes kann ablehnen:

1. wer das 65. Lebensjahr vollendet hat;
2. wer durch Krankheit oder Gebrechen verhindert ist, das Amt ordnungsmäßig zu führen;
3. wer durch andere ehrenamtliche Tätigkeit für die Allgemeinheit so in Anspruch genommen ist, daß ihm die Uebernahme des Amtes nicht zugemutet werden kann;
4. wer in den sechs der Berufung vorhergehenden Jahren als Beisitzer eines Ehrengerichts tätig gewesen ist;
5. Frauen, die glaubhaft machen, daß ihnen die Fürsorge für ihre Familie die Ausübung des Amtes in besonderem Maße erschwert.

(2) Ueber die Berechtigung zur Ablehnung entscheidet der Vorsitzende des Ehrengerichts endgültig.

§ 7. Wenn ein Beisitzer seine Amtspflicht grob verletzt, so kann er seines Amtes enthoben werden. Für die Entscheidung ist der Reichsehrengerichtshof zuständig. Vor der Entscheidung sind der Vorsitzende und der Beisitzer des Ehrengerichts zu hören. Die Entscheidung ist endgültig.

§ 8. Die §§ 25, 26 und 28 des Arbeitsgerichtsgesetzes nebst der nach § 25 Abs. 2 Satz 2 daselbst getroffenen Regelung finden auf die Beisitzer eines Ehrengerichts entsprechende Anwendung.

§ 9. Die Beisitzer sollen zu den Sitzungen tunlichst für jeden Wirtschaftszweig oder jede Wirtschaftsgruppe gesondert nach der Reihenfolge der Vorschlagsliste herangezogen werden.

§ 10. Auf die aus Vorschlagslisten der Deutschen Arbeitsfront zu entnehmenden Beisitzer des Reichsehrengerichtshofs finden die vorstehenden Bestimmungen mit der Maßgabe entsprechende Anwendung, daß für ihre Entschädigung die für die nichtrichterlichen Beisitzer des Reichsarbeitsgerichts getroffene Regelung gilt. An die Stelle des Vorsitzenden des Ehrengerichts tritt der Vorsitzende des Reichsehrengerichtshofs.

II. Ehrengerichtliches Verfahren.

§ 11. Eine Voruntersuchung findet nicht statt.

§ 12. Die Verhaftung, vorläufige Festnahme und Vorführung des Beschuldigten sowie die Beschlagnahme und Durchsuchung sind unzulässig.

§ 13. Die Zustellung der Ladungen und der Entscheidungen veranlaßt der Vorsitzende des Ehrengerichts nach den Vorschriften der Zivilprozeßordnung über die Zustellung von Amts wegen. Die öffentliche Ladung des Angeklagten ist unzulässig.

§ 14. Weist der Vorsitzende des Ehrengerichts den Antrag des Treuhänders der Arbeit auf Einleitung des ehrengerichtlichen Verfahrens zurück, so ist der Treuhänder der Arbeit in der Entscheidung darauf hinzuweisen, daß die Entscheidung rechtskräftig wird, wenn nicht rechtzeitig Antrag auf Hauptverhandlung vor dem Ehrengericht gestellt wird.

§ 15. Hält der Vorsitzende des Ehrengerichts den Antrag des Treuhänders der Arbeit für begründet und will er selbst entscheiden, so hat er vorher dem Beschuldigten Gelegenheit zu geben, sich zum Antrag des Treuhänders der Arbeit zu äußern.

§ 16. Die Entscheidung des Vorsitzenden muß außer der Strafe die dem Beschuldigten zur Last gelegte Pflichtverletzung und die Beweismittel enthalten. Der Treuhänder der Arbeit und der Beschuldigte sind ferner darauf hinzuweisen, daß die Entscheidung vollstreckbar wird, wenn nicht rechtzeitig und in der vorgeschriebenen Form Einspruch erhoben wird.

§ 17. (1) Von der mündlichen Verhandlung (§§ 45, 46 Abs. 2, § 47 des Gesetzes) ist der Treuhänder der Arbeit zu benachrichtigen.

(2) Wird eine mündliche Verhandlung auf Grund des § 45 des Gesetzes angeordnet, so sind in der Ladung des Angeklagten die ihm zur Last gelegte Pflichtverletzung und die Beweismittel anzugeben.

§ 18. Hat der Angeklagte noch keinen Verteidiger, so kann ihm der Vorsitzende nach freiem Ermessen für die Hauptverhandlung einen Verteidiger von Amts wegen bestellen.

§ 19. (1) Das Ehrengericht kann auch entscheiden, wenn der ordnungsmäßig geladene Angeklagte in der mündlichen Verhandlung weder erschienen noch vertreten ist.

(2) Das Ehrengericht kann das persönliche Erscheinen des Angeklagten anordnen. Erscheint er gleichwohl nicht, so kann das Gericht anordnen, daß ein Vertreter nicht zugelassen wird; hierauf ist der Angeklagte in der Ladung hinzuweisen.

§ 20. Das Ehrengericht bestimmt den Umfang der Beweisaufnahme nach freiem Ermessen, ohne hierbei durch Anträge, Verzichte oder frühere Beschlüsse gebunden zu sein.

§ 21. Das Ehrengericht kann weitere Ermittlungen beschließen und die Ermittlungen entweder in der mündlichen Verhandlung selbst vornehmen oder sie dem Vorsitzenden oder einem ersuchten Richter überlassen. Auf das Ersuchen um Rechtshilfe finden die §§ 157 bis 159, 165 des Gerichtsverfassungsgesetzes entsprechende Anwendung.

§ 22. Die Aussage eines außerhalb der Hauptverhandlung vernommenen Zeugen oder Sachverständigen ist, sofern es der Treuhänder der Arbeit oder der Angeklagte beantragen oder das Ehrengericht es für erforderlich erachtet, zu verlesen.

§ 23. Für die mündliche Verhandlung gelten die §§ 177 bis 182 des Gerichtsverfassungsgesetzes entsprechend.

§ 24. Für die Verhandlung und Entscheidung über das Rechtsmittel der Beschwerde ist der Vorsitzende des Reichsehrengerichtshofs zuständig. Er entscheidet endgültig.

§ 25. Für das ehrengerichtliche Verfahren werden nur Barauslagen in Ansatz gebracht. Ihr Betrag ist vom Vorsitzenden des Ehrengerichts festzusetzen. Die Festsetzung ist vollstreckbar.

§ 26. Die Vollstreckung der gerichtlichen Entscheidungen liegt dem Vorsitzenden des Ehrengerichts ob; Ordnungsstrafen in Geld und Kosten werden auf Grund einer vom Urkundsbeamten des erkennenden Gerichts erteilten, mit der Bescheinigung der Vollstreckbarkeit versehenen beglaubigten Abschrift der Entscheidungsformel nach den Vorschriften über die Vollstreckung der Urteile in bürgerlichen Rechtsstreitigkeiten beigetrieben.

Die Vorschriften der §§ 53, 54 des Gesetzes bleiben unberührt.

§ 27. Die Gerichte und sonstigen öffentlichen Behörden haben den mit der Durchführung der Ehrengerichtsbarkeit betrauten Stellen Amts- und Rechtshilfe zu leisten.

III. Verjährung.

§ 28. (1) Die Verjährung der ehrengerichtlichen Verfolgung wird durch den Antrag des Treuhänders der Arbeit nach § 41 Abs. 1, § 43 Satz 3 des Gesetzes und durch jede sonstige Handlung der mit der Durchführung der Ehrengerichtsbarkeit betrauten Stellen, die wegen der begangenen Ehrverletzung gegen den Täter gerichtet ist, unterbrochen. Nach der Unterbrechung beginnt eine neue Verjährung.

(2) Die Vorschrift des § 69 Abs. 1 des Reichsstrafgesetzbuchs über das Ruhen der Verjährung findet entsprechende Anwendung.

Berlin, den 28. März 1934.

Der Reichsarbeitsminister
In Vertretung
Dr. Krohn.

Der Reichsminister der Justiz
In Vertretung
Dr. Schlegelberger.

Vierte Verordnung zur Durchführung des Gesetzes zur Ordnung der nationalen Arbeit (Prozeßvertretung in anhängigen arbeitsgerichtlichen Verfahren).

Vom 9. April 1934.

(Reichsgesetzbl. I S. 309.)

Auf Grund des § 64 Abs. 2 des Gesetzes zur Ordnung der nationalen Arbeit wird im Einvernehmen mit dem Reichswirtschaftsminister folgendes verordnet:

Die Vorschrift des § 66 Abs. 4 des Gesetzes zur Ordnung der nationalen Arbeit über die Prozeßvertretung in den am 1. Mai 1934 anhängigen Verfahren gilt auch für die vor den Arbeitsgerichten anhängigen Sachen.

Berlin, den 9. April 1934.

Der Reichsarbeitsminister
In Vertretung
Dr. Krohn.

Der Reichsminister der Justiz
In Vertretung
Dr. Schlegelberger.

Fünfte Verordnung zur Durchführung des Gesetzes zur Ordnung der nationalen Arbeit.

Vom 13. April 1934.

(Reichsgesetzbl. I S. 310.)

Auf Grund des § 64 Abs. 2 des Gesetzes zur Ordnung der nationalen Arbeit wird im Einvernehmen mit dem Reichswirtschaftsminister verordnet:

Das feierliche Gelöbnis der Mitglieder des Vertrauensrates (§ 10 Abs. 1 des Gesetzes zur Ordnung der nationalen Arbeit) ist am 1. Mai vor der an der Betriebsstätte versammelten Gefolgschaft abzulegen.

Das Gelöbnis kann mit Zustimmung des Treuhänders der Arbeit an dem auf den 1. Mai folgenden Werktag abgelegt werden, wenn infolge der räumlichen Entfernung des Betriebes von dem Orte der allgemeinen Feier des 1. Mai durch eine vorhergehende Betriebsversammlung die Teilnahme der Betriebsangehörigen an der gemeinsamen Feier der Bevölkerung wesentlich erschwert werden würde.

Berlin, den 13. April 1934.

Der Reichsarbeitsminister
Franz Seldte.

Sechste Verordnung zur Durchführung des Gesetzes zur Ordnung der nationalen Arbeit (Uebergangsvorschrift zum Kündigungsschutz).

Vom 27. April 1934.

(Reichsgesetzbl. I S. 340.)

Auf Grund des § 64 Abs. 2 des Gesetzes zur Ordnung der nationalen Arbeit wird im Einvernehmen mit dem Reichswirtschaftsminister verordnet:

(1) Ist im Falle einer Kündigung der Anruf des Arbeitsgerichts gemäß § 86 Abs. 1 Satz 2 des Betriebsrätegesetzes vor dem 1. Mai 1934 erfolgt, so bleiben die bisherigen gesetzlichen Vorschriften maßgebend. Im übrigen finden auf Kündigungen, die vor dem 1. Mai 1934 zugegangen sind, vom 1. Mai 1934 ab die Vorschriften der §§ 56 bis 62 des Gesetzes zur Ordnung der nationalen Arbeit mit den sich aus den Absätzen 2 und 3 ergebenden Aenderungen Anwendung.

(2) Ist binnen fünf Tagen nach der Kündigung Einspruch durch Anrufung des Arbeiter- oder Angestelltenrats nach § 84 des Betriebsrätegesetzes erhoben, so kann die Klage auf Widerruf der Kündigung gemäß § 56 Abs. 1 des Gesetzes zur Ordnung der nationalen Arbeit beim Arbeitsgericht noch innerhalb von zwei Wochen nach dem Anruf erhoben werden. Hat der Arbeiter- oder Angestelltenrat die Anrufung nicht für begründet erklärt, so ist die Klage nicht zulässig.

(3) Der Klage braucht eine Bescheinigung des Vertrauensrats nicht beigefügt zu werden.

Berlin, den 27. April 1934.

Der Reichsarbeitsminister
In Vertretung
Dr. Krohn.

Siebente Verordnung zur Durchführung des Gesetzes zur Ordnung der nationalen Arbeit (Erlaß von Betriebsordnungen).

Vom 21. Juni 1934.

(Reichsgesetzbl. S. 517.)

Auf Grund des § 64 Abs. 2 des Gesetzes zur Ordnung der nationalen Arbeit wird im Einvernehmen mit dem Reichswirtschaftsminister verordnet:

Die im § 71 des Gesetzes zur Ordnung der nationalen Arbeit für den Erlaß von Betriebsordnungen gesetzte Frist (1. Juli 1934) wird bis zum 1. Oktober 1934 verlängert.

Berlin, den 21. Juni 1934.

Der Reichsarbeitsminister
In Vertretung
Dr. Krohn.

Achte Verordnung zur Durchführung des Gesetzes zur Ordnung der nationalen Arbeit.

Vom 28. September 1934.

(Reichsgesetzbl. I S. 863.)

Auf Grund des § 18 Abs. 1 und des § 64 Abs. 2 des Gesetzes zur Ordnung der nationalen Arbeit wird im Einvernehmen mit dem Reichswirtschaftsminister und dem Reichsminister des Innern verordnet:

Mit Wirkung vom 1. Oktober 1934 wird das gesamte Gebiet des früheren Freistaates Mecklenburg-Strelitz dem Wirtschaftsgebiet des Treuhänders der Arbeit Nordmark zugeteilt.

Berlin, den 28. September 1934.

Der Reichsarbeitsminister
In Vertretung
Dr. Krohn.

Anordnung über die Weitergeltung von Tarifverträgen als Tarifordnungen.

Vom 28. März 1934 in der Fassung der „Zweiten Aenderung" vom 25. September 1934.

(RArbBl. S. I 85 und S. I 238.)

Auf Grund des § 72 Abs. 2 des Gesetzes zur Ordnung der nationalen Arbeit ordne ich an:

I.

Die am 30. April 1934 noch laufenden Tarifverträge gelten als Tarifordnungen so lange unverändert weiter, bis der nach § 32 Abs. 2 des Gesetzes zuständige Treuhänder der Arbeit oder ein von mir bestellter Sondertreuhänder ihren Ablauf anordnet oder sie abändert. Ich behalte mir vor, auch selbst den Ablauf anzuordnen.

Die als Tarifordnungen verlängerten Tarifverträge gelten, wenn sie für allgemeinverbindlich erklärt waren, im Umfange der bisherigen Allgemeinverbindlichkeit, im übrigen nur für die am 30. April 1934 tarifgebundenen Betriebe.

II.

Die am 30. April 1934 noch laufenden Werk- (Firmen-, Betriebs-) Tarifverträge gelten — abweichend von I — nur bis zum 30. September 1934 und, wenn es sich um Tarifverträge öffentlicher Verwaltungen oder Betriebe im Sinne des § 1 des Gesetzes zur Ordnung der Arbeit in öffentlichen Verwaltungen und Betrieben vom 23. März 1934 (Reichsgesetzbl. I S. 220) handelt, nur bis zum 31. März 1935 als Tarifordnungen weiter, soweit sie nicht durch eine Betriebsordnung (Dienstordnung) vorher aufgehoben werden oder der Treuhänder der Arbeit ihren früheren Ablauf anordnet.

III.

Wie weit die Entgeltssätze, die in den als Tarifordnungen verlängerten Tarifverträgen enthalten sind, als Mindestsätze zu gelten haben, richtet sich nicht nach den Vorschriften des § 29, § 32 Abs. 2 Satz 1 des Gesetzes, sondern nach der bisherigen Regelung.

Berlin, den 28. März 1934.

Der Reichsarbeitsminister

In Vertretung

Dr. Krohn.

Gesetz zur Ordnung der Arbeit in öffentlichen Verwaltungen und Betrieben.

Vom 23. März 1934.

(Reichsgesetzbl. I S. 220.)

Die Reichsregierung hat das folgende Gesetz beschlossen, das hiermit verkündet wird:

§ 1. (1) Oeffentliche Verwaltungen und Betriebe im Sinne dieses Gesetzes und des § 63 des Gesetzes zur Ordnung der nationalen Arbeit vom 20. Januar 1934 (Reichsgesetzbl. I S. 45) sind

a) die Verwaltungen des Reichs, der Länder, der Gemeinden (Gemeindeverbände), der sonstigen Körperschaften, Stiftungen und Anstalten des öffentlichen Rechts, sowie der Deutschen Reichsbahn-Gesellschaft, des Unternehmens „Reichsautobahnen" und der Reichsbank,

b) Betriebe, die von einer dieser Verwaltungen geführt werden und der allgemeinen Dienstaufsicht einer öffentlichen Verwaltung unterliegen; soweit sie wirtschaftliche Zwecke verfolgen, gelten sie jedoch als öffentliche Betriebe nur dann, wenn die Befriedigung der wirtschaftlichen Bedürfnisse, der sie dienen, durch Gesetz oder tatsächliche Uebung der öffentlichen Hand ganz oder überwiegend vorbehalten ist,

c) Betriebe mit eigener Rechtspersönlichkeit, wenn eine oder mehrere der unter a) bezeichneten öffentlichen Verwaltungen
am Kapital mit mehr als der Hälfte unmittelbar oder mittelbar beteiligt sind (gemein- oder gemischtwirtschaftliche Betriebe) oder durch Stimmenmehrheit in Organen oder sonst entscheidenden Einfluß auf die Leitung der Betriebe ausüben.

Soweit solche Betriebe wirtschaftliche Zwecke verfolgen, gelten sie als öffentliche Betriebe nur unter der unter b), zweiter Halbsatz, genannten Voraussetzung.

(2) In Zweifelsfällen bestimmt der Reichsarbeitsminister im Einvernehmen mit dem Reichsminister der Finanzen, dem Reichsminister des Innern und dem etwa sonst zuständigen Reichsminister, welche Betriebe zu den öffentlichen Betrieben im Sinne des Abs. 1 gehören.

(3) Der Reichsarbeitsminister kann im Einvernehmen mit dem Reichsminister der Finanzen, dem Reichsminister des Innern und dem etwa sonst zuständigen Reichsminister andere Verwaltungen und Betriebe den im Abs. 1 bezeichneten öffentlichen Verwaltungen und Betrieben gleichstellen.

(**Gleichstellung gewisser privater Eisenbahnen und Kraftfahrunternehmen:** siehe unten Anordnung vom 5. 10. 34.)

§ 2. (1) Der Führer einer öffentlichen Verwaltung oder eines öffentlichen Betriebes entscheidet gegenüber den in ihnen beschäftigten Arbeitern und Angestellten als der Gefolgschaft in allen Angelegenheiten, die durch dieses Gesetz geregelt werden. § 3 des Gesetzes zur Ordnung der nationalen Arbeit findet entsprechende Anwendung.

(2) Der Führer sorgt für das Wohl der Beschäftigten. Diese haben ihm die in der Dienstgemeinschaft begründete Treue zu halten und eingedenk ihrer Stellung im öffentlichen Dienst in ihrer Diensterfüllung allen Volksgenossen Vorbild zu sein.

§ 3. (1) In öffentlichen Verwaltungen, die nicht Hoheitsbefugnisse ausüben, und öffentlichen Betrieben mit in der Regel mindestens zwanzig Beschäftigten treten dem Führer der Verwaltung oder des Betriebes Vertrauensmänner aus der Gefolgschaft beratend zur Seite. Sie bilden mit ihm und unter seiner Leitung den Vertrauensrat.

(2) In Zweifelsfällen entscheidet der zuständige Reichs- oder Landesminister, welche Verwaltungen seines Dienstbereichs Hoheitsbefugnisse ausüben sowie in welchen Verwaltungen und Betrieben desselben ein Vertrauensrat nicht gebildet wird. Er entscheidet auch, welche Teile seines Dienstbereichs als selbständige Verwaltungen und selbständige Betriebe anzusehen sind.

(3) Für Verwaltungen und Unternehmungen des Reichs, der Länder und der Gemeindeverbände, die sich über einen größeren Teil des Reichs oder Landesgebiets oder über mehrere Gemeindebezirke erstrecken, sowie für die Deutsche Reichsbahn-Gesellschaft, das Unternehmen „Reichsautobahnen" und die Reichsbank regelt der zuständige Reichs- oder Landesminister durch Verordnung die Bildung der Vertrauensräte und die Abgrenzung ihrer Befugnisse gegeneinander in Anlehnung an den Aufbau der Verwaltung oder Unternehmung. Wird dabei ein Vertrauensrat für die gemeinsamen Angelegenheiten der einer Dienststelle unterstellten Verwaltungen oder Betriebe vorgesehen, so können die Vertrauensmänner aus den Vertrauensräten der einzelnen Verwaltungen oder Betriebe berufen werden.

§ 4. (1) Der Vertrauensrat hat die Pflicht, das gegenseitige Vertrauen innerhalb der Gemeinschaft aller Angehörigen der Verwaltung oder des Betriebes zu vertiefen und für vorbildliche Pflichterfüllung im Dienste der Volksgemeinschaft zu sorgen.

(2) Der Vertrauensrat hat die Aufgabe, alle Maßnahmen zu beraten, die der Verbesserung der Arbeitsleistung, der Gestaltung und Durchführung der allgemeinen Arbeitsbedingungen, insbesondere der Dienstordnung (§ 16), der Durchführung und Verbesserung des Betriebsschutzes, der Stärkung der Verbundenheit aller Angehörigen der Verwaltung oder des Betriebes und dem Wohle aller Glieder der Gemeinschaft dienen. Er hat ferner auf eine Beilegung aller Streitigkeiten innerhalb der Verwaltung oder des Betriebes hinzuwirken.

(3) Der Vertrauensrat kann einzelne seiner Aufgaben bestimmten Vertrauensmännern zur Wahrnehmung übertragen.

§ 5. (1) Die Zahl der Vertrauensmänner beträgt in Verwaltungen oder Betrieben mit 20 bis 49 Beschäftigten zwei, in Verwaltungen oder Betrieben mit 50 bis 99 Beschäftigten drei, in Verwaltungen oder Betrieben mit 100 bis 199 Beschäftigten vier, in Verwaltungen oder Betrieben mit 200 bis 399 Beschäftigten fünf.

(2) Ihre Zahl erhöht sich für je dreihundert weitere Beschäftigte um einen Vertrauensmann und beträgt höchstens zehn.

(3) In gleicher Zahl sind Stellvertreter vorzusehen.

(4) Bei der Auswahl der Vertrauensmänner sind Angestellte und Arbeiter angemessen zu berücksichtigen.

§ 6. (1) Vertrauensmann soll nur sein, wer das fünfundzwanzigste Lebensjahr vollendet hat und mindestens ein Jahr der Verwaltung, dem Betriebe oder dem Unternehmen angehört. Er muß die bürgerlichen Ehrenrechte besitzen, der Deutschen Arbeitsfront angehören, durch vorbildliche menschliche Eigenschaften ausgezeichnet sein und die Gewähr bieten, daß er jederzeit für den nationalen Staat eintritt.

(2) Von der Voraussetzung der einjährigen Zugehörigkeit zu der Verwaltung, dem Betriebe oder dem Unternehmen kann bei der ersten Bestellung von Vertrauensmännern, die nach dem Inkrafttreten dieses Gesetzes erfolgt, abgesehen werden.

§ 7. (1) Der Führer der Verwaltung oder des Betriebes stellt im Einvernehmen mit dem Obmann der Nationalsozialistischen Betriebszellenorganisation im März jeden Jahres eine Liste der Vertrauensmänner und ihrer Stellvertreter auf. Die Gefolgschaft hat zu der Liste alsbald in geheimer Abstimmung Stellung zu nehmen.

(2) Ist über die Aufstellung der Liste das nach Abs. 1 erforderliche Einvernehmen nicht zu erzielen oder kommt ein Vertrauensrat aus einem anderen Grunde nicht zustande, billigt insbesondere die Gefolgschaft die ihr vorgelegte Liste nicht, so kann der zuständige Sondertreuhänder (§ 18) Vertrauensmänner und Stellvertreter in der erforderlichen Anzahl berufen.

§ 8. (1) Die Vertrauensmänner und ihre Stellvertreter sind durch den Führer der Verwaltung oder des Betriebes am Tage der nationalen Arbeit (1. Mai) vor der Gefolgschaft auf eine gewissenhafte Amtsführung feierlich zu verpflichten. Sie haben zu geloben, nur dem Wohle der Gemeinschaft zu dienen, eigennützige Interessen zurückzustellen und in ihrer Lebensführung und Diensterfüllung jederzeit Vorbild zu sein.

(2) Treten in einer Verwaltung oder in einem Betriebe die Voraussetzungen für die Errichtung eines Vertrauensrats erst nach dem für die Aufstellung der Liste vorgesehenen Zeitpunkt ein, so ist die Berufung der Vertrauensmänner und ihre Verpflichtung alsbald durchzuführen.

§ 9. Das Amt des Vertrauensrats beginnt nach der Verpflichtung — regelmäßig am 1. Mai — und endet jeweils am 30. April.

§ 10. Der Vertrauensrat ist nach Bedarf von dem Führer der Verwaltung oder des Betriebes einzuberufen. Die Einberufung muß erfolgen, wenn die Hälfte der Vertrauensmänner es beantragt.

§ 11. (1) Das Amt der Vertrauensmänner ist ein Ehrenamt, für dessen Wahrnehmung ein Entgelt nicht gewährt werden darf. Das durch die Erfüllung seiner Aufgaben notwendig ausfallende Arbeitseinkommen sowie notwendige Aufwendungen sind zu erstatten.

(2) Die notwendigen Einrichtungen und Geschäftsbedürfnisse für eine ordnungsmäßige Erfüllung der dem Vertrauensrat obliegenden Aufgaben sind von dem Führer der Verwaltung oder des Betriebes zur Verfügung zu stellen. Dieser ist verpflichtet, den Vertrauensmännern die zur Erfüllung ihrer Aufgaben notwendigen Auskünfte zu erteilen, soweit dies ohne Interessenschädigung von Volk und Staat geschehen kann.

§ 12. (1) Das Amt eines Vertrauensmannes erlischt, abgesehen von der freiwilligen Amtsniederlegung, mit dem Ausscheiden aus der Verwaltung oder dem Betriebe. Die Kündigung des Dienstverhältnisses kann, soweit sie nicht aus einem Grunde erfolgt, der zur Kündigung des Dienstverhältnisses ohne Einhaltung einer Kündigungsfrist berechtigt, nur mit Zustimmung des zuständigen Sondertreuhänders erfolgen.

(2) Der zuständige Sondertreuhänder kann den Vertrauensmann wegen sachlicher oder persönlicher Ungeeignetheit abberufen. Das Amt erlischt mit der schriftlichen Mitteilung der Entscheidung des Sondertreuhänders an den Vertrauensrat.

(3) Das Amt eines Vertrauensmannes erlischt ferner mit der Rechtskraft einer auf die Strafen des § 38 Ziffer 2 bis 5 des Gesetzes zur Ordnung der nationalen Arbeit erkennenden Entscheidung des Ehrengerichts.

§ 13. An die Stelle von ausscheidenden oder zeitweilig verhinderten Vertrauensmännern treten die Stellvertreter als Ersatzmänner in der sich aus der Vorschlagsliste ergebenden Reihenfolge. Sind Ersatzmänner nicht mehr vorhanden, so werden für den Rest der Amtszeit des Vertrauensrats neue Vertrauensmänner von dem zuständigen Sondertreuhänder berufen.

§ 14. In Streitfällen über die Bildung und Geschäftsführung der Vertrauensräte entscheidet der zuständige Sondertreuhänder.

§ 15. Die Ausführungsbestimmungen zu den den Vertrauensrat betreffenden Vorschriften des Gesetzes zur Ordnung der nationalen Arbeit finden auf den Vertrauensrat dieses Gesetzes entsprechende Anwendung.

§ 16. (1) Der Führer der Verwaltung oder des Betriebes kann für die Angestellten und Arbeiter der Verwaltung und des Betriebes eine Dienstordnung erlassen, in der neben Bestimmungen über die Ordnung und das Verhalten der Beschäftigten im Dienst, Vorschriften über die Höhe des Arbeitsentgelts und über sonstige Arbeitsbedingungen im Rahmen der gesetzlichen Bestimmungen aufgenommen werden können. Geschieht das, so ist auf die Möglichkeit einer angemessenen Belohnung der Sonderleistungen Bedacht zu nehmen.

(2) Untersteht eine Gruppe von Verwaltungen oder Betrieben einer gemeinsamen Verwaltung, so kann deren Führer eine gemeinsame Dienstordnung erlassen, auf die die Vorschriften des Abs. 1 Anwendung finden. Das gleiche gilt, wenn eine Gruppe von Verwaltungen oder Betrieben einer gemeinsamen Dienstaufsicht untersteht. In dieser gemeinsamen Dienstordnung kann für die im § 48 Abs. 2 des Arbeitsgerichtsgesetzes genannten Streitigkeiten die Zuständigkeit eines an sich örtlich unzuständigen Arbeitsgerichts bestimmt werden.

§ 17. Die Bestimmungen der Dienstordnung sind für die Angehörigen der Verwaltung oder des Betriebes als Mindestbedingungen rechtsverbindlich.

§ 18. (1) Durch Sondertreuhänder für den öffentlichen Dienst, die der Reichsarbeitsminister im Einvernehmen mit dem Reichsminister der Finanzen und, soweit dieser für die an der Regelung beteiligten Verwaltungen und Betriebe nicht selbst zuständig ist, mit den zuständigen Reichsministern für Gruppen von Verwaltungen und Betrieben bestellt, können für diese Gruppen von Verwaltungen und Betrieben oder einzelne von ihnen Richtlinien für den Inhalt von Dienstordnungen und für den Abschluß von Einzelarbeitsverträgen mit Angestellten, deren Gehalt die für die Angestelltenversicherung maßgebende Grenze nicht übersteigt, sowie mit Arbeitern nach Beratung in einem Sachverständigenausschuß festgesetzt werden.

(2) Die Sondertreuhänder können innerhalb ihrer Zuständigkeit nach Beratung in einem Sachverständigenausschuß für die öffentlichen Verwaltungen und Betriebe oder für einzelne Gruppen oder Bezirke das Dienstverhältnis der im Abs. 1 bezeichneten Angestellten und Arbeiter im Rahmen der gesetzlichen Bestimmungen durch eine Tarifordnung regeln. Ihre Bestimmungen sind für die von ihr erfaßten Arbeitsverhältnisse als Mindestbedingungen rechtsverbindlich. Entgegenstehende Bestimmungen in Dienstordnungen finden keine Anwendung.

(3) Der § 32 Abs. 2 Satz 4 (Ausschluß der Arbeitsgerichtsbarkeit) und Abs. 3 (Bekanntmachung von Richtlinien und Tarifordnungen) des Gesetzes zur Ordnung der nationalen Arbeit und die dazu ergangenen Ausführungsvorschriften gelten entsprechend.

§ 19. (1) Auf die im § 18 genannten Sondertreuhänder finden die Vorschriften des § 25 des Gesetzes zur Ordnung der nationalen Arbeit Anwendung. Sie sind an Richtlinien und Weisungen der Reichsregierung gebunden.

(2) Dem Sondertreuhänder tritt zu seiner Beratung bei den nach § 18 zu treffenden Entscheidungen ein Sachverständigenausschuß zur Seite. Dieser Ausschuß wird gebildet aus Sachverständigen, die der Reichsarbeitsminister im Einvernehmen mit den beteiligten Reichsministern in erforderlicher Zahl bestellt; vier weitere Sachverständige bestellt der Reichsarbeitsminister aus Vorschlagslisten der Deutschen Arbeitsfront, die geeignete Vertrauensmänner (Arbeiter und Angestellte) in Vorschlag zu bringen hat. Dem Sondertreuhänder bleibt es überlassen, zwei weitere Sachverständige hinzuzuziehen.

(3) Auf diese Sachverständigen findet die Vorschrift des § 24 des Gesetzes zur Ordnung der nationalen Arbeit Anwendung.

(Zu Abs. 2 Satz 2 zweiter Halbsatz siehe auch unten III. DurchfVO.)

§ 20. (1) Die Vorschriften des Vierten Abschnittes „Soziale Ehrengerichtsbarkeit", §§ 35 ff. des Gesetzes zur Ordnung der nationalen Arbeit nebst den Ausführungsvorschriften hierzu, finden auf die Angehörigen öffentlicher Verwaltungen und Betriebe mit der Maßgabe entsprechende Anwendung, daß die Aufgaben des Treuhänders der Arbeit durch den zuständigen Sondertreuhänder wahrgenommen werden.

(2) Die Unterstellung unter eine Disziplinargerichtsbarkeit als Beamter oder Soldat schließt die ehrengerichtliche Verfolgung aus. Die Einleitung eines

ehrengerichtlichen Verfahrens gegen den Führer einer öffentlichen Verwaltung oder eines öffentlichen Betriebes kann nur mit Zustimmung der Aufsichtsbehörde erfolgen.

§ 21. Die Aufgaben des Sondertreuhänders in den Fällen der §§ 7 Abs. 2, 12 Abs. 1 und 2, 13, 14 und 20 Abs. 1 werden durch den zuständigen Treuhänder der Arbeit wahrgenommen, soweit nicht im Einzelfalle ein Sondertreuhänder bestellt ist.

§ 22. Die Vorschriften des Fünften Abschnittes „Kündigungsschutz", §§ 56 ff. des Gesetzes zur Ordnung der nationalen Arbeit, finden auf Arbeiter und Angestellte in öffentlichen Verwaltungen und Betrieben entsprechende Anwendung. Der Reichsarbeitsminister ist jedoch ermächtigt, im Einvernehmen mit dem zuständigen Reichsminister Verwaltungen und Betriebe oder Gruppen von ihnen durch Verordnung von der Anwendung dieser Bestimmungen auszunehmen, wenn für ihre Angehörigen ein mindestens gleichwertiger Kündigungsschutz durch Dienst- oder Tarifordnungen gesichert erscheint.

§ 23. Die Vorschriften dieses Gesetzes mit Ausnahme der §§ 18 und 19 finden auf Schiffe der See-, Binnen- und Luftschiffahrt und ihre Besatzung keine Anwendung.

§ 24. Für die Reichsbank tritt in den Fällen des § 1 Abs. 2 und 3, des § 3 Abs. 2 und 3, des § 18 Abs. 1 und des § 22 an Stelle des zuständigen Reichsministers und im Falle des § 19 Abs. 2 an Stelle des beteiligten Reichsministers der Präsident des Reichsbank-Direktoriums.

§ 25. (1) Dieses Gesetz tritt, soweit es sich um Maßnahmen zu seiner Durchführung einschließlich der Vorschrift des § 25 Abs. 2 handelt, mit dem Tage der Verkündung, im übrigen mit dem 1. Mai 1934 in Kraft, es sei denn, daß der Reichsarbeitsminister im Einvernehmen mit dem Reichsminister der Finanzen und dem Reichsminister des Innern einen anderen Zeitpunkt bestimmt.

(2) Der Reichsarbeitsminister ist ermächtigt, im Einvernehmen mit dem Reichsminister der Finanzen und dem Reichsminister des Innern zur Durchführung und Ergänzung dieses Gesetzes Rechtsverordnungen und allgemeine Verwaltungsvorschriften zu erlassen und hierbei von bestehenden gesetzlichen Vorschriften abzuweichen.

Berlin, den 23. März 1934.

Der Reichskanzler
Adolf Hitler.
Der Reichsarbeitsminister
Franz Seldte.
Der Reichswirtschaftsminister
Dr. Schmitt.
Der Reichsminister der Finanzen
Graf Schwerin von Krosigk.
Der Reichsminister des Innern
Frick.
Der Reichspost- und Reichsverkehrsminister
Frhr. v. Eltz.
Der Reichsminister der Justiz
Dr. Gürtner.

Erste Verordnung zur Durchführung des Gesetzes zur Ordnung der Arbeit in öffentlichen Verwaltungen und Betrieben.

Vom 19. April 1934.

(Reichsgesetzbl. I S. 316.)

Auf Grund des § 25 Abs. 2 des Gesetzes zur Ordnung der Arbeit in öffentlichen Verwaltungen und Betrieben vom 23. März 1934 (Reichsgesetzblatt I S. 220) wird im Einvernehmen mit dem Reichsminister der Finanzen und dem Reichsminister des Innern verordnet:

Ist in öffentlichen Verwaltungen und Betrieben ein Vertrauensrat vor dem 1. Mai 1934 zu bilden, so beträgt die im § 5 der Zweiten Verordnung zur Durchführung des Gesetzes zur Ordnung der nationalen Arbeit vom 10. März 1934 (Reichsgesetzbl. I S. 187) für den Aushang vorgesehene Frist fünf Werktage.

Berlin, den 19. April 1934.

Der Reichsarbeitsminister
Franz Seldte.

Zweite Verordnung zur Durchführung des Gesetzes zur Ordnung der Arbeit in öffentlichen Verwaltungen und Betrieben.

Vom 13. Juni 1934.
(Reichsgesetzbl. I S. 516.)

Auf Grund des § 25 Abs. 2 des Gesetzes zur Ordnung der Arbeit in öffentlichen Verwaltungen und Betrieben vom 23. März 1934 (Reichsgesetzbl. I S. 220, 300) wird im Einvernehmen mit dem Reichsminister der Finanzen und dem Reichsminister des Innern verordnet:

Artikel I.

§ 1. Oeffentliche Verwaltungen und Betriebe bilden einen besonderen Wirtschaftszweig im Sinne des § 3 Abs. 2 der Dritten Verordnung zur Durchführung des Gesetzes zur Ordnung der nationalen Arbeit vom 28. März 1934 (Reichsgesetzbl. I S. 255).

§ 2. Für die ehrengerichtlichen Verfahren gegen Führer oder gegen Mitglieder der Gefolgschaft einer öffentlichen Verwaltung oder eines öffentlichen Betriebes werden die als Beisitzer des Ehrengerichts und des Reichsehrengerichtshofs vorzuschlagenden Führer der Verwaltung oder des Betriebes von dem Reichsarbeitsminister im Einvernehmen mit dem Reichsminister der Finanzen und dem Reichsminister des Innern namhaft gemacht.

Artikel II.

§ 3. Soweit in anderen Gesetzen als dem Gesetz zur Ordnung der nationalen Arbeit und dem Gesetz zur Ordnung der Arbeit in öffentlichen Verwaltungen und Betrieben dem Treuhänder der Arbeit Befugnisse und Obliegenheiten übertragen werden, gilt der Sondertreuhänder für den öffentlichen Dienst im Rahmen seiner Zuständigkeit als Treuhänder der Arbeit.

Artikel III.

§ 4. (1) Die nichtbeamteten Personen als Mitglieder der dem Sondertreuhänder für den öffentlichen Dienst zur Seite stehenden Sachverständigenausschüsse erhalten eine angemessene Entschädigung in Grenzen des ihnen aus der Wahrnehmung dieser Tätigkeit erwachsenden Verdienstausfalls und Aufwandes sowie Ersatz der Fahrkosten entsprechend den für die nichtrichterlichen Beisitzer bei den Arbeitsgerichten geltenden Vorschriften.

(2) Beamte als Mitglieder des im Abs. 1 erwähnten Sachverständigenausschusses erhalten Reisekostenvergütung nach Maßgabe des Gesetzes über Reisekostenvergütung der Beamten vom 15. Dezember 1933 (Reichsgesetzbl. I S. 1067).

§ 5. (1) Ist in öffentlichen Verwaltungen und Betrieben mit in der Regel mindestens fünfzig Beschäftigten die Höhe des Arbeitsentgelts durch Dienstordnung geregelt, so hat der Führer der Verwaltung oder des Betriebes zwei Abdrucke der Dienstordnung dem Statistischen Reichsamt (Abteilung für Sozialstatistik) einzusenden.

(2) Der Führer der Verwaltung oder des Betriebes ist verpflichtet, dem Statistischen Reichsamt auch in sonstigen Fällen auf Verlangen einen Abdruck

der Dienstordnung zu übersenden. Auch dem Treuhänder der Arbeit ist auf Verlangen ein Abdruck der Dienstordnung einzureichen.

Berlin, den 13. Juni 1934.

Der Reichsarbeitsminister
In Vertretung
Dr. Krohn.

Der Reichsminister der Justiz
In Vertretung
Dr. Schlegelberger.

Dritte Verordnung zur Durchführung des Gesetzes zur Ordnung der Arbeit in öffentlichen Verwaltungen und Betrieben.

Vom 28. September 1934.
(Reichsgesetzbl. I S. 867.)

Auf Grund des § 25 Abs. 2 des Gesetzes zur Ordnung der Arbeit in öffentlichen Verwaltungen und Betrieben vom 23. März 1934 (Reichsgesetzbl. I S. 220) wird im Einvernehmen mit dem Herrn Reichsminister der Finanzen und dem Herrn Reichsminister des Innern verordnet:

Soweit ein Sondertreuhänder nach § 18 des Gesetzes zur Ordnung der Arbeit in öffentlichen Verwaltungen und Betrieben eine Regelung für Verwaltungen und Betriebe zu treffen hat, in denen nach § 3 Abs. 1 und 2 des Gesetzes die Bildung von Vertrauensräten ausgeschlossen ist, hat die Deutsche Arbeitsfront für den Sachverständigenausschuß nach § 19 Abs. 2 des Gesetzes geeignete Gefolgschaftsmitglieder in Vorschlag zu bringen. Ist nur für einen Teil der Verwaltungen und Betriebe, auf die sich die Regelung erstrecken soll, die Bildung von Vertrauensräten ausgeschlossen, so kann die Deutsche Arbeitsfront die vorzuschlagenden Sachverständigen aus den Vertrauensmännern oder aus den sonstigen Gefolgschaftsmitgliedern entnehmen.

Berlin, den 28. September 1934.

Der Reichsarbeitsminister
In Vertretung
Dr. Krohn.

Anordnung über die Gleichstellung der privaten dem öffentlichen Verkehr dienenden Eisenbahnen und der privaten genehmigten Unternehmen von Personenkraftfahrlinien mit den öffentlichen Verwaltungen und Betrieben des § 1 Abs. 1 AOGÖe.

Vom 5. Oktober 1934.
(RArbBl. S. I 246.)

Auf Grund des § 1 Abs. 3 des Gesetzes zur Ordnung der Arbeit in öffentlichen Verwaltungen und Betrieben vom 23. März 1934 ordne ich im Einvernehmen mit dem Reichsminister der Finanzen, dem Reichsminister des Innern und dem Reichsverkehrsminister an:

Dem Gesetz zur Ordnung der Arbeit in öffentlichen Verwaltungen und Betrieben werden, auch soweit sie keine öffentlichen Betriebe im Sinne des § 1 dieses Gesetzes sind, die Betriebe der dem öffentlichen Verkehr dienenden Eisenbahnen und die Betriebe der genehmigten Unternehmen von Personenkraftfahrlinien unterstellt.

Dies gilt für Betriebe, die nicht ausschließlich dem Verkehr von Personenkraftfahrlinien, sondern zugleich der Befriedigung anderer wirtschaftlicher Bedürfnisse dienen, nur dann, wenn der Linienverkehr den überwiegenden Teil des Gesamtbetriebes bildet, oder wenn auch der andere Teil des Gesamtbetriebes unter das Gesetz zur Ordnung der Arbeit in öffentlichen Verwaltungen und Betrieben fällt.

Berlin, den 5. Oktober 1934.

Der Reichsarbeitsminister
In Vertretung
Dr. Krohn.

Gesetz über die Heimarbeit.

Vom 23. März 1934.

(Reichsgesetzbl. I S. 214.)

Die Reichsregierung hat das folgende Gesetz beschlossen, das hiermit verkündet wird:

Erster Abschnitt.

Geltungsbereich.

Gesetzeszweck.

§ 1. Der Heimarbeit gilt der besondere Schutz des Reiches. Sie vor den ihr drohenden mannigfachen Gefahren zu schützen und den in Heimarbeit Beschäftigten eine angemessene Vergütung für ihre Arbeitsleistung zu sichern, ist Aufgabe dieses Gesetzes.

Persönlicher Geltungsbereich.

§ 2. (1) In Heimarbeit Beschäftigte sind

1. die Heimarbeiter (§ 3 Abs. 1),
2. die Hausgewerbetreibenden (§ 3 Abs. 2), die in der Regel allein oder mit ihren Familienangehörigen (§ 3 Abs. 5) oder mit nicht mehr als zwei fremden Hilfskräften (Betriebsarbeitern) arbeiten.

(2) Ihnen können hinsichtlich der allgemeinen Schutzvorschriften und der Vorschriften über den Entgeltschutz (Zweiter und Fünfter Abschnitt) gleichgestellt werden:

sonstige Hausgewerbetreibende, Zwischenmeister (§ 3 Abs. 3) und andere arbeitnehmerähnliche Personen.

Die Gleichstellung bezieht sich auf das Verhältnis dieser Personen zu ihren Auftraggebern.

(3) Die Gleichstellung wird durch den Reichsarbeitsminister ausgesprochen, der seine Befugnis den Treuhändern der Arbeit übertragen kann. Sie setzt besondere Schutzbedürftigkeit der im Abs. 2 genannten Personen voraus.

Begriffe.

§ 3. (1) Heimarbeiter im Sinne dieses Gesetzes ist, wer, ohne Gewerbetreibender zu sein, in eigener Wohnung oder selbstgewählter Betriebsstätte allein oder unter Mithilfe von Famalienangehörigen (Abs. 5) im Auftrag und für Rechnung von Gewerbetreibenden oder Zwischenmeistern gewerblich arbeitet.

(2) Hausgewerbetreibender ist, wer als Gewerbetreibender in eigener Wohnung oder Betriebsstätte im Auftrag und für Rechnung von Gewerbetreibenden oder Zwischenmeistern unter eigener Handarbeit Waren herstellt oder bearbeitet, wobei er selbst wesentlich am Stück arbeitet. Dies gilt auch dann, wenn der Gewerbetreibende die Roh- und Hilfsstoffe selbst beschafft oder vorübergehend unmittelbar für den Absatzmarkt arbeitet.

(3) Zwischenmeister ist, wer die ihm von Gewerbetreibenden übertragene Arbeit an Heimarbeiter oder Hausgewerbetreibende weitergibt.

(4) Die Eigenschaft als Heimarbeiter, Hausgewerbetreibender und Zwischenmeister ist auch dann gegeben, wenn Auftraggeber Personen, Personenvereinigungen oder Körperschaften des privaten oder öffentlichen Rechts sind, welche die Warenherstellung oder Bearbeitung nicht zum Zwecke der Gewinnerzielung betreiben.

(5) Als Familienangehörige im Sinne des Abs. 1 und des § 2 Abs. 1 Nr. 2 gelten Mitglieder des Familienhaushalts, die mit dem Hausgewerbetreibenden oder dessen Ehegatten bis zum dritten Grade verwandt oder von ihnen an Kindes Statt angenommen sind, ferner Mündel, Pflegekinder und Fürsorgezöglinge, die in häuslicher Gemeinschaft mit dem Hausgewerbetreibenden leben.

Zweiter Abschnitt.

Allgemeine Schutzvorschriften.

Listenführung.

§ 4. (1) Wer Heimarbeit ausgibt oder weitergibt, hat die Personen, die er mit Heimarbeit beschäftigt oder deren er sich zur Weitergabe von Heimarbeit bedient, in fortlaufend richtiggestellten Listen auszuweisen. Die Listen sind in den Ausgaberäumen an gut sichtbarer Stelle auszuhängen.

(2) Die Listen müssen eine genaue Angabe des Namens, des Geburtstages, der Wohnung und der Betriebsstätte dieser Personen enthalten. Sie sind auf Verlangen dem Gewerbeaufsichtsbeamten und dem Treuhänder der Arbeit zur Einsicht vorzulegen oder zu übersenden.

Einführung einer Arbeitskarte.

§ 5. Der Reichsarbeitsminister kann für einzelne Gewerbezweige allgemein oder räumlich begrenzt vorschreiben, daß Heimarbeit nur an Personen ausgegeben werden darf, die im Besitze einer vom Arbeitsamt ausgestellten Arbeitskarte sind.

Anzeige bei erstmaliger Vergebung von Heimarbeit.

§ 6. Der Reichsarbeitsminister kann für einzelne Gewerbezweige allgemein oder räumlich begrenzt vorschreiben, daß jeder, der es unternimmt, Personen mit Heimarbeit zu beschäftigen, an eine vom Reichsarbeitsminister zu bestimmende Stelle Anzeige zu erstatten hat.

Offenlegung der Entgeltverzeichnisse.

§ 7. (1) Wer Heimarbeit ausgibt oder abnimmt, hat in den Räumen der Ausgabe und Abnahme Entgeltverzeichnisse offen auszulegen, damit sich die Beteiligten über die Höhe der Entgelte für die einzelnen ihnen übertragenen Arbeiten unterrichten können. Bestehende Musterbücher sind den Verzeichnissen beizufügen. Wird Heimarbeit dem Beschäftigten in die Wohnung oder Betriebsstätte gebracht, so hat der Auftraggeber dafür zu sorgen, daß das Entgeltverzeichnis zur Einsichtnahme vorgelegt wird.

(2) Die Entgeltverzeichnisse müssen die Entgelte für jedes einzelne Arbeitsstück enthalten. Die Preise für mitzuliefernde Roh- und Hilfsstoffe sind besonders auszuweisen. Können die Entgelte für das einzelne Arbeitsstück nicht aufgeführt werden, so ist eine zuverlässige und klare Berechnungsgrundlage einzutragen.

(3) Sind die Entgelte durch eine Tariforbnung geregelt, so ist diese auszulegen. Hierbei ist, wenn möglich, für die Uebersichtlichkeit der Entgelte noch dadurch zu sorgen, daß nur der Teil der Tariforbnung ausgelegt wird, der für die Beschäftigten in Betracht kommt.

(4) Die Vorschriften der Abs. 1 bis 3 gelten nicht für neue Muster, die als Einzelstücke erst auszuarbeiten sind.

Entgeltbelege.

§ 8. (1) Wer Heimarbeit ausgibt oder weitergibt, hat den Personen, welche die Arbeit entgegennehmen, auf seine Kosten Entgeltbücher für jeden Beschäftigten (§ 2) auszuhändigen. In die Entgeltbücher, die bei den Beschäftigten verbleiben, sind bei jeder Ausgabe und Abnahme von Arbeit ihre Art und ihr Umfang, die Entgelte und die Tage der Ausgabe und der Lieferung einzutragen. Diese Vorschrift gilt nicht für neue Muster, die als Einzelstücke erst auszuarbeiten sind.

(2) Der Bestimmung des Abs. 1 wird auch durch die Ausgabe von Entgelt- oder Arbeitszetteln mit den zu ihrer ordnungsmäßigen Sammlung geeigneten Sammelheften genügt. Die Entgelt- und Arbeitszettel, die in Schreibmaschinen- oder Tintenschrift auszufertigen sind, sind mit fortlaufender Nummer zu versehen und in die Sammelhefte einzufügen.

(3) Die Heimarbeiter und Hausgewerbetreibenden haben für die ordnungsmäßige Aufbewahrung der Entgeltbelege zu sorgen. Sie haben sie auf Verlangen dem Gewerbeaufsichtsbeamten und dem Treuhänder der Arbeit vorzulegen. Diese Verpflichtung gilt auch für die Auftraggeber, in deren Händen sich die Entgeltbelege befinden.

(4) Der Reichsarbeitsminister kann nähere Vorschriften über die Form, den Inhalt und die Ausgabe von Entgeltbelegen erlassen.

Dritter Abschnitt.

Arbeitszeitschutz.

Schutz vor Zeitversäumnis.

§ 9. Verursacht die Ausgabe oder Abnahme von Heimarbeit eine ungewöhnliche Zeitversäumnis, so kann der Gewerbeaufsichtsbeamte die für eine schnellere Abfertigung erforderlichen Maßnahmen anordnen.

Verteilung der Arbeitsmenge.

§ 10. (1) Der Treuhänder der Arbeit kann zur Beseitigung von Mißständen, die durch ungleichmäßige Verteilung der Heimarbeit entstehen, für einzelne Gewerbezweige oder Arten von Heimarbeit Bestimmungen darüber treffen, welche Arbeitsmenge für einen bestimmten Zeitraum auf einen Entgeltbeleg nach § 8 ausgegeben werden darf. Die Arbeitsmenge ist so zu bemessen, daß sie durch eine vollwertige Arbeitskraft ohne Hilfskräfte in der für vergleichbare Betriebsarbeiter üblichen Arbeitszeit bewältigt werden kann.

(2) Soweit für einzelne Gewerbezweige oder Arten von Heimarbeit Bestimmungen des Treuhänders der Arbeit über die auf einen Entgeltbeleg auszugebende Arbeitsmenge getroffen sind, darf an einen Heimarbeiter oder Hausgewerbetreibenden eine größere Menge nicht ausgegeben werden. Die Ausgabe einer größeren Menge ist zulässig, wenn Hilfskräfte (Familienangehörige oder fremde Hilfskräfte) zur Mitarbeit herangezogen werden. Für diese Hilfskräfte sind dann weitere Entgeltbelege nach § 8 auszustellen.

(3) Aus wichtigen Gründen, insbesondere wenn nach Auskunft des Arbeitsamtes geeignete unbeschäftigte Heimarbeiter und Hausgewerbetreibende

nicht oder nicht in ausreichender Zahl vorhanden sind oder wenn besondere persönliche Verhältnisse eines Heimarbeiters oder Hausgewerbetreibenden es rechtfertigen, kann der Gewerbeaufsichtsbeamte einem Gewerbetreibenden für eine bestimmte Zeit die Ausgabe größerer Arbeitsmengen auf einen Entgeltbeleg gestatten.

Arbeitszeit der Betriebsarbeiter.

§ 11. Für die von Hausgewerbetreibenden beschäftigten fremden Hilfskräfte (Betriebsarbeiter) gelten die allgemeinen gesetzlichen Vorschriften über die Arbeitszeit.

Vierter Abschnitt.

Gefahrenschutz.

Allgemeine Grundsätze des Betriebs- und öffentlichen Gesundheitsschutzes.

§ 12. (1) Betriebsstätten, in denen Heimarbeit geleistet wird, müssen so beschaffen und eingerichtet sein, daß sie unter Berücksichtigung der Art des Betriebes keine Gefahren für Leben, Gesundheit oder Sittlichkeit der Beschäftigten oder für die öffentliche Gesundheit bieten.

(2) Werden von Hausgewerbetreibenden (§ 2 Abs. 1 und 2) fremde Hilfskräfte (Betriebsarbeiter) beschäftigt, so gelten für die Betriebsstätte auch die sonstigen gesetzlichen Vorschriften über den Betriebsschutz.

Verordnungsrecht des Reichsarbeitsministers.

§ 13. (1) Der Reichsarbeitsminister kann für einzelne Gewerbezweige oder bestimmte Arten von Betriebsstätten zur Durchführung des Betriebsschutzes und des öffentlichen Gesundheitsschutzes Verordnungen erlassen.

(2) Er kann hierbei die Beschäftigung von Kindern ganz verbieten oder von der Vollendung eines höheren Lebensalters abhängig machen, als es das Gesetz, betreffend Kinderarbeit in gewerblichen Betrieben vom 30. März 1903 (Reichsgesetzbl. S. 113), vorsieht.

(3) Der Reichsarbeitsminister kann auch den Auftraggebern der Heimarbeiter und Hausgewerbetreibenden Verpflichtungen auferlegen.

Verbot der Heimarbeit.

§ 14. Der Reichsarbeitsminister kann Heimarbeit, die mit erheblichen Gefahren für Leben, Gesundheit oder Sittlichkeit der Beschäftigten oder für die öffentliche Gesundheit verbunden ist, verbieten.

Betriebsschutz.

§ 15. (1) Der Gewerbeaufsichtsbeamte kann unter Beachtung der vom Reichsarbeitsminister nach § 13 erlassenen Verordnungen für einzelne Betriebsstätten zur Durchführung des Betriebsschutzes Anordnungen treffen.

(2) Gegen Anordnungen des Gewerbeaufsichtsbeamten ist innerhalb einer Frist von einer Woche Beschwerde an die vorgesetzte Behörde zulässig; diese entscheidet endgültig.

Oeffentlicher Gesundheitsschutz.

§ 16. (1) Die Polizeibehörde kann unter Beachtung der vom Reichsarbeitsminister nach § 13 erlassenen Verordnungen im Benehmen mit dem Gewerbeaufsichtsbeamten für einzelne Betriebsstätten Anordnungen treffen, um Gefahren für die öffentliche Gesundheit auszuschließen, die sich insbesondere bei der Herstellung, Verarbeitung oder Verpackung von Nahrungs- und Genußmittel ergeben.

(2) Gegen Anordnungen der Polizeibehörde ist innerhalb einer Frist von einer Woche Beschwerde an die vorgesetzte Behörde zulässig; diese entscheidet endgültig.

Anzeigepflicht.

§ 17. Die Verrichtung von Heimarbeit in Betriebsstätten, für die nach § 13 Abs. 1 besondere Vorschriften erlassen sind, ist der Polizeibehörde anzuzeigen. Anzeigepflichtig ist, wer über die Betriebsstätte Verfügungsrecht hat.

Haftung für Betriebs- und Gesundheitsschutz.

§ 18. Die Durchführung von Anordnungen auf Grund der §§ 13 bis 16 obliegt, soweit sie sich auf Räume oder Betriebseinrichtungen beziehen, dem Verfügungsberechtigten, im übrigen, vorbehaltlich der Vorschrift des § 13 Abs. 3, dem Heimarbeiter oder Hausgewerbetreibenden.

Fünfter Abschnitt.

Entgeltschutz.

Aufsicht des Treuhänders der Arbeit.

§ 19. Der Treuhänder der Arbeit hat die Heimarbeit in den einzelnen Gewerbezweigen ständig zu beobachten und dem Reichsarbeitsminister nach näherer Weisung zu berichten.

Entgeltregelung.

§ 20. Für die Festsetzung der Entgelte für Heimarbeit sind die Bestimmungen des Gesetzes zur Ordnung der nationalen Arbeit maßgebend. Die Entgelte können festgesetzt werden

1. durch Einzelabrede;
2. durch Betriebsordnung, wenn Heimarbeiter oder Hausgewerbetreibende, die in der Hauptsache für den gleichen Betrieb allein oder mit ihren Familienangehörigen arbeiten, zur Gefolgschaft eines Betriebes mit in der Regel mindestens zwanzig Angestellten und Arbeitern gehören (§§ 5, 27 Abs. 3 des Gesetzes zur Ordnung der nationalen Arbeit);
3. durch Tarifordnung, wenn die Festsetzung von Mindestbedingungen zur Regelung der Heimarbeit zwingend geboten ist (§ 32 Abs. 2 des Gesetzes zur Ordnung der nationalen Arbeit).

Entgeltregelung durch Tarifordnung.

§ 21. (1) Die Festsetzung der Entgelte für Heimarbeit innerhalb eines Gewerbes durch Tarifordnung ist besonders dann zwingend geboten, wenn Heimarbeit in nennenswertem Umfange geleistet und offenbar unzulängliche Entgelte gezahlt werden.

(2) Der persönliche Geltungsbereich einer Tarifordnung zwischen den Heimarbeitern oder Hausgewerbetreibenden und ihren Auftraggebern bestimmt sich nach den Vorschriften des § 2 dieses Gesetzes und des § 34 des Gesetzes zur Ordnung der nationalen Arbeit.

Art der Entgelte.

§ 22. Die Entgelte für Heimarbeit sind nach Möglichkeit als Stückentgelte festzusetzen. Ist eine Stückentgeltfestsetzung nicht möglich, so sind Zeitentgelte festzusetzen, die der Stückentgeltberechnung im Einzelfall zugrunde gelegt werden können.

Entgeltregelung für Zwischenmeister. Mithaftung des Auftraggebers.

§ 23. (1) Für Zwischenmeister, die nach § 2 Abs. 2 den Heimarbeitern und Hausgewerbetreibenden gleichgestellt sind, können im Verhältnis zu ihren Auftraggebern durch Tarifordnung Zuschläge in Bruchteilen der für Heimarbeiter oder Hausgewerbetreibende geltenden Entgelte festgesetzt werden.

(2) Zahlt ein Auftraggeber an einen Zwischenmeister ein Entgelt, von dem er nach den Umständen wissen muß, daß es zur Zahlung der in der Tarifordnung festgesetzten Entgelte an die Heimarbeiter oder Hausgewerbetreibenden nicht ausreicht, so haftet er diesen neben dem Zwischenmeister für die tarifordnungsmäßigen Entgelte.

Entgeltüberwachung.

§ 24. Der Treuhänder der Arbeit hat im Benehmen mit den Gewerbeaufsichtsbeamten für eine geeignete Ueberwachung der Entgelte Sorge zu tragen.

Auskunftspflicht über Entgelte.

§ 25. (1) Unternehmer, Gewerbetreibende, Zwischenmeister, Hausgewerbetreibende und Heimarbeiter haben über alle die Entgeltregelung berührenden Fragen dem Treuhänder der Arbeit, dem Gewerbeaufsichtsbeamten und den mit der Entgeltüberwachung Beauftragten dieser Stellen Auskunft zu erteilen.

(2) Sie haben auf Verlangen außer den Entgeltbelegen (§ 8) auch Arbeitsstücke, Stoffproben und Unterlagen für die Entgeltfindung vorzulegen.

Androhung einer Verzugsbuße bei Minderbezahlung.

§ 26. (1) Hat ein Unternehmer, Gewerbetreibender oder Zwischenmeister einem Heimarbeiter oder Hausgewerbetreibenden oder einer nach § 2 Abs. 2 diesen gleichgestellten Person ein Entgelt gezahlt, das niedriger ist als das in der Tarifordnung festgesetzte, so soll ihn der Treuhänder der Arbeit unter Androhung einer Verzugsbuße auffordern, innerhalb einer Frist von einer Woche den Minderbetrag nachzuzahlen und Zahlungsnachweis vorzulegen.

(2) Die Androhung einer Verzugsbuße ist nicht mehr zulässig, wenn seit der Annahme des zu geringen Entgelts mehr als drei Monate verflossen sind.

Festsetzung einer Verzugsbuße.

§ 27. (1) Wird die Zahlung des Minderbetrages nicht innerhalb der gesetzten Frist nachgewiesen, so kann der Treuhänder der Arbeit eine Verzugsbuße festsetzen.

(2) Die Verzugsbuße soll den Betrag der Minderbezahlung in der Regel übersteigen; sie soll mindestens zwanzig Reichsmark und nicht mehr als dreitausend Reichsmark, im Wiederholungsfalle nicht mehr als zehntausend Reichsmark betragen.

Einspruch gegen die Bußfestsetzung.

§ 28. (1) Gegen die Festsetzung einer Verzugsbuße, die den Betrag von einhundert Reichsmark überschreitet, ist innerhalb einer Frist von einer Woche nach der Zustellung der Festsetzung Einspruch an den Reichsarbeitsminister zulässig. Der Reichsarbeitsminister entscheidet über den Einspruch endgültig.

(2) Der Einspruch kann nur darauf gestützt werden, daß eine Minderbezahlung nicht vorgelegen hat.

(3) Der Einspruch hat aufschiebende Wirkung.

Ermäßigung oder Aufhebung der Verzugsbuße.

§ 29. (1) Der Treuhänder der Arbeit kann von der Einziehung der Buße in Höhe des geschuldeten Minderbetrages absehen, wenn der mit Verzugsbuße Belegte ihm nachweist, daß der Minderbetrag dem Heimarbeiter oder Hausgewerbetreibenden nachgezahlt worden ist.

(2) Er kann die Verzugsbuße ermäßigen oder aufheben, wenn er auf Grund besonderer Umstände die Nichtbeachtung der Zahlungsaufforderung für genügend entschuldigt hält und der Minderbetrag nachgezahlt worden ist.

Bußschutz der Betriebsarbeiter.

§ 30. Die Vorschriften der §§ 26 bis 29 über die Verzugsbuße gelten sinngemäß, wenn ein Hausgewerbetreibender (§ 2 Abs. 1 Nr. 2) oder eine ihm gleichgestellte Person (§ 2 Abs. 2) fremde Hilfskräfte als Betriebsarbeiter beschäftigt, diese aber nicht nach der Tarifordnung entlohnt. Voraussetzung ist, daß die Entgelte des Hausgewerbetreibenden oder der ihm gleichgestellten Person durch Tarifordnung geregelt sind.

Zahlung und Verwendung der Verzugsbuße.

§ 31. (1) Die Verzugsbuße ist bei der in der Festsetzung angegebenen Reichskasse einzuzahlen; sie wird vom Treuhänder der Arbeit nach den reichsrechtlichen Vorschriften für die Beitreibung öffentlicher Abgaben eingezogen.

(2) Der Reichsarbeitsminister kann Näheres über die Verwendung der Verzugsbußen bestimmen.

Soziale Ehrengerichtsbarkeit.

§ 32. Die Vorschriften des Gesetzes zur Ordnung der nationalen Arbeit über die soziale Ehrengerichtsbarkeit (§§ 35 bis 55) werden durch die Vorschriften dieses Gesetzes über die Verzugsbuße nicht berührt.

Lohnpfändung.

§ 33. (1) Das Entgelt, das Heimarbeitern oder Hausgewerbetreibenden gewährt wird, ist im Sinne der Vorschriften über die Lohnpfändung Vergütung für Arbeiten oder Dienste, welche auf Grund eines Arbeits- oder Dienstverhältnisses geleistet werden.

(2) Das gleiche gilt für das Entgelt sonstiger Hausgewerbetreibender, Zwischenmeister oder anderer arbeitnehmerähnlicher Personen, die nach § 2 Abs. 2 den Heimarbeitern oder Hausgewerbetreibenden gleichgestellt worden sind.

Sechster Abschnitt.

Strafvorschriften.

Uebertretungen.

§ 34. Mit Geldstrafe bis zu einhundertfünfzig Reichsmark wird bestraft, wer vorsätzlich oder fahrlässig

1. einer Vorschrift über Listenführung (§ 4), Einführung einer Arbeitskarte (§ 5), Offenlegung der Entgeltverzeichnisse (§ 7), Entgeltbelege (§ 8), oder Auskunft über Entgelte (§ 25) zuwiderhandelt;
2. einer Anordnung zum Schutze der Heimarbeiter vor Zeitversäumnis (§ 9) oder zur Verteilung der Arbeitsmenge (§ 10) zuwiderhandelt;
3. es unterläßt, die Verrichtung von Heimarbeit anzuzeigen, die anzeigepflichtig ist (§ 6, § 17);
4. Heimarbeit an Personen vergibt, deren Betriebsstätten den Verordnungen über den Betriebsschutz oder den öffentlichen Gesundheitsschutz (§ 13 Abs. 1 und 3) nicht entsprechen;
5. als Heimarbeiter oder Hausgewerbetreibender duldet, daß ein mitbeschäftigter Familienangehöriger einer Verordnung oder Anordnung über den Betriebs- und Gesundheitsschutz oder den öffentlichen Gesundheitsschutz (§ 13 Abs. 1, § 15, § 16) zuwiderhandelt.

Vergehen.

§ 35. Mit Geldstrafe oder Gefängnis bis zu sechs Monaten wird bestraft, wer vorsätzlich oder fahrlässig
1. einer Anordnung über die Beschäftigung von Kindern (§ 13 Abs. 2) zuwiderhandelt;
2. einer Verordnung oder Anordnung über den Betriebsschutz oder den öffentlichen Gesundheitsschutz (§ 13 Abs. 1 und 3, § 15, § 16) zuwiderhandelt;
3. Heimarbeit ausgibt oder verrichtet, die verboten ist (§ 14).

Verbot der Ausgabe von Heimarbeit.

§ 36. (1) Der Treuhänder der Arbeit kann die Ausgabe oder Weitergabe von Heimarbeit solchen Personen verbieten, die wiederholt wegen Verstoßes gegen die Vorschriften dieses Gesetzes rechtskräftig verurteilt oder mit Verzugbuße belegt worden sind.

(2) Gegen ein vom Treuhänder der Arbeit erlassenes Verbot der Ausgabe oder Weitergabe von Heimarbeit ist innerhalb einer Frist von zwei Wochen nach der Zustellung des Verbots Beschwerde an den Reichsarbeitsminister zulässig. Der Reichsarbeitsminister entscheidet über die Beschwerde endgültig.

(3) Die Beschwerde hat keine aufschiebende Wirkung.

(4) Mit Geldstrafe oder Gefängnis bis zu sechs Monaten wird bestraft, wer vorsätzlich oder fahrlässig einem nach Abs. 1 ergangenen Verbot zuwiderhandelt.

Siebenter Abschnitt.

Schluß- und Uebergangsvorschriften.

Aufsicht über die Durchführung des Gesetzes über die Heimarbeit.

§ 37. (1) Die Aufsicht über die Durchführung dieses Gesetzes obliegt den Gewerbeaufsichtsbeamten und Polizeibehörden, soweit sie nicht im Gesetz dem Treuhänder der Arbeit übertragen ist.

(2) Die Vorschriften des § 139 b der Gewerbeordnung über die Aufsicht gelten entsprechend.

Ausführungsbestimmungen.

§ 38. Der Reichsarbeitsminister kann zur Durchführung dieses Gesetzes Rechtsverordnungen und Verwaltungsvorschriften erlassen. Er kann auch Vorschriften ergänzenden Inhalts treffen, soweit er sie für erforderlich hält, um den Zweck dieses Gesetzes zu erreichen.

Behördenzuständigkeit.

§ 39. Der Reichsarbeitsminister kann die Befugnisse, die ihm nach diesem Gesetz zustehen, auf andere Behörden übertragen.

Aenderung des Arbeitsgerichtsgesetzes.

§ 40. § 5 Abs. 1 Satz 2 des Arbeitsgerichtsgesetzes erhält folgende Fassung:

„Den Arbeitern oder Angestellten stehen Personen gleich, die den Entgeltschutz nach § 2 des Gesetzes über die Heimarbeit genießen, sowie sonstige nicht mit gewerblicher Heimarbeit beschäftigte Personen, die, ohne in einem Arbeitsvertragsverhältnis zu stehen, im Auftrag und für Rechnung bestimmter anderer Personen Arbeit leisten und wegen wirtschaftlicher Unselbständigkeit als arbeitnehmerähnlich anzusehen sind."

Inkrafttreten.

§ 41. Das Gesetz über die Heimarbeit tritt am 1. Mai 1934 in Kraft, soweit der Reichsarbeitsminister keinen anderen Zeitpunkt bestimmt. Das Hausarbeitgesetz vom 27. Juni 1923 (Reichsgesetzbl. I S. 472 und 730) in der Fassung des Gesetzes über Lohnschutz in der Heimarbeit vom 8. Juni 1933 (Reichsgesetzbl. I S. 347) tritt gleichzeitig außer Kraft, soweit es nicht bereits durch § 67 Abs. 1 des Gesetzes zur Ordnung der nationalen Arbeit außer Kraft gesetzt wird.

Uebergangsvorschrift.

§ 42. Die auf Grund des Hausarbeitgesetzes erlassenen Verordnungen und Verwaltungsvorschriften des Reichsarbeitsministers, der obersten Landesbehörden und der von ihnen beauftragten Behörden bleiben in Kraft, soweit der Reichsarbeitsminister nichts anderes bestimmt oder sich nicht aus § 67 Abs. 1 des Gesetzes zur Ordnung der nationalen Arbeit ihre Aufhebung ergibt.

Berlin, den 23. März 1934.

Der Reichskanzler
Adolf Hitler.

Der Reichsarbeitsminister
Franz Seldte.

Der Reichswirtschaftsminister
Dr. Schmitt.

Der Reichsminister der Justiz
Dr. Gürtner.

Verordnung zur Durchführung des Gesetzes über die Heimarbeit.

Vom 23. März 1934.

(Reichsgesetzbl. I S. 225.)

Auf Grund des § 38 des Gesetzes über die Heimarbeit vom 23. März 1934 (Reichsgesetzbl. I S. 214) und des § 67 Abs. 2 Nr. 2 des Gesetzes zur Ordnung der nationalen Arbeit wird verordnet:

Artikel I.

Persönlicher Geltungsbereich des Gesetzes über die Heimarbeit.

Behördenzuständigkeit für die Gleichstellung sonstiger Hausgewerbetreibender.

§ 1. (1) Die Befugnis, sonstige Hausgewerbetreibende, Zwischenmeister und andere arbeitnehmerähnliche Personen (§ 2 Abs. 2 des Gesetzes über die Heimarbeit vom 23. März 1934 — Reichsgesetzbl. I S. 214 —) den in Heimarbeit Beschäftigten (§ 2 Abs. 1 des Gesetzes) gleichzustellen, wird auf die Treuhänder der Arbeit und die Sondertreuhänder, die zur Regelung der Entgeltverhältnisse der Heimarbeit für einzelne Gewerbezweige bestellt werden, übertragen.

(2) Sie verbleibt dem Reichsarbeitsminister, wenn die Gleichstellung sich auf Gebiete, die über das Gebiet eines Treuhänders oder Sondertreuhänders wesentlich hinausgehen, oder auf das ganze Reich erstrecken soll.

Umfang der Gleichstellung.

§ 2. (1) Die Gleichstellung ist in der Regel für einzelne Gewerbezweige allgemein oder räumlich begrenzt auszusprechen. Sie kann auf einzelne der im § 2 Abs. 2 des Gesetzes genannten Personengruppen beschränkt werden, wobei auch innerhalb dieser Gruppen eine weitere Einschränkung zulässig ist.

(2) Die Gleichstellung soll sich in der Regel auf die Vorschriften über den Entgeltschutz (Fünfter Abschnitt des Gesetzes) sowie auf die allgemeinen Schutzvorschriften (Zweiter Abschnitt des Gesetzes) erstrecken. Sie kann auf den Entgeltschutz beschränkt werden, wenn es die besonderen Verhältnisse eines Gewerbezweiges erfordern.

Verfahrensvorschriften.

§ 3. (1) Die Gleichstellung ist unter genauer Angabe des persönlichen, sachlichen und räumlichen Geltungsbereichs durch schriftliche Entscheidung auszusprechen.

(2) Der Entscheidung hat eine Beratung in einem Sachverständigenausschuß oder, sofern die Entscheidung dem Reichsarbeitsminister obliegt, eine Anhörung sachkundiger Persönlichkeiten des in Betracht kommenden Gewerbezweiges vorauszugehen.

(3) Die Entscheidung ist im Reichsarbeitsblatt bekanntzumachen. Zu diesem Zwecke haben die Treuhänder der Arbeit und die Sondertreuhänder solche Entscheidungen dem Reichsarbeitsminister in zweifacher Ausfertigung unverzüglich mitzuteilen.

(4) Abs. 3 gilt auch für die Aenderung oder Aufhebung von Entscheidungen auf Gleichstellung.

Artikel II.

Durchführung des Gefahrenschutzes.

Aenderung der Reichsverordnungen über den Gefahrenschutz.

§ 4. Nachstehende Verordnungen bleiben mit der Aenderung in Kraft, daß an Stelle der in ihnen erwähnten Vorschriften des Hausarbeitgesetzes die entsprechenden Vorschriften des Gesetzes über die Heimarbeit, und daß an Stelle des Wortes „Hausarbeit" das Wort „Heimarbeit", an Stelle des Wortes „Hausarbeiter" die Worte „Heimarbeiter und Hausgewerbetreibende im Sinne des Gesetzes über die Heimarbeit" treten:

- Bekanntmachung, betreffend Bestimmungen über Hausarbeit in der Tabakindustrie, vom 17. November 1913 (Reichsgesetzbl. S. 751);
- Verordnung, betreffend das Verbot des Trennens, Schneidens und Sortierens von Hadern und Lumpen aller Art in der Hausarbeit, vom 21. April 1920 (Reichsgesetzbl. S. 563);
- Verordnung, betreffend das Verbot des Anfertigens und Verpackens von Präservativs, Sicherheitspessarien, Suspensorien u. dgl. in der Hausarbeit, vom 1. Februar 1921 (Reichsgesetzbl. S. 145);
- Verordnung, betreffend Verbot der Verarbeitung von Pulver in der Hausindustrie, vom 20. April 1926 (Reichsgesetzbl. I S. 201);
- Verordnung über das Verbot der Hausarbeit in der Süß-, Back- und Teigwarenindustrie vom 29. Juni 1927 (Reichsgesetzbl. I S. 137);
- Verordnung über das Verbot der Hausarbeit in der Gummikonfektion vom 24. September 1929 (Reichsgesetzbl. I S. 149);
- Verordnung über Zellhorn vom 20. Oktober 1930 (Reichsgesetzbl. I S. 468) nebst den Sicherheitsvorschriften für Zellhorn in der Fassung der Bekanntmachung vom 5. November 1932 (Reichsarbeitsbl. 1932 S. I 235).

Verordnungen der Länder.

§ 5. (1) Verordnungen, die die Landesbehörden nach § 10 des Hausarbeitsgesetzes erlassen haben, treten mit dem 1. Januar 1935 außer Kraft, soweit nicht der Reichsarbeitsminister ihren Fortbestand anordnet.

(2) Die obersten Landesbehörden zeigen dem Reichsarbeitsminister bis zum 1. Oktober 1934 die Verordnungen an, deren Fortbestand sie für erforderlich halten.

Artikel III.

Durchführung der allgemeinen Schutzvorschriften und des Entgeltschutzes.

Zusammenarbeit des Treuhänders der Arbeit mit der Gewerbeaufsicht.

§ 6. (1) Der Treuhänder der Arbeit und die Gewerbeaufsicht haben zur Sicherung des Entgeltschutzes und der ihm dienenden allgemeinen Schutzvorschriften des Gesetzes über die Heimarbeit ständige Verbindung miteinander zu halten.

(2) Der Treuhänder kann im Rahmen der Amtshilfe die Gewerbeaufsicht in Anspruch nehmen, um die Verhältnisse der Heimarbeit in den einzelnen Gewerben zu untersuchen und die Durchführung von Entgeltregelungen zu überwachen.

Entgeltregelung durch Betriebsordnung.

§ 7. Werden Entgelte für Heimarbeit nach § 20 Nr. 2 des Gesetzes durch Betriebsordnung festgesetzt, so hat der Führer des Betriebs den Teil der Betriebsordnung, der sich auf die Festsetzung dieser Entgelte bezieht, dem Treuhänder der Arbeit in Abschrift zu übersenden.

Sachverständigenausschuß für Heimarbeit.

§ 8. (1) Wird in einem Gewerbe Heimarbeit in größerem Umfange geleistet, so hat der Treuhänder der Arbeit zu seiner Beratung in allen Fragen der Heimarbeit des Gewerbes einen Sachverständigenausschuß zu berufen. Die Voraussetzung für die Berufung ist gegeben, wenn ein Fachausschuß für Hausarbeit in einem Gewerbe bis zum 1. Mai 1934 bestanden hatte und tätig geworden war. Im übrigen hat der Treuhänder der Arbeit einen Sachverständigenausschuß stets zu berufen, wenn es sich um die Festsetzung der Entgelte für Heimarbeit durch Tariforđnung (§ 21 des Gesetzes), die Regelung über Verteilung der Arbeitsmengen (§ 10 des Gesetzes) oder die Gleichstellung sonstiger Hausgewerbetreibender, Zwischenmeister oder anderer arbeitnehmerähnlicher Personen (§ 2 Abs. 2 des Gesetzes) handelt.

(2) Erstreckte sich die Tätigkeit eines Fachausschusses für Hausarbeit auf die Bezirke mehrerer Treuhänder, so entfällt für die Treuhänder dieser Bezirke die Verpflichtung zur Berufung von Sachverständigenausschüssen, soweit der Reichsarbeitsminister einen Sondertreuhänder für die Heimarbeit in dem in Betracht kommenden Gewerbezweig bestellt. Das gleiche gilt für Gewerbezweige, für die innerhalb des Bezirks eines Treuhänders Sondertreuhänder für die Heimarbeit bestellt werden.

(3) In den Fällen des Abs. 2 obliegt die Berufung eines Sachverständigenausschusses dem Sondertreuhänder.

(4) Ein Sachverständigenausschuß kann auch für mehrere verwandte Gewerbezweige, in denen Heimarbeit geleistet wird, berufen werden.

Besondere Aufgaben des Sachverständigenausschusses.

§ 9. Der Treuhänder der Arbeit kann den Sachverständigenausschuß oder einzelne seiner Mitglieder mit besonderen Aufgaben zur Durchführung des Entgeltschutzes betrauen. Er kann sie jedoch nicht mit Entscheidungen beauftragen, die ihm nach dem Gesetz zustehen.

Zusammensetzung des Sachverständigenausschusses.

§ 10. (1) Der Treuhänder der Arbeit beruft als Mitglieder des Sachverständigenausschusses ihm geeignet erscheinende sachkundige Persönlichkeiten des Gewerbezweiges, in dem Heimarbeit geleistet wird. Dabei sollen Gewerbetreibende, Hausgewerbetreibende und Heimarbeiter vertreten sein, ferner Zwischenmeister, wenn sie in einem Gewerbezweig in größerem Umfange tätig sind. Weiter ist mindestens ein Vertreter der Gewerbeaufsicht als Sachverständiger beizuziehen. Bei der erstmaligen Bildung eines Sachverständigenausschusses für Heimarbeit ist, wenn ein Fachausschuß für Hausarbeit bestanden hat, dessen Vorsitzender oder stellvertretender Vorsitzender als Sachverständiger zu berufen. Außerdem können sonstige Sachkundige berufen werden.

(2) Die Zahl der Mitglieder der Sachverständigenausschüsse für Heimarbeit soll in der Regel sechs nicht übersteigen.

(3) Der Treuhänder der Arbeit beruft die Sachverständigen, die nach § 24 des Gesetzes zur Ordnung der nationalen Arbeit zu vereidigen sind, unter Vorbehalt des Widerrufs auf drei Jahre.

Aufwandsentschädigungen der Sachverständigen.

§ 11. Die Mitglieder der Sachverständigenausschüsse für Heimarbeit erhalten eine angemessene Entschädigung für den ihnen aus der Wahrnehmung ihrer Tätigkeit erwachsenden Verdienstausfall und Aufwand sowie Ersatz der Fahrkosten entsprechend den für die nichtrichterlichen Beisitzer bei den Arbeitsgerichten geltenden Vorschriften.

Durchführung des Entgeltschutzes.

§ 12. (1) Hat der Reichsarbeitsminister für einzelne Gewerbezweige zur Festsetzung der Entgelte für Heimarbeit Sondertreuhänder bestellt und sie nach § 33 Abs. 3 des Gesetzes zur Ordnung der nationalen Arbeit auch mit der Ueberwachung der Durchführung der von ihnen erlassenen Tarifordnungen betraut, so obliegt ihnen auch die Androhung und Festsetzung der Verzugsbußen.

(2) Ist ein Sondertreuhänder nicht mit der Ueberwachung der Durchführung der von ihm erlassenen Tarifordnung betraut, so treten zur Durchführung des Entgeltschutzes die ständigen Treuhänder der Arbeit für ihr Wirtschaftsgebiet an seine Stelle.

Verwendung der Verzugsbuße.

§ 13. Der Treuhänder der Arbeit hat den bei der Reichskasse eingezahlten Betrag der Verzugsbuße an die für den Bezirk zuständige Kasse der Nationalsozialistischen Gemeinschaft „Kraft durch Freude" zu überweisen. Hierbei hat er zur Deckung der durch das Bußverfahren entstandenen Verwaltungskosten einen Pauschbetrag in Höhe eines Viertels der eingezahlten Summe abzuziehen.

Artikel IV.

Weiterdauer von Regelungen in der Heimarbeit.

Regelungen der Fachausschüsse für Hausarbeit.

§ 14. (1) Die Mindestentgeltfestsetzungen der Fachausschüsse und die von Fachausschüssen als allgemeinverbindlich genehmigten Tarifverträge für Heimarbeiter, die am 30. April 1934 in Kraft sind, gelten als Tarifordnungen weiter, soweit nicht der nach § 32 Abs. 2 des Gesetzes zur Ordnung der nationalen Arbeit zuständige Treuhänder der Arbeit oder ein etwa zuständiger Sondertreuhänder Aenderungen vornimmt oder ihren Ablauf anordnet; die Anordnung des Ablaufs kann auch der Reichsarbeitsminister treffen.

(2) Entsprechend gelten auch die Regelungen der Fachausschüsse über die Verteilung der Arbeitsmengen (§ 20 Abs. 3 des Hausarbeitgesetzes) weiter.

Entscheidungen über Gleichstellung.

§ 15. Entscheidungen des Reichsarbeitsministers, der obersten Landesbehörden oder der von ihnen beauftragten Stellen über die Gleichstellung von sonstigen Hausgewerbetreibenden und Zwischenmeistern (§ 18 des Hausarbeitgesetzes) gelten weiter, soweit nicht die nach § 1 dieser Verordnung zuständigen Behörden die Entscheidungen ändern oder aufheben.

Artikel V.

Inkrafttreten der Verordnung.

§ 16. (1) Diese Verordnung tritt, soweit es sich um Maßnahmen zur Ueberleitung der Tätigkeit der Fachausschüsse auf die Treuhänder der Arbeit handelt, mit dem Tage der Verkündung, im übrigen mit dem Gesetz über die Heimarbeit in Kraft.

(2) Mit dem letzteren Zeitpunkt tritt die Verordnung über Lohnverzeichnisse und Lohnbücher in der Hausarbeit vom 6. Oktober 1928 (Reichsgesetzbl. I S. 378) außer Kraft.

Berlin, den 23. März 1934.

Der Reichsarbeitsminister

In Vertretung

Dr. Krohn.

Sach- und Namensverzeichnis.

(Jeweils die erste Zahl hinter einem A. verweist auf eine Anmerkung, alle übrigen Zahlen bezeichnen Seiten).

A.

D.

E.

F.

W.

Z.

FSC
www.fsc.org
MIX
Papier | Fördert gute Waldnutzung
FSC® C083411

Kolibri 360 GmbH
Ferdinand-Jühlke-Straße 7
99095 Erfurt, Deutschland
produktsicherheit@kolibri360.de